第15辑

会计与控制评论

REVIEW OF ACCOUNTING AND CONTROL

东北财经大学会计学院
中国内部控制研究中心
主办

东北财经大学出版社
Dongbei University of Finance & Economics Press
大连

图书在版编目（CIP）数据

会计与控制评论·第15辑 / 东北财经大学会计学院，中国内部控制研究中心主编. —大连：东北财经大学出版社，2023.6
ISBN 978-7-5654-5044-0

Ⅰ.会… Ⅱ.①东… ②中… Ⅲ.①会计制度-文集 ②企业内部管理-文集 Ⅳ.①F233-53 ②F272-53

中国国家版本馆CIP数据核字（2023）第225913号

东北财经大学出版社出版
（大连市黑石礁尖山街217号 邮政编码 116025）
网 址：http://www.dufep.cn
读者信箱：dufep@dufe.edu.cn
大连图腾彩色印刷有限公司印刷 东北财经大学出版社发行

幅面尺寸：180mm×255mm 字数：千字289 印张：14.5
2023年6月第1版 2023年6月第1次印刷

责任编辑：李 彬 王 丽 责任校对：惠恩乐
封面设计：张智波 版式设计：原 皓

定价：75.00元

会计与控制评论

Review of Accounting and Control

第15辑，2023年
No.15，2023

东北财经大学会计学院
中国内部控制研究中心 主办

编　　辑：《会计与控制评论》编辑部
电　　话：（0411）84738559
传　　真：（0411）84738559
电子邮箱： cicrcedit@126.com
通讯地址： 中国·大连市·沙河口区尖山街217号
东北财经大学梓楠楼452室
邮政编码： 116025

第15辑，2023年
No.15，2023
会计与控制评论
Review of Accounting and Control

目　　录

No. 15, 2023
Review of Accounting and Control
China Internal Control Research Center, Dongbei University of Finance and Economics

CONTENTS

第15辑，2023年
No.15，2023
会计与控制评论
Review of Accounting and Control

财务共享能够降低企业税负吗？①

刘耀淞　潘静怡

（上海大学管理学院会计系　上海　200444）

摘　要　建立财务共享服务中心能否降低企业税负水平？本文以2010—2021年我国沪深A股上市公司为样本，研究财务共享对企业税负的影响。研究发现：企业建立财务共享服务中心能够显著降低企业税负水平，经过替换变量指标、调整匹配方法、平行趋势检验和安慰剂测试等稳健性检验，结论依然成立。此外，财务共享对于税收的减负效果主要体现在国有企业中。进一步的研究发现，企业建立财务共享服务中心可以改善内部控制质量，进而增强节税能力、减轻税收负担。本文从企业税负视角丰富了实施财务共享服务的有效性评价研究，也从财务转型和组织变革视角为探索企业减税降费的具体路径提供参考。

关键词　财务共享服务中心　企业税负　产权性质　内部控制

一、引　言

在经济全球化日益加快的进程中，许多大型企业通过并购重组等方式不断扩大

① 作者简介：刘耀淞（1990—），女，黑龙江人，上海大学管理学院会计系讲师，研究方向为企业税务与审计；潘静怡（1999—），女，上海人，上海大学管理学院会计学硕士，研究方向为企业税务与审计。

其规模以提高市场竞争力。然而，随着集团分、子公司数量的逐渐增长，在传统的财务管理体系下，许多企业出现了业财部门沟通不畅、财务成本居高不下、会计信息系统轻事前重事后等“大企业病”问题（张庆龙，2015）。财务共享服务中心利用大数据、云计算、人工智能等信息技术，通过集中处理集团内分布在不同地点的各分支机构的财务工作，对重复的经济业务活动进行标准化、流程化和自动化改造，实现财务和业务的高度协同，从而促进信息共享、增强风险管控、提高运营效率、优化资源配置。由此可见，建立财务共享服务中心有助于企业突破传统的财务管理方式，更好地应对规模快速扩张导致的“组织失灵”问题。在此背景下，2013年财政部在《企业会计信息化工作规范》中鼓励分、子公司数量多，分布类型广的企业集团积极探索利用信息技术集中处理会计工作，并逐步建立财务共享服务中心。在企业的自身需求和政府的大力支持双重推动下，财务共享服务中心在我国进入爆发式增长阶段。

财务共享服务中心的实施效果如何？已有研究发现，企业建立财务共享服务中心可以改善经营绩效（金莲花和王华，2016）、降低运营成本（李闻一等，2020）、提高投资效率（叶松勤等，2020）、缓解融资约束（李闻一和潘珺，2021）、强化风险管控（肖敏和徐任重，2018；许汉友等，2019；许汉友和韦希，2021）、提升会计信息透明度（姜一涵，2022），进而提高全要素生产率（许汉友和赵静，2022）、实现企业价值增长（王玉法等，2019）。然而，也有学者指出，在财务共享服务中心建立初期，较高的运行成本会抑制企业绩效的改善效果（赖泳杏和闭乐华，2021）；此外，企业经营效率的提升难度也可能随着财务共享服务的推进而不断加大，建立财务共享服务中心的边际效应逐渐减弱（许汉友等，2017）。

税收作为经济活动中最重要的成本之一，直接影响着企业的现金流量和利润规模。合法的税收筹划可以减轻税收负担、减少现金支出，有利于企业将更多的资金投入生产、投资等经营活动中。然而，一旦税收筹划被税务机关认定为非法避税，企业则需要补缴税金和缴纳罚款（Rego and Wilson，2012），导致大额现金流出、税收负担增加。由此可见，将税负水平控制在合理范围内对于企业来说至关重要。建立财务共享服务中心能否影响企业税负水平？其影响机理是什么？截至目前，尚无学者对此进行实证检验。

本文以2010—2021年沪深A股上市公司为样本，实证研究企业建立财务共享服务中心对税负水平的影响。研究发现：财务共享服务中心的建立能够有效降低企业税负，在进行替换被解释变量、调整匹配方法、平行趋势检验和安慰剂测试等一系列稳健性检验后，上述结论仍然成立。此外，财务共享的减税效果主要体现在国有企业中。进一步研究发现，企业建立财务共享服务中心可以通过改善内部控制降低企业税负。

本文的研究贡献在于：首先，现有文献从经营绩效、运营成本、风险管理、投资决策等方面考察财务共享服务中心的有效性，本文基于税收负担视角进行研究，拓展了企业实施财务共享的经济后果。其次，现有文献从内部治理结构、外部治理机制以及公司特征等方面探究企业税负的影响因素，本文基于建立财务共享服务中心视角考察其对企业税负的影响及机理，丰富了企业税负影响因素领域的研究。最后，与以往研究大多采用的案例分析、问卷和访谈等定性研究方法不同，本文采用定量的实证研究方法检验财务共享服务中心对企业税负的影响，为评估财务共享服务的实施效果、探索企业减税降费的具体路径提供经验证据。

本文剩余部分内容结构安排如下：第二部分是理论分析与研究假设；第三部分是研究设计与实证结果；第四部分是稳健性测试；第五部分是机制检验和异质性分析；第六部分是本文的研究结论。

二、理论分析与研究假设

财务共享服务中心作为企业内部的组织变革，会对企业内部控制质量产生显著影响，具体原因如下：第一，从控制环境角度看，财务共享模式通过对业务和财务流程进行自动化和标准化再造，规范了信息管理、流程管理、员工管理等制度，有助于减少业务和财务处理过程中的管理层机会主义行为和非人为故意差错，为企业内部控制提供积极的管理环境；第二，从风险评估角度看，财务共享模式缓解了传统财务管理系统存在的财务数据割裂、信息碎片化问题，经过整合的信息之间存在更强的逻辑关系，更有助于企业深入挖掘财务数据价值，提高内部风险评估能力；第三，从控制活动角度看，在共享模式下，审核层级的减少和审核权限的集中简化了控制活动程序，能够大幅提高控制活动效率；第四，从信息与沟通角度看，财务共享模式实现了数据在不同部门之间的实时共享，缓解了传统财务管理体系存在的信息传输准确性低、时效性差等问题，强化内部信息沟通；第五，从内部监督角度看，财务共享服务中心对各部门的财务活动实施一体化管理，使得各项业务的处理流程更加标准化、规范化，有助于部门之间互相监督（李闻一和刘东进，2015；王雁，2018）。由此可见，财务共享服务中心的建立有助于提高企业内部控制质量。

已有研究表明，企业内部控制的改善能够减轻税收负担（李万福和陈晖丽，2012；杨真真，2022），原因如下：首先，高质量的控制活动和内部监督能够加强企业税务处理活动的及时性、有效性和规范性，提高企业纳税信用评价，帮助企业享受更多的税收优惠政策（郭玲，2022）；其次，有效的信息与沟通系统能够增强各部门交换税收优惠政策信息的及时性和积极性，有助于企业利用优惠政策扩大节税空间；最后，风险评估能力的提升使得企业可以更加准确地评估税务风险，有利于充分挖掘避税机会。由此可见，财务共享服务中心的建立能够提高企业的内部控制质量，进而帮助企业增强节税能力，减轻税收负担。

据此，本文提出以下假设：

H1a：财务共享服务中心的建立能够有效降低企业税负。

然而，财务共享服务中心在提高企业节税能力的同时，还可能抑制企业的避税动机。一方面，根据“现金流”理论，企业避税的主要动机是将大量现金留存于内部以缓解融资约束问题（王亮亮，2016）。财务共享服务中心对企业内重复的经济业务流程进行标准化和自动化，可以降低运营成本（李闻一等，2020）、提高投资效率（叶松勤等，2020），从而缓解融资约束（李闻一和潘珺，2021），削弱企业通过实施避税活动来留存现金的动机。另一方面，如前所述，财务共享服务中心的建立改善了企业的内部控制环境，加强了股东对于管理层自利行为的监控能力，从而大幅提高了管理层通过构造复杂的避税活动来掩盖机会主义行为的边际成本（田高良等，2016），避税动机相应减弱。由此可见，财务共享服务中心的建立也可能削弱企业的避税动机，进而提高企业税负水平。

据此，本文提出以下假设：

H1b：财务共享服务中心的建立能够提高企业税负。

三、研究设计与实证结果

（一）变量与模型

为了检验本文提出的假设，构建如下双向固定效应的双重差分模型：

$$\mathrm{TAX}_{i,t}=\beta_0+\beta_1\mathrm{FSSC}_{i,t}+\beta_2\mathrm{SIZE}_{i,t}+\beta_3\mathrm{LEV}_{i,t}+\beta_4\mathrm{PRR}_{i,t}+\beta_5\mathrm{FLUID}_{i,t}+\beta_6\mathrm{GROWTH}_{i,t}+\beta_7\mathrm{TA}_{i,t}+\beta_8\mathrm{DUAL}_{i,t}+\beta_9\mathrm{INDEP}_{i,t}+\beta_{10}\mathrm{PPE}_{i,t}+\beta_{11}\mathrm{TOP1}_{i,t}+\beta_{12}\mathrm{BM}_{i,t}+\sum\mathrm{STKCD}+\sum\mathrm{YEAR}+\varepsilon \quad (1)$$

在模型（1）中，解释变量FSSC衡量财务共享服务中心的建设情况，参照叶松勤等（2020）的做法，如果企业在该年已经建立财务共享服务中心，FSSC取值为1，否则为0。参照吴祖光等（2011）、刘峰和刘骏（2014）、曹越等（2015）的做法，采用现金流量表中的税费收支项目衡量企业税负水平TAX。具体而言，TAX1=（支付的各项税费-收到的税收返还）/营业收入；TAX2= TAX1在t-1期、t期、t+1期的移动平均值。

本文借鉴王成龙等（2018）、曹书军等（2009）、李文和王佳（2020）、孙晓妍和盖地（2014）的研究，选用企业规模SIZE、资产负债率LEV、利润率PRR、现金流量FLUID、营业收入增长率GROWTH、总应计利润TA、两职合一DUAL、独立董事占比INDEP、资本密集度PPE、第一大股东持股比例TOP1与账面市值比BM

作为控制变量，同时控制了年度和企业层面固定效应，并在企业层面对标准误进行聚类修正。各变量的具体定义见表1。

表1 变量定义

变量	变量名称	变量定义
TAX1	企业税负	（支付的各项税费-收到的税收返还）/营业收入
TAX2	企业税负	TAX1在t-1期、t期、t+1期的移动平均值
FSSC	财务共享服务中心	若企业当年建立了财务共享服务中心，取值为1，否则为0
SIZE	企业规模	企业当年总资产取对数
LEV	资产负债率	企业当年总负债/总资产
PRR	利润率	企业当年利润总额/营业收入
FLUID	现金流量	企业当年经营活动产生的现金流量净额/年末负债平均余额
GROWTH	营业收入增长率	（当期营业收入-上期营业收入）/上期营业收入
TA	总应计利润	（净利润-经营活动产生的现金流量净额）/年末总资产
DUAL	两职合一	如果董事长与总经理为同一人，取值为1，否则为0
INDEP	独立董事占比	企业当年独立董事占比
PPE	资本密集度	企业年末固定资产净额/年末总资产
TOP1	第一大股东持股比例	企业当年第一大股东持股比例
BM	账面市值比	企业当年账面市值比

（二）样本选择与数据来源

本文根据ACCA《2018年中国共享服务领域调研报告》公布的已建立财务共享服务中心的企业名单，选取2013—2018年已建立财务共享服务中心的沪深A股上市企业作为处理组样本。在选择对照组样本时，以沪深A股企业为选择基础，剔除金融类与ST/*ST企业，选取与处理组样本建立财务共享服务中心前一年处于同一行业、资产规模最接近的三家未建立财务共享服务中心的企业作为对照组样本。样本期间为财务共享服务中心建立当年及前后各三年，即2010—2021年[①]。具体的样本筛选过程见表2。内部控制指数来源于DIB内部控制与风险管理数据库，其他数据均来源于国泰安数据库。

① 本文基于企业年报、官网咨询、媒体报道等信息对对照组企业在样本期间是否设立财务共享服务中心进行了逐一检验。

表2　样本选择

样本筛选过程	处理组样本	对照组样本	总样本	总观测值
初始样本&观测值	63	189	252	1 764
剔除不能匹配样本&观测值	−3	−9	−12	−84
剔除缺失变量样本&观测值	−5	−17	−22	−154
共计	55	163	218	1 526

（三）描述性统计

表3列示了各变量的全样本描述性统计结果。TAX1的平均值为0.0619，25%和75%分位数分别为0.0220和0.0869，说明了不同样本企业之间的税收负担差异较大。TAX2的平均值为0.0619，25%和75%分位数分别为0.0230和0.0890，说明对TAX1在t−1期、t期、t+1期进行三年移动平均后，不同样本企业之间的税负仍旧存在较大差异。FSSC的均值为0.1410，表明处理组建立财务共享服务中心的样本观测约占样本观测总体的14.10%。LEV的均值为0.5370，说明样本企业的平均资产负债率为53.70%，企业偿债压力较大。GROWTH的标准差为3.4280，25%和75%分位数分别为−0.0381和0.2420，说明从整体上看，样本企业的营业收入保持增长势头，但各企业的成长情况相差较大。其余各变量的取值基本处于合理区间，不再赘述。

表3　描述性统计

变量	观察值	平均值	标准差	25%分位数	中位数	75%分位数
TAX1	1 526	0.0619	0.0683	0.0220	0.0473	0.0869
TAX2	1 526	0.0619	0.0622	0.0230	0.0481	0.0890
FSSC	1 526	0.1410	0.3480	0.0000	0.0000	0.0000
SIZE	1 526	23.4900	1.5930	22.3700	23.3900	24.5900
LEV	1 526	0.5370	0.2160	0.3830	0.5650	0.6920
PRR	1 526	0.0618	0.4830	0.0220	0.0637	0.1350
FLUID	1 526	0.1480	0.3720	0.0182	0.0895	0.1900
GROWTH	1 526	0.3390	3.4280	−0.0381	0.0879	0.2420
TA	1 526	−0.0210	0.0994	−0.0524	−0.0188	0.0170
DUAL	1 526	0.1760	0.3810	0.0000	0.0000	0.0000
INDEP	1 526	0.3760	0.0602	0.3330	0.3640	0.4000
PPE	1 526	0.2480	0.2000	0.0834	0.1950	0.3770
TOP1	1 526	0.3660	0.1600	0.2400	0.3500	0.4800
BM	1 526	0.7140	0.2840	0.5230	0.7560	0.9430

（四）基准回归分析

表4列示了模型（1）的多元回归结果。结果显示，无论被解释变量为TAX1还是TAX2，FSSC的估计系数均在1%的水平上显著为负（-0.015，t=-3.12；-0.010，t=-2.73）。这说明建立财务共享服务中心有助于降低企业税负，与假设1a相符。

表4 财务共享服务中心对企业税负的影响

	TAX1	TAX2
FSSC	-0.015*** (-3.12)	-0.010*** (-2.73)
SIZE	-0.007* (-1.84)	-0.005* (-1.84)
LEV	0.002 (0.16)	0.006 (0.57)
PRR	-0.011*** (-4.10)	-0.012*** (-5.55)
FLUID	0.035*** (5.60)	0.026*** (5.57)
GROWTH	-0.000 (-1.01)	-0.000 (-0.35)
TA	0.069*** (4.27)	0.067*** (5.46)
DUAL	0.004 (0.89)	0.002 (0.46)
INDEP	0.029 (0.90)	0.015 (0.63)
PPE	-0.069*** (-4.11)	-0.057*** (-4.53)
TOP1	0.024 (0.93)	0.022 (1.15)
BM	-0.008 (-1.02)	-0.009 (-1.53)
Constant	0.212** (2.47)	0.176*** (2.71)
STKCD	Yes	Yes
YEAR	Yes	Yes
Observations	1 526	1 526
Adjusted R^2	0.626	0.742

注：***、**、*分别代表在1%、5%和10%的统计水平上显著。

四、稳健性测试

为了确保基准回归结果的可靠性，本文将从替换被解释变量、改变样本匹配方法、平行趋势检验和安慰剂测试四个方面对研究结论进行稳健性测试。

（一）替换企业税负的衡量指标

在稳健性测试中，参考已有文献（李远慧和罗颖，2017；杨华领和宋常，2015），采用以下两种方法衡量企业税负水平：（1）TAX3=（支付的各项税费-收到的税收返还-所得税费用）/营业收入；（2）TAX4=支付的各项税费/营业收入。表5的回归结果显示，当被解释变量分别为TAX3与TAX4时，FSSC的估计系数均在1%的水平上显著为负（-0.013，t=-2.66；-0.013，t=-2.81）。本文结论依然成立。

表5 稳健性检验：替换企业税负TAX的衡量指标

	TAX3	TAX4
FSSC	-0.013*** （-2.66）	-0.013*** （-2.81）
SIZE	-0.007* （-1.85）	-0.004 （-1.01）
LEV	0.027* （1.91）	-0.008 （-0.60）
PRR	-0.015*** （-5.21）	-0.008*** （-3.01）
FLUID	0.032*** （4.93）	0.034*** （5.86）
GROWTH	-0.000 （-1.13）	-0.000 （-1.30）
TA	0.051*** （3.07）	0.060*** （4.02）
DUAL	0.003 （0.57）	0.004 （0.99）
INDEP	0.018 （0.54）	0.007 （0.23）

续表

	TAX3	TAX4
PPE	−0.063*** (−3.63)	−0.040*** (−2.62)
TOP1	0.032 (1.21)	0.031 (1.33)
BM	−0.003 (−0.38)	−0.005 (−0.71)
Constant	0.182** (2.06)	0.141* (1.77)
STKCD	Yes	Yes
YEAR	Yes	Yes
Observations	1 526	1 526
Adjusted R^2	0.474	0.634

注：***、**、*分别代表在1%、5%和10%的统计水平上显著。

（二）改变样本匹配方法

1.改变对照组的匹配比例

在主回归分析中，对于每一个处理组的样本企业，选取与处理组样本建立财务共享服务中心前一年处于同一行业、资产规模最接近的三家未建立财务共享服务中心的企业作为对照样本。为了排除样本匹配比例对研究结论的可能干扰，依次使用1∶2、1∶4和1∶5的匹配比例选取对照组样本，并重新进行回归分析。如表6所示，改变匹配比例后，FSSC的估计系数均在1%的水平上显著为负，即财务共享服务中心的建立能够降低企业税负，说明研究结论具有稳健性。

表6 稳健性检验：改变匹配比例

	1∶2匹配		1∶4匹配		1∶5匹配	
	TAX1	TAX2	TAX1	TAX2	TAX1	TAX2
FSSC	−0.017*** (−3.17)	−0.012*** (−2.93)	−0.016*** (−3.53)	−0.012*** (−3.37)	−0.017*** (−4.09)	−0.013*** (−3.85)
SIZE	−0.008 (−1.58)	−0.006* (−1.72)	−0.004 (−1.33)	−0.003 (−1.19)	−0.005** (−2.14)	−0.004** (−2.21)

续表

	1：2匹配		1：4匹配		1：5匹配	
	TAX1	TAX2	TAX1	TAX2	TAX1	TAX2
LEV	0.010 (0.58)	0.018 (1.36)	−0.025** (−2.85)	−0.023*** (−3.37)	−0.026*** (−3.27)	−0.025*** (−3.94)
PRR	−0.011*** (−3.76)	−0.012*** (−5.14)	−0.006*** (−3.45)	−0.007*** (−4.96)	−0.004*** (−2.68)	−0.005*** (−4.08)
FLUID	0.037*** (5.08)	0.029*** (5.28)	0.027*** (5.45)	0.019*** (5.04)	0.012*** (3.35)	0.007** (2.56)
GROWTH	−0.000 (−1.06)	−0.000 (−0.51)	−0.000 (−1.25)	−0.000 (−0.54)	−0.000 (−0.89)	−0.000 (−0.08)
TA	0.070*** (3.08)	0.075*** (4.37)	0.043*** (4.33)	0.038*** (4.95)	0.032*** (3.50)	0.027*** (3.92)
DUAL	0.004 (0.72)	0.002 (0.45)	0.003 (0.85)	0.001 (0.36)	0.004 (1.07)	0.002 (0.75)
INDEP	0.025 (0.64)	0.011 (0.36)	0.027 (0.99)	0.015 (0.74)	0.027 (1.13)	0.023 (1.20)
PPE	−0.068*** (−3.11)	−0.056*** (−3.37)	−0.059*** (−4.03)	−0.053*** (−4.68)	−0.061*** (−4.70)	−0.055*** (−5.41)
TOP1	0.040 (1.30)	0.036 (1.56)	0.021 (1.00)	0.018 (1.12)	0.015 (0.83)	0.013 (0.96)
BM	−0.002 (−0.21)	−0.009 (−1.14)	−0.004 (−0.67)	−0.001 (−0.25)	−0.005 (−0.99)	−0.001 (−0.31)
Constant	0.211* (1.90)	0.186** (2.21)	0.158** (2.35)	0.129** (2.48)	0.185*** (3.17)	0.159*** (3.51)
STKCD	Yes	Yes	Yes	Yes	Yes	Yes
YEAR	Yes	Yes	Yes	Yes	Yes	Yes
Observations	1 134	1 134	1 918	1 918	2 296	2 296
Adjusted R^2	0.596	0.716	0.667	0.766	0.684	0.778

注：***、**、*分别代表在1%、5%和10%的统计水平上显著。

2.改变对照组的匹配变量

在主回归分析中，对于每一个处理组的样本企业，选取与处理组样本建立财务共享服务中心前一年处于同一行业、资产规模最接近的三家未建立财务共享服务中心的企业作为对照样本。为了排除样本匹配变量对研究结论的可能干扰，本文选取利润总额作为匹配变量，重新匹配对照组样本。如表7所示，FSSC的估计系数在TAX1和TAX2两种被解释变量下均显著为负，与前文的结果一致。

表7 稳健性检验：改变匹配变量

	TAX1	TAX2
FSSC	-0.019*** (-4.03)	-0.014*** (-3.86)
SIZE	-0.005* (-1.81)	-0.004 (-1.52)
LEV	-0.024*** (-2.69)	-0.023*** (-3.20)
PRR	-0.000 (-0.08)	-0.000 (-0.60)
FLUID	0.007** (1.97)	0.003 (1.14)
GROWTH	-0.000* (-1.71)	-0.000 (-0.32)
TA	0.009* (1.73)	0.000 (0.06)
DUAL	0.002 (0.57)	0.001 (0.14)
INDEP	0.029 (0.95)	0.035 (1.43)
PPE	-0.096*** (-5.37)	-0.089*** (-6.23)

续表

	TAX1	TAX2
TOP1	-0.003 (-0.16)	-0.013 (-0.80)
BM	-0.008 (-1.06)	-0.007 (-1.28)
Constant	0.199*** (3.00)	0.156*** (2.95)
STKCD	Yes	Yes
YEAR	Yes	Yes
Observations	1 477	1 477
Adjusted R^2	0.686	0.769

注：***、**、*分别代表在1%、5%和10%的统计水平上显著。

（三）平行趋势检验

使用双重差分法的前提是处理组和对照组满足平行趋势假设，即两者在建立财务共享服务中心前需要有相同的变化趋势。参考罗知等（2015）的研究方法，引入处理组TREAT与建立财务共享服务中心前后各年度虚拟变量的交互项进行平行趋势检验，即在模型（1）中同时引入TREAT_PRE3、TREAT_PRE2、TREAT_PRE1、CURRENT、TREAT_POST1、TREAT_POST2和TREAT_POST3，分别表示处理组建立财务共享服务中心前三年、前两年、前一年、当年、后一年、后两年以及后三年。由于本文选择处理组建立财务共享服务中心前三年作为基准期，因此未将TREAT_PRE3加入模型中。如表8所示，TREAT_PRE2、TREAT_PRE1的估计系数均不显著，表明在建立财务共享服务中心前处理组与对照组的变化趋势不存在显著的差异，因此可以认为平行趋势假设成立。

表8　**稳健性检验：平行趋势检验**

	TAX1	TAX2
TREAT_PRE2	-0.005 (-0.58)	0.001 (0.24)
TREAT_PRE1	-0.009 (-1.05)	-0.005 (-0.73)

续表

	TAX1	TAX2
CURRENT	-0.013 (-1.55)	-0.006 (-0.97)
TREAT_POST1	-0.021** (-2.46)	-0.014** (-2.13)
TREAT_POST2	-0.021** (-2.37)	-0.016** (-2.45)
TREAT_POST3	-0.003 (-0.34)	-0.004 (-0.65)
Controls	Yes	Yes
STKCD	Yes	Yes
YEAR	Yes	Yes
Observations	1 526	1 526
Adjusted R^2	0.625	0.748

注：***、**、*分别代表在1%、5%和10%的统计水平上显著。

（四）安慰剂测试

为了进一步排除时间趋势对研究结论的可能影响，本文对回归结果进行安慰剂测试。将各个样本企业建立财务共享服务中心的时间提前两年、提前一年、延后一年以及延后两年，对模型（1）进行回归。如果企业税负的变化是由建立财务共享服务中心导致的，那么建立财务共享服务中心的时间提前两年、提前一年还是延后一年、延后两年，FSSC的估计系数均不会显著。如表9所示，当企业建立财务共享服务中心的时间提前两年或提前一年时，FSSC的估计系数均不显著。当企业建立财务共享服务中心的时间延后一年时，FSSC的估计系数显著为负。其原因可能在于企业正式宣布建立财务共享服务中心后，需要有一定过渡时间完善企业内部财务管理体系，同时对税负的影响也存在一定的滞后性。当企业建立财务共享服务中心的时间延后两年时，FSSC的估计系数不显著。因此，调整财务共享服务中心建立的时间并不会显著影响企业税负，排除了时间趋势对研究结论带来的可能干扰，进一步说明了研究结论的稳健性。

表9　稳健性检验：安慰剂检验

	TAX1	TAX2
建立FSSC提前两年	−0.006 (−0.97)	−0.002 (−0.50)
建立FSSC提前一年	−0.007 (−1.49)	−0.004 (−1.02)
建立FSSC时间不变	−0.015*** (−3.12)	−0.010*** (−2.73)
建立FSSC延后一年	−0.016*** (−3.03)	−0.014*** (−3.71)
建立FSSC延后两年	0.002 (0.32)	−0.002 (−0.54)

注：***、**、*分别代表在1%、5%和10%的统计水平上显著。

五、机制检验与异质性分析

（一）基于内部控制质量的机制检验

前文阐述了财务共享服务中心通过改善企业内部控制质量降低企业税负这一作用机制，在本部分中，对该影响机制进行验证。本文使用DIB内部控制指数来衡量企业的内部控制质量，按照样本企业在财务共享服务中心建立前一年的内部控制质量中位数进行分组，对模型（1）进行回归。如表10所示，FSSC的估计系数在内部控制质量低的组显著为负，而在内部控制质量高的组中并不显著。由此可见，财务共享服务中心的减税效果主要体现在内部控制质量较差的样本企业中，这是因为对于内部控制质量本身较高的企业而言，其内部控制的优化空间相对较小，受到财务共享服务中心的影响更加有限，从而间接表明财务共享服务中心的建立主要通过改善内部控制质量降低企业税负。

表10 机制检验：财务共享服务中心、内部控制质量与企业税负

	内部控制质量高		内部控制质量低	
	TAX1	TAX2	TAX1	TAX2
FSSC	0.002 (0.51)	0.002 (0.52)	−0.033*** (−3.08)	−0.026*** (−3.43)
SIZE	0.005 (1.42)	0.004 (1.15)	−0.023*** (−3.09)	−0.020*** (−3.66)
LEV	−0.015 (−0.95)	−0.021 (−1.30)	0.025 (1.04)	0.027 (1.58)
PRR	0.059*** (4.32)	0.013 (0.91)	−0.010** (−2.56)	−0.010*** (−3.75)
FLUID	0.021*** (3.55)	0.018*** (2.99)	0.041*** (3.70)	0.030*** (3.73)
GROWTH	−0.000 (−0.31)	0.000 (0.54)	−0.001 (−1.35)	−0.001 (−1.09)
TA	0.035 (1.60)	0.046** (2.06)	0.089*** (3.47)	0.083*** (4.58)
DUAL	0.004 (1.11)	0.001 (0.21)	−0.000 (−0.05)	0.001 (0.10)
INDEP	0.026 (1.12)	0.037 (1.55)	0.030 (0.41)	−0.013 (−0.26)
PPE	−0.022 (−1.41)	−0.012 (−0.76)	−0.120*** (−3.75)	−0.106*** (−4.67)
TOP1	−0.011 (−0.49)	0.006 (0.29)	0.065 (1.26)	0.054 (1.48)
BM	−0.004 (−0.53)	−0.019*** (−2.80)	−0.004 (−0.24)	0.004 (0.38)
Constant	−0.050 (−0.63)	−0.031 (−0.39)	0.564*** (3.33)	0.493*** (4.11)
STKCD	Yes	Yes	Yes	Yes
YEAR	Yes	Yes	Yes	Yes
Observations	779	779	747	747
Adjusted R^2	0.865	0.847	0.502	0.680

注：（1）***、**、*分别代表在1%、5%和10%的统计水平上显著。（2）组间系数差异检验P-value分别为0.0000与0.0000。

（二）基于产权性质的异质性分析

我国企业的一大特色在于国有企业和民营企业基本上各自占据“半壁江山”，这两类企业在避税动机方面存在较大差异。一方面，对于国有企业而言，其在实现利润最大化的经济目标的同时，还需要实现维护税收稳定的社会目标（吴联生，2009）；另一方面，对于上市国有企业而言，其分配的股利将由政府和其他股东共同分享，因此更倾向于通过缴纳税款的方式向政府输送利润（Tang等，2016）。由此可见，与民营企业相比，国有企业的避税动机更弱，税负水平更高，节税空间更大，其对于建立财务共享服务中心带来的减税效果更加敏感。相反，民营企业本身的避税意愿较强，税负水平较低，财务共享对于税负的降低作用相对有限。因此，本文预期建立财务共享服务中心对于国有企业的减税效果更强。基于此，本文将样本按照产权性质分为国有企业与非国有企业两组进行回归分析。表11的结果表明，财务共享服务中心的减税效果主要体现在国有企业中，与预期相符。

表11 产权异质性

	国有企业		非国有企业	
	TAX1	TAX2	TAX1	TAX2
FSSC	−0.022*** (−3.60)	−0.017*** (−3.68)	−0.002 (−0.25)	0.004 (0.55)
SIZE	−0.018*** (−2.79)	−0.014*** (−3.03)	−0.002 (−0.33)	−0.001 (−0.34)
LEV	0.024 (1.07)	0.022 (1.32)	−0.014 (−0.75)	−0.007 (−0.50)
PRR	−0.025*** (−4.39)	−0.021*** (−5.11)	−0.007** (−2.06)	−0.008*** (−3.28)
FLUID	0.050*** (5.78)	0.040*** (6.25)	0.021** (2.26)	0.014* (1.93)
GROWTH	−0.004** (−2.25)	−0.003** (−2.39)	−0.000 (−0.87)	−0.000 (−0.19)
TA	0.119*** (5.40)	0.098*** (5.99)	0.025 (0.95)	0.042** (2.02)
DUAL	0.007 (1.03)	0.004 (0.73)	0.001 (0.11)	−0.002 (−0.34)

续表

	国有企业		非国有企业	
	TAX1	TAX2	TAX1	TAX2
INDEP	0.032 (0.91)	0.010 (0.37)	0.003 (0.04)	0.018 (0.31)
PPE	−0.064*** (−3.32)	−0.056*** (−3.93)	−0.105*** (−3.09)	−0.090*** (−3.40)
TOP1	0.043 (1.26)	0.023 (1.11)	0.045 (1.01)	0.046 (1.31)
BM	−0.015 (−1.54)	−0.005 (−0.77)	0.003 (0.23)	−0.010 (−1.04)
Constant	0.457*** (3.15)	0.385*** (3.59)	0.092 (0.75)	0.081 (0.85)
STKCD	Yes	Yes	Yes	Yes
YEAR	Yes	Yes	Yes	Yes
Observations	940	940	586	586
Adjusted R^2	0.662	0.776	0.585	0.701

注：(1) ***、**、*分别代表在1%、5%和10%的统计水平上显著。(2) 组间系数差异检验P-value分别为0.0000与0.0000。

六、结论

本文基于2010—2021年我国沪深A股上市公司数据，考察财务共享服务中心的建立对企业税负的影响。研究发现：建立财务共享服务中心能显著降低企业的税负水平，且减税效果主要体现在国有企业中。进一步的机制检验发现，企业建立财务共享服务中心可以改善内部控制质量，进而增强节税能力、减轻税收负担，即内部控制发挥了中介作用。

本文的研究结论表明，财务共享服务中心的建立有助于企业减轻税收负担。鉴于我国沪深A股上市公司建立财务共享服务中心的比例仍然偏低，一方面，政府部门应该将财务共享服务中心这一组织变革和财务转型视为减轻企业税负压力的重要工具，继续推广财务共享服务的应用，引导微观经济减负增效；另一方面，企业在建立财务共享服务中心后，应当及时评估内部控制质量的改善效果，切实保障财务共享发挥减税效能。

参考文献

[1] 曹书军，刘星，傅蕴英．劳动雇佣与公司税负：就业鼓励抑或预算软约束［J］．中国工业经济，2009（5）：139-149.

[2] 曹越，姜丽平，张肖飞，等．地方政府政绩诉求、政府控制与国有企业税负［J］．审计与经济研究，2015，30（5）：103-112.

[3] 郭玲．纳税信用评级对企业税负水平的影响［J］．中南财经政法大学学报，2022（1）：86-97.

[4] 姜一涵．财务共享服务中心建立与会计信息透明度提升［J］．经济问题，2022（10）：120-129.

[5] 金莲花，王华．财务共享服务中心的应用效果研究［J］．会计之友，2016（5）：21-24.

[6] 赖泳杏，闭乐华．财务共享服务、产权性质与企业绩效研究［J］．现代商贸工业，2021，42（18）：105-107.

[7] 李万福，陈晖丽．内部控制与公司实际税负［J］．金融研究，2012（9）：195-206.

[8] 李文，王佳．地方财政压力对企业税负的影响——基于多层线性模型的分析［J］．财贸研究，2020，31（5）：52-65.

[9] 李闻一，刘东进．大土木行业财务管理模式创新与案例研讨——中交二航局财务共享中心服务的实践［J］．财会月刊，2015（4）：16-25.

[10] 李闻一，刘姣，卢文．财务共享服务中心建设的回顾、趋势与建议［J］．会计之友，2020（9）：14-20.

[11] 李闻一，潘珺．财务共享服务中心与公司商业信用融资——基于异时DID模型研究［J］．华中师范大学学报（人文社会科学版），2021，60（4）：59-72.

[12] 李远慧，罗颖．营改增减税效应研究——以北京为例［J］．税务研究，2017（11）：52-56.

[13] 刘骏，刘峰．财政集权、政府控制与企业税负：来自中国的证据［J］．会计研究，2014（1）：21-27+94.

[14] 罗知，赵奇伟，严兵．约束机制和激励机制对国有企业长期投资的影响［J］．中国工业经济，2015（10）：69-84.

[15] 孙晓妍，盖地．盈余管理、受托责任关系与企业总体税负——基于企业经济资源视角的面板数据分析［J］．山西财经大学学报，2014，36（1）：114-124.

［16］田高良，司毅，韩洁，等．媒体关注与税收激进——基于公司治理视角的考察［J］．管理科学，2016，29（2）：104-121.

［17］王成龙，冉明东，刘思义．国家审计改革对地方国有企业税负的影响研究——以省以下地方审计机关人财物管理改革为背景［J］．财政研究，2018（10）：117-129.

［18］王亮亮．金融危机冲击、融资约束与公司避税［J］．南开管理评论，2016，19（1）：155-168.

［19］王雁．建筑施工企业财务共享中心问题探究［J］．山西财经大学学报，2018，40（S2）：49-50.

［20］王玉法，王莎，王团委．财务共享服务实施与企业绩效关系研究——基于随机效应模型［J］．会计之友，2019（21）：81-87.

［21］吴联生．国有股权、税收优惠与公司税负［J］．经济研究，2009，44（10）：109-120.

［22］吴祖光，万迪昉，罗进辉．市场化程度、代理成本与企业税收负担——基于不同产权主体的研究［J］．经济管理，2011，33（11）：1-8.

［23］肖敏，徐任重．财务共享服务模式下数据信息的风险防范［J］．财务与会计，2018（6）：73.

［24］许汉友，姜亚琳，徐香．基于DEA的我国集团公司财务共享服务实施效率研究［J］．审计与经济研究，2017，32（5）：74-84.

［25］许汉友，刘梦艺，卢妍霖．基于财务共享的集团企业风险管理［J］．财会月刊，2019（8）：58-65.

［26］许汉友，韦希．财务共享实施能降低企业的财务风险吗?［J］．财会通讯，2021（4）：92-97.

［27］许汉友，赵静．财务共享推动企业高质量发展了吗［J］．财会月刊，2022（20）：34-43.

［28］杨华领，宋常．地方政府债务、产权属性与公司税负［J］．财经论丛，2015（8）：27-36.

［29］杨真真．企业内部控制与税收行为——“治税”还是“避税”［J］．财会月刊，2022（8）：61-68.

［30］叶松勤，黄瑾，廖飞梅．信息共享、融资方式与企业投资效率［J］．江西财经大学学报，2020（4）：40-52.

［31］张庆龙．中国企业集团财务共享中心：案例启示与对策思考［J］．会计之友，2015（22）：2-7.

［32］REGO S O，WILSON R. Equity risk incentives and corporate tax aggressiveness［J］. Journal of Accounting Research，2012，50（3）：775-810.

［33］TANG T，MO P L L，CHAN K H.Tax collector or tax avoider? An investigation of intergovernmental agency conflicts［J］. The Accounting Review，2016，92（2）：247-270.

Can Financial Sharing Reduce Corporate Tax Burden?

Yaosong Liu, Jingyi Pan

Abstract　Can the establishment of a Financial Shared Services Center (FSSC) reduce the tax burden of enterprises? Taking Chinese A-share listed companies from 2010 to 2021 as a sample, this paper examines the impact of FSSC on the tax burden of enterprises. It is found that that the establishment of FSSC can significantly reduce the tax burden of enterprises. After the robustness tests, including replacing variable indicators, adjusting matching methods, parallel trend test, and placebo test, the conclusion still holds. Furthermore, the reduction effect of FSSC on tax burden is mainly observed in state-owned enterprises. Further research reveals that the establishment of FSSC can improve internal control quality, thereby enhancing tax-saving capabilities and reducing the tax burden. This paper enriches the effectiveness evaluation research of implementing FSSC from the perspective of corporate tax burden, and provides reference for exploring specific paths for enterprise tax reduction and fee reduction from the perspectives of financial transformation and organizational change.

Key Words　financial shared services center; corporate tax burden; ownership nature; internal control

第15辑，2023年
No.15，2023
会计与控制评论
Review of Accounting and Control

政府隐性担保与会计稳健性①

刘 行 胡文静

（东北财经大学会计学院 大连 116025）

摘 要 政府隐性担保在当今世界经济体中普遍存在，本文以中国最早的国有企业债券违约作为对预期政府担保的外生冲击来寻求识别和建立因果证据，观测政府隐性担保弱化对会计稳健性的影响。结果表明：（1）中国国有企业第一次债券违约事件后，随着政府隐性担保的预期下降，国有企业的会计稳健性显著提高，而在非国有企业组中，会计稳健性无显著变化。（2）政府隐性担保对国有企业会计稳健性的影响，在债务融资比重较高的样本组更为显著。进一步，政府隐性担保对会计稳健性的影响在地方国有企业中更为显著。

关键词 政府隐性担保 会计稳健性 债务 国有企业

一、引 言

政府隐性担保产生于软预算约束现象，这种现象起源于社会主义和混合经济，一直被认为是影响经济体行为的重要因素（Kornai，1979，1986；Bergolf and Ro-

① 作者简介：刘行（1984—），男，东北财经大学会计学院院长、教授，东北财经大学税务会计研究中心主任、博士生导师，研究方向为税务会计、税收与公司财务、资本市场财务与会计；胡文静（1999—），女，东北财经大学会计学院硕士研究生，研究方向为资本市场财务与会计。

land，1998；Kornai，Maskin and Roland，2003）。North（1994）的研究发现，政治制度支撑经济制度的观点在中国尤为突出，因为政府的影响力在经济中占据着重要地位。国有企业在国民经济中占据主导地位，他们往往身负其他政策目标，比如创造就业、支持战略性产业、出于社会和政治原因发展行业和地区（Qian，1996；Lin，Cai and Li，1998）。这些政策重任意味着国有企业对自身绩效不负完全责任，在国企面临财政困难时，有政治关联的企业可以向政府寻求额外资金，这也就是政府隐性担保（Faccio and Mcconnell，2006）。现有文献基于国内数据证实了政府隐性担保的存在（方红星、施继坤和张广宝，2013；韩鹏飞和胡奕明，2015；王博森、吕元稹和叶永新，2016）。

2015年4月21日，政府100%控股的国有企业"保定天威"拖欠中期票据的利息，成为中国债券市场历史上第一家国有企业违约的事件。此前，市场普遍预期它的控股人会为保定天威集团的违约债券进行兜底救助。这一事件的发生打破国有企业债券的刚性兑付，投资者对政府隐性担保的预期下降，国有企业因为政府兜底救助的弱化对负面消息的披露会有所不同。因此，思考政府隐性担保预期下降对会计稳健性的影响，对于探究政府隐性担保弱化的经济后果和国企会计信息质量的改善，都具有重要意义。然而，通过查阅相关文献，较少文献研究两者的关联，一方面，衡量政府隐性担保的统一且说服力强的指标较少；另一方面，现有研究多从信贷市场上融资的考量角度，探究的是国有企业和民营企业的会计稳健性水平的差异，未考虑之后国企会计信息质量的变化。本文将这一债券违约事件作为预期政府担保下降的替代衡量，通过观测事件后政府隐性担保对国有企业会计稳健性可能产生的影响提供初步证据。

理论上，在存在政府隐性担保时，国有企业如果面临债务无法偿还的情况，政府会帮助企业偿还。所以，债权人并不会担心自己的权益受损，他们对于会计稳健性的要求也就比较低。但是，当政府隐性担保的预期下降时，债权人就需要更加及时地了解企业的负面消息以保证自身权益。因此，政府隐性担保预期的下降会提高企业的会计稳健性。实证结果显示，中国国有企业第一次债券违约事件发生后，随着政府隐性担保的预期下降，国有企业的会计稳健性显著提高，而在非国企组中，会计稳健性无显著变化。进一步分析发现，企业债务融资比重越高，政府隐性担保对国有企业会计稳健性的影响越显著。在细分国有产权性质后，相比央企，地方国企的会计稳健性显著提高。

总之，本文结论表明，政府隐性担保的弱化对国有企业的会计信息质量需求产生正面影响，且这种影响在债务融资比重不同、产权性质不同的企业之间有显著差异。本文的研究发现有以下几点贡献和启示：（1）从政府隐性担保这个新的视角探讨了国有企业对会计信息质量需求的变化。（2）与已有文献不同，已有文献仅证实了国企会计稳健性的水平相较民营企业低，未有文献研究国企会计稳健性的变化。

(3) 从具有外生性的天威违约事件出发，来捕捉政府隐性担保的预期下降，拓展了政府隐性担保经济后果的研究。(4) 在以国有企业为主导的中国经济发展中，推动市场化进程，政府可以采取具体措施来弱化隐性担保，发挥市场配置作用。(5) 进一步分析发现，相较于央企，政府隐性担保的弱化促进了地方国企提升会计稳健性，有助于地方国企的长远健康发展。

二、文献回顾与研究假设

(一) 文献回顾

政府隐性担保的存在被大多数学者认可，政府隐性担保的概念源于Kornai (1986) 的“软预算约束”理论。对于政府隐性担保的成因，具有代表性的观点有Kornai (1986) 的社会主义政府的“父爱主义”、Shleifer and Vishiny (1994) 的政治家行为偏好，以及林毅夫和李志赟 (2004) 的国有企业承担政策性重任、谭志武 (2006) 的预算制度不规范不健全等。对于早期政府隐性担保存在的影响，Kornai (1980) 指出社会主义经济中的短缺现象的成因是政府隐性担保的存在；Qian and Roland (1998) 从政府扶持援助了一些投资价值低的项目角度证明了政府隐性担保的存在；也有文献从企业债务角度证实了政府隐性担保存在于中国债券市场（王博森、吕元稹和叶永新，2016；纪洋等，2018）。政府隐性担保的存在使得投资者感知到较低的违约风险（方红星、施继坤和张广宝，2013；韩鹏飞和胡奕明，2015；罗荣华和刘劲劲，2016），但随着市场化进程的脚步逐渐前行，政府隐性担保会不断弱化（陆正飞、何捷和窦欢，2015；马文涛和张朋，2021；Dong，Hou and Ni，2021）。

关于政府隐性担保与会计稳健性的研究中，已有文献发现，国有企业 (SOE) 采用的会计稳健性水平比非国有企业 (NSOE) 更低，在信贷资源配置中，债权人倾向于违约风险低的企业，会特别考虑到国有企业有着政府隐性担保，政府会对财务困境的国有企业进行扶持，因此政府的这种隐性担保一定程度上缓和了贷款人对国有企业违约风险的顾虑（陆正飞、何捷和窦欢，2015；Chen et al.，2010）。

债务契约是会计稳健性被利益相关者需求的主要来源（杨华军，2007；Watts，2003）。债务比重越高（刘运国、吴小蒙和蒋涛，2010）、信用评级越高（朱松，2013）、债权人的数量越多（许浩然、张敏和林逸子，2021）、债券条款数量越多（甄红线等，2019），债权人对会计稳健性的要求越高。会计稳健性能帮助企业缓解融资困难与降低融资成本（毛新述和戴德明，2009；张金鑫和王逸，2013）。

由此可见，第一，政府隐性担保相关研究主要集中在存在性以及降低违约风险的经济后果，很少涉及对会计稳健性影响的研究；第二，对于国有企业会计稳健性水平与政府隐性担保的研究，发现的结论均是国有企业的会计稳健性水平低于非国有企业，未涉及研究政府隐性担保预期下降后，国有企业会计稳健性的变化。目前鲜有文献研究政府隐性担保对会计稳健性的影响。

（二）研究假设

首先，所谓会计稳健性，是指坏消息反映到会计报表中的速度要快于好消息，即坏消息比好消息反映得更及时。债券市场中，外部利益相关者和企业经营活动管理人存在信息不对称，相比之下，投资者在信息掌握地位中处于下风，他们通过企业披露的财务信息来判断企业的财务状况是否良好，以及可能面临的风险概率，投资者主要通过公司披露的会计信息去了解企业经营行为的发展趋势，会计稳健性有助于帮助外部利益相关者更早更快地了解企业可能面临的风险和负面消息。

作为债权人，与股东不同，债权人的收益和风险具有不对称性。换言之，当企业盈利时，债权人只能获取初始投入和衍生的利息，而无法享受其他税后收益，股东却会实现财富的增加获取额外收益；但是当企业亏损时，债权人本金和利息都可能收不回，虽然公司破产后债权人对破产财产的分配享有优先权，但由于破产财产多数情况下不足以清偿全部债务，因而债权人也要承担由投资失败引致的不赀之损。所以，债权人会特别关注企业的负面消息和消极状况，从而对企业会计稳健性的需求比较高，稳健的会计处理，有利于债权人及时了解到企业的不利形势。

一方面，从债权人角度看，在存在政府隐性担保时，国有企业如果面临债务无法偿还的情况，政府会帮助企业偿还。所以，在这种情况下，债权人并不会担心自己的权益受到侵害，无法拿到自己的本金和利息，他们对于会计稳健性的要求也比较低。但是，当政府隐性担保的预期下降时，债权人就需要更加及时地了解企业的负面消息以保证自身收益。所以，政府隐性担保预期的下降会提高企业的会计稳健性。

另一方面，从国有企业自身出发，政府隐性担保的存在致使企业不会及时向外公布坏消息，他们认为政府会对其进行兜底救助，扶持后，企业先前的财务困境也就随之解决，不会对债券投资人产生负面影响，因此风险信息披露不及时。然而，伴随着政府100%控股的保定天威置身于聚光灯下，国有企业债券违约事件受到债券市场投资者和外界媒体的广泛关注，媒体会据此挖掘信息并传播。随着媒体的报道和投资者们的讨论，公众对政府隐性担保的预期下降，国有企业自身会迎合投资者们的需求，主动提高会计信息质量。

基于此，本文认为，中国国有企业保定天威违约事件的发生，传递的是政府隐性担保降低的信息，投资者们预期政府隐性担保下降，债权人为了保障自己的权益不受损，需要更加及时地了解企业的负面消息以保证自身收益，所以，政府隐性担保的下降会提高企业的会计稳健性。基于此，提出了研究假设一。

H1：中国国有企业第一次债券违约事件后，随着政府隐性担保的预期下降，国有企业的会计稳健性显著提高，而在非国企组中，会计稳健性无显著变化。

政府隐性担保主要是通过对债务担保发挥作用，当债权人投资的国有企业面临财务困境时，政府会进行资金救助，如此一来投资者的资金将得到一个被偿还的保障。负债率越高的国有企业越有可能存在政府隐性担保，企业资金出现危机的概率大，政府会对他们进行帮扶援助。债权人会考虑到政府隐性担保的存在，消除自己的收益受到损害的顾虑。本文引入负债率这一变量来进一步探究政府隐性担保对会计稳健性的影响，企业的债务融资比重越高，债权人越有可能因为政府隐性担保预期的下降而提高对会计稳健性的需求，去及时了解企业面临的风险与负面消息。进一步用债务融资的比重来分组检验，可以确认研究结论的发现确实是政府隐性担保预期下降导致的，验证结论不是其他可能的共生事件的影响，即与债券违约同期发生的其他事件。基于以上分析，本文提出假设二。

H2：政府隐性担保对国有企业会计稳健性的影响，在债务融资比重高的样本组更为显著。

三、研究设计

（一）实证模型与变量定义

为考查政府隐性担保对会计稳健性的影响，本文选择了Basu（1997）的盈余-股票报酬模型衡量企业会计稳健性，因为这一模型在现有实证研究中应用最为广泛。在此基础上，构建了以下实证模型：

$$\begin{aligned}EPS_{it}/P_{it-1} = {} & \alpha_0 + \alpha_1 DR_{it} + \alpha_2 R_{it} + \alpha_3 DR_{it} \times R_{it} + \alpha_4 POST + \alpha_5 POST \times DR_{it} + \alpha_6 POST \times R_{it} + \\ & \alpha_7 POST \times DR_{it} \times R_{it} + \alpha_8 SIZE_{it} - \alpha_9 SIZE_{it} \times DR_{it} + \alpha_{10} SIZE_{it} \times R_{it} + \alpha_{11} SIZE_{it} \times \\ & DR_{it} \times R_{it} + \alpha_{12} LEV_{it} + \alpha_{13} LEV_{it} \times DR_{it} + \alpha_{14} LEV_{it} \times R_{it} + \alpha_{15} LEV_{it} \times DR_{it} \times R_{it} + \\ & \alpha_{16} MB_{it} + \alpha_{17} MB_{it} \times DR_{it} + \alpha_{18} MB_{it} \times R_{it} + \alpha_{19} MB_{it} \times DR_{it} \times R_{it} + \alpha_{20} ROA_{it} + \\ & \alpha_{21} ROA_{it} \times DR_{it} + \alpha_{22} ROA_{it} \times R_{it} + \alpha_{23} ROA_{it} \times DR_{it} \times R_{it} + \alpha_{24} GROWTH_{it} + \\ & \alpha_{25} GROWTH_{it} \times DR_{it} + \alpha_{26} GROWTH_{it} \times R_{it} + \alpha_{27} GROWTH_{it} \times DR_{it} \times R_{it} + \\ & \sum INDUSTRY + \sum YEAR + \varepsilon \end{aligned} \tag{1}$$

$$\begin{aligned}EPS_{it}/P_{it-1} = {} & \alpha_0 + \alpha_1 DR_{it} + \alpha_2 R_{it} + \alpha_3 DR_{it} \times R_{it} + \alpha_4 POST + \alpha_5 POST \times DR_{it} + \alpha_6 POST \times R_{it} + \\ & \alpha_7 POST \times DR_{it} \times R_{it} + \alpha_8 SIZE_{it} + \alpha_9 SIZE_{it} \times DR_{it} + \alpha_{10} SIZE_{it} \times R_{it} + \alpha_{11} SIZE_{it} \times \\ & DR_{it} \times R_{it} + \alpha_{12} MB_{it} + \alpha_{13} MB_{it} \times DR_{it} + \alpha_{14} MB_{it} \times R_{it} + \alpha_{15} MB_{it} \times DR_{it} \times R_{it} + \\ & \alpha_{16} ROA_{it} + \alpha_{17} ROA_{it} \times DR_{it} + \alpha_{18} ROA_{it} \times R_{it} + \alpha_{19} ROA_{it} \times DR_{it} \times R_{it} + \\ & \alpha_{20} GROWTH_{it} + \alpha_{21} GROWTH_{it} \times DR_{it} + \alpha_{22} GROWTH_{it} \times R_{it} + \alpha_{23} GROWTH_{it} \times \\ & DR_{it} \times R_{it} + \sum INDUSTRY + \sum YEAR + \varepsilon \end{aligned} \tag{2}$$

为验证假设一，构建模型（1），为防止引入是否国有交乘项产生严重的多重共线性问题，对国企样本和非国企样本分别进行回归，检验政府隐性担保对会计稳健性的影响。构建模型（2）检验假设二，根据负债率的中位数和均值分别进行分组，对模型（1）中删除LEV这个控制变量及交乘项后，进行回归，探究企业债务融资比重不同的情况下，政府隐性担保对会计稳健性的影响程度。

1.被解释变量的定义

模型（1）和（2）中，EPS_{it}表示i公司t年度的每股收益；P_{it-1}表示i公司t-1年度4月末的股票收盘价；DR_{it}表示虚拟变量，当$R_{it}<0$时表示“坏消息”，取值为1，否则为0；R_{it}表示经市场调整的i公司t年度股票超额回报率。上市公司年度报告是在年度结束后4个月内公告，为避免将以前年度的盈余信息包含在当年度的股票收益中，本文用当年度5月至下一年度4月期间购买并持有股票的回报率作为当期相关信息对会计盈余影响的替代变量，年度个股原始回报率的计算公式为$RET_{it}=\prod_{j=-5}^{4}(1+RET_{ij})-1$，其中$RET_{ij}$表示i公司第j月的考虑现金红利再投资的月个股回报率；为了考量市场整体因素的影响，本文用个股层面市值加权平均法计算出年度市场回报率RET_{mt}，用市场调整法计算经市场调整的年度个股超额回报率$R_{it}=RET_{it}-RET_{mt}$。

2.解释变量的定义

模型（1）中，利用中国债券市场上第一个国有企业违约（保定天威）事件来度量政府隐性担保，据此设置虚拟变量POST，当发生天威违约事件后POST取值为1，即当YEAR≥2015时POST取值为1，否则为0。POST×DR×R是我们重点关注的变量，回归系数α_7代表事件后企业会计稳健性水平的变化，我们预期在国企样本组中显著为正，在非国企样本中不显著。预测模型（2）中POST×DR×R的回归系数在债务融资比重较高组更为显著。

3.控制变量的定义

借鉴相关文献（刘行，2016；Khan and Watts，2009；Chen et al.，2010），本文选取以下控制变量：公司规模（SIZE）、资产负债率（LEV）、市账比（MB）、资产收益率（ROA）、成长性（GROWTH）、行业（INDUSTRY）和年度（YEAR）。其中，公司规模等于公司期末总资产的自然对数；资产负债率等于总负债除以总资产；市账比等于企业的股票市值除以所有者权益；资产收益率等于净利润除以总资产；成长性等于主营业务收入增长率；按照证监会的行业分类设置虚拟变量，以此来控制会计稳健性的行业效应；年度虚拟变量则用于控制会计稳健性的年度效应。

（二）样本选择与数据来源

为了防止会计准则变迁对结论的影响，本文选取的样本区间从2007年开始。本文选取2007—2020年所有A股上市公司作为研究样本，为提高样本数据的有效性和实证结果的准确性，本文对获取的样本数据按照以下标准剔除后进行研究：（1）剔除金融保险行业公司；（2）剔除相关变量数据缺失的观测值；（3）为防止样本异常值对参数估计偏误的影响，对变量进行上下1%的winsorize处理。最终得到27 048个公司/年度观测值。本文所使用数据均来源于国泰安（CSMAR）数据库。

四、实证结果与分析

（一）描述性统计

表1列示了主要变量的描述性统计结果，Basu模型的因变量 EPS_{it}/P_{it-1} 的均值为0.024，标准差为0.048，表明样本之间整体差异不大；经市场调整的股票回报率R的中位数为-0.182，说明超过一半企业存在“坏消息”；虚拟变量DR在全样本中的均值为0.720，直观告诉我们有72%观测值的股票回报率是低于市场回报率的。总体来看，样本公司各变量的统计值与现有文献基本相似。

表1 描述性统计

变量	N	平均值	25%分位数	中位数	75%分位数	标准差
EPS_{it}/P_{it-1}	27 048	0.024	0.009	0.022	0.042	0.048
DR	27 048	0.720	0.000	1.000	1.000	0.449
R	27 048	−0.151	−0.389	−0.182	0.032	0.407
POST	27 048	0.557	0.000	1.000	1.000	0.497
SIZE	27 048	22.190	21.250	22.010	22.930	1.295
LEV	27 048	0.443	0.282	0.441	0.599	0.204
MB	27 048	3.927	2.327	3.211	4.566	2.639
ROA	27 048	0.037	0.014	0.036	0.065	0.061
GROWTH	27 048	0.398	−0.034	0.129	0.408	1.127

（二）政府隐性担保对会计稳健性影响的多元回归结果

首先对本文提出的假设一进行验证，对全部样本区分产权性质，进行国企和非国企分组回归，检验政府隐性担保和会计稳健性的关系。表2结果显示，国企组POST×DR×R的系数为0.029，在1%的水平上显著为正，结果与预期一致，表明在中国国有企业第一次违约事件发生后，国有企业由于市场对预期政府隐性担保的降低，提升了自身的会计稳健性；而在非国企样本中，POST×DR×R的系数为0.006且不显著，这与本文的预期一致。

表2 政府隐性担保与会计稳健性

变量名称	国有企业	非国有企业
DR	0.103*** （4.09）	0.033 （1.60）
R	0.127** （2.01）	0.060 （1.64）
DR×R	−0.040 （−0.54）	−0.204*** （−3.68）
POST	0.026*** （9.11）	−0.004*** （−2.63）
POST×DR	0.005** （2.21）	0.004*** （2.85）
POST×R	−0.007 （−1.12）	0.000 （0.01）
POST×DR×R	0.029*** （3.53）	0.006 （1.44）
SIZE	0.009*** （7.79）	0.009*** （9.36）
SIZE×DR	−0.005*** （−4.49）	−0.002* （−1.68）
SIZE×R	−0.007** （−2.34）	−0.003* （−1.78）
SIZE×DR×R	0.003 （0.94）	0.011*** （4.09）

续表

变量名称	国有企业	非国有企业
LEV	0.042*** (6.18)	0.026*** (5.02)
LEV×DR	0.030*** (3.94)	0.011** (2.11)
LEV×R	0.068*** (3.68)	0.039*** (4.35)
LEV×DR×R	0.001 (0.03)	-0.017 (-1.30)
MB	-0.004*** (-7.14)	-0.002*** (-5.76)
MB×DR	-0.002*** (-2.83)	-0.001* (-1.69)
MB×R	-0.002* (-1.85)	-0.002*** (-2.60)
MB×DR×R	-0.003 (-1.31)	0.001 (0.64)
ROA	0.475*** (17.32)	0.383*** (19.97)
ROA×DR	0.174*** (4.87)	0.009 (0.39)
ROA×R	0.253*** (3.64)	0.103*** (2.99)
ROA×DR×R	-0.377*** (-3.81)	-0.444*** (-8.30)
GROWTH	-0.000 (-0.62)	0.000 (0.57)
GROWTH×DR	0.001 (1.04)	-0.000 (-0.36)

续表

变量名称	国有企业	非国有企业
GROWTH×R	0.003 (0.75)	-0.004 (-1.15)
GROWTH×DR×R	-0.005 (-0.98)	-0.001 (-0.28)
Constant	-0.188*** (-8.05)	-0.190*** (-9.56)
Year & Industry	YES	YES
N	11 640	15 408
Adj-R^2	0.616	0.688

注：***、**、*依次表示1%、5%和10%的显著性水平，括号内为t值，回归系数的标准误为稳健标准误并在公司层面进行了Cluster调整。

（三）政府隐性担保、债务与会计稳健性的多元回归结果

根据假设一的回归结果，我们可以看到，政府隐性担保与会计稳健性的正相关关系仅体现在国企样本中，因此我们接下来只对国企样本进行回归。对企业债务融资比重进行分组，检验假设二时选择仅发行债券的公司作为研究样本，来更为直接地观察政府隐性担保、债务与会计稳健性三者的关联。表3的结果显示，无论是采用中位数还是均值进行分组，负债较高组POST×DR×R的回归系数均在5%的置信水平显著为正，表明随着政府隐性担保的弱化，负债高的国企会显著提高自身的会计稳健性，而负债较低组POST×DR×R的系数不显著。当企业债务融资的比重越高，债权人当然越有可能因为政府隐性担保预期的下降而提高对企业会计稳健性的需求。这一结果也表明，假设一的发现确实是政府隐性担保带来的，而不是其他可能共生事件的影响。

表3　　政府隐性担保、债务与会计稳健性

变量名称	按负债率中位数分组		按负债率均值分组	
	负债较高组	负债较低组	负债较高组	负债较低组
DR	0.140*** (3.57)	0.067** (2.41)	0.134*** (3.39)	0.068** (2.42)
R	0.037 (0.36)	0.209** (2.52)	0.040 (0.40)	0.166** (2.22)

续表

变量名称	按负债率中位数分组		按负债率均值分组	
	负债较高组	负债较低组	负债较高组	负债较低组
DR×R	0.171 (1.45)	-0.177* (-1.81)	0.158 (1.33)	-0.129 (-1.41)
POST	-0.004 (-0.74)	0.025*** (4.48)	0.046*** (8.24)	-0.008** (-1.98)
POST×DR	0.003 (0.67)	0.000 (0.06)	0.003 (0.73)	-0.000 (-0.12)
POST×R	-0.013 (-0.95)	-0.006 (-0.53)	-0.011 (-0.84)	-0.006 (-0.57)
POST×DR×R	0.036** (2.04)	0.008 (0.55)	0.034** (1.97)	0.007 (0.46)
Controls	控制	控制	控制	控制
Constant	-0.300*** (-8.98)	-0.158*** (-5.28)	-0.299*** (-8.85)	-0.152*** (-4.95)
Year & Industry	YES	YES	YES	YES
N	3 381	3 381	4 206	2 556
Adj-R^2	0.708	0.608	0.701	0.609

注：***、**、*依次表示1%、5%和10%的显著性水平，括号内为t值，回归系数的标准误为稳健标准误并在公司层面进行了Cluster调整。

（四）稳健性检验

1.选取发行债券的A股上市公司进行回归

在验证本文假设一时，采用的2007—2020年全部A股上市公司作为研究样本进行实证检验的，保定天威违约是一个债券违约事件，因此我们在进行稳健性检验时选择2007—2020年仅发行债券的公司作为研究样本，来更为直接地观察政府隐性担保和会计稳健性两者之间的关系。表4列示了发行债券的样本回归结果，我们根据产权性质对样本分为国企组和非国企组，列示的结果中，国企组POST×DR×R的系数为0.030，在5%的水平上显著为正，而在非国企样本中，POST×DR×R的系数为0.010且不显著，稳健性检验回归的结果和主回归的结果基本一致。

表4 政府隐性担保与会计稳健性（发行债券公司）

变量名称	国有企业	非国有企业
DR	0.129*** （3.91）	0.064* （1.82）
R	0.101 （1.13）	0.050 （0.76）
DR×R	0.095 （0.92）	-0.056 （-0.59）
POST	0.039*** （9.38）	-0.007*** （-2.62）
POST×DR	0.004 （1.29）	0.007*** （2.60）
POST×R	-0.009 （-1.00）	-0.000 （-0.04）
POST×DR×R	0.030** （2.46）	0.010 （1.48）
Controls	控制	控制
Constant	-0.225*** （-7.50）	-0.237*** （-7.24）
Year & Industry	YES	YES
N	6 762	6 451
Adj-R^2	0.651	0.650

注：***、**、*依次表示1%、5%和10%的显著性水平，括号内为t值，回归系数的标准误为稳健标准误并在公司层面进行了Cluster调整。

2.采用倾向得分匹配（PSM）

为确保研究结论的准确可靠，本文采用PSM方法重新构建了回归样本。前人研究发现有三个指标的影响不可忽略，因此本文选择公司规模、负债率、市账比这三个变量作为协变量参与回归，本文通过Probit回归计算得出倾向得分，使用最近邻匹配，完成产权性质是国企和产权性质是非国企的匹配。为了检验适配性，我们对匹配后的数据进行回归。第一，PSM样本下的政府隐性担保与会计稳健性。本文运用模型（1）对我国上市公司政府隐性担保与会计稳健性的关系进行了检验，表

5的第一列结果显示，政府隐性担保与会计稳健性的相关变量POST×DR×R的系数为0.036，在1%的置信水平上显著，与前文结论一致。第二，PSM样本下的政府隐性担保、债务与会计稳健性。本文运用模型（2）进行了检验，表5的第二列和第三列结果显示，负债较高组POST×DR×R的系数为0.032，在1%的置信水平上显著为正，而负债较低组POST×DR×R的系数仍然不显著，与先前结论一致。

表5　　政府隐性担保、债务与会计稳健性（PSM）

变量名称	验证假设一	验证假设二	
		负债较高组	负债较低组
DR	−0.054 (−1.55)	0.049 (1.14)	0.021 (0.61)
R	−0.006 (−0.13)	−0.016 (−0.22)	−0.019 (−0.28)
DR×R	−0.306*** (−2.93)	0.056 (0.47)	0.026 (0.30)
POST	−0.012*** (−3.82)	0.020*** (4.38)	−0.009** (−2.46)
POST×DR	0.005* (1.82)	0.003 (0.94)	0.008** (2.03)
POST×R	−0.005 (−1.17)	−0.018** (−2.48)	0.003 (0.35)
POST×DR×R	0.036*** (4.79)	0.032*** (2.90)	0.009 (0.82)
Controls	控制	控制	控制
Constant	−0.202*** (−6.86)	−0.257*** (−7.54)	−0.113*** (−3.78)
Year & Industry	YES	YES	YES
N	15 432	5 458	2 464
Adj-R^2	0.447	0.657	0.615

注：***、**、*依次表示1%、5%和10%的显著性水平，括号内为t值，回归系数的标准误为稳健标准误并在公司层面进行了Cluster调整。

3.检验天威违约事件的外生性

本文是利用保定天威违约事件来捕捉感知到的政府隐性担保的变化，因此检验天威违约事件的外生性和有效性是必要的。为了验证上述问题，我们从股票市场中获取证据，也就是说研究股票价格的反应是否与感知到的政府隐性担保在弱化一致。研究股票价格的反应有以下两方面优势：第一，研究股价反应是符合理论分析的，随着政府隐性担保的降低，股权投资者的剩余索取权受到侵蚀，原因是天威违约事件传递着政府隐性担保弱化的信号，这一事件后，政府较少可能去救助陷入财务困境的公司，从而导致股价下跌。第二，股票市场对信息的反应相对有效，在这一外生事件的冲击下，股价将有所波动。我们绘制了国有企业在公告日期［-10，+10］窗口期的股价走势图，如图1所示，我们计算了累计平均异常收益率。通过图1我们可以发现，在公告日后，国企的股价出现下降趋势，股价下跌，支持了天威违约事件的外生性和有效性。

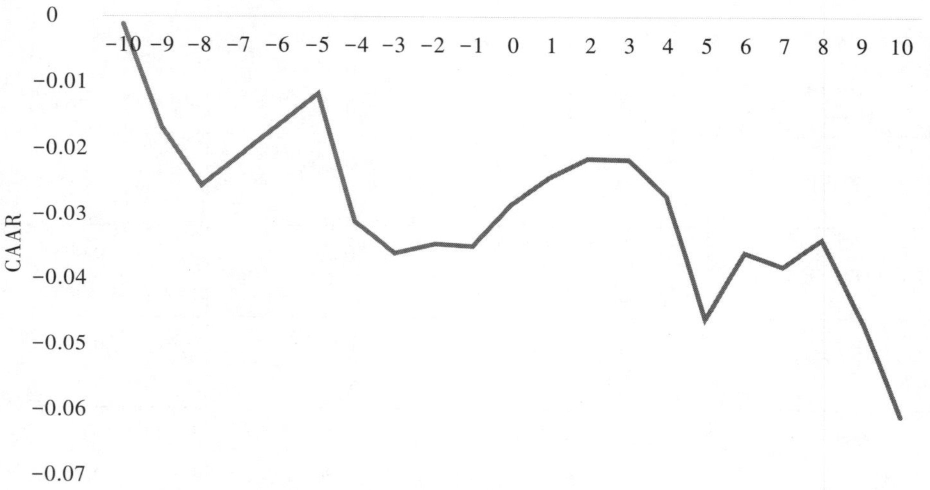

图1　天威违约事件股价趋势图

4.排除去产能政策的影响

在我国转型向高质量发展的背景下，有一个需要攻坚克难的问题就是产能过剩，之前经济发展速度是考量评估的重心，为了实现经济效益的增加，主要途径就是扩张生产线。但随着规模不断扩张，一些行业出现供大于求的问题（史燕平等，2021）。中国的产能过剩问题在煤炭、钢铁和建筑行业凸显，为了治理产能过剩，相关部门有序开展工作，探讨解决方法，因此发布了去产能政策，通过行政的力量来干预。根据中央经济工作会议，2009年发布了《国务院批转发展改革委等部门关于抑制部分行业产能过剩和重复建设引导产业健康发展若干意见的通知》，2013年颁布了《国务院关于化解产能严重过剩矛盾的指导意见》。因此我们排除了可能直接受这些政府干预影响的企业，然后进行实证检验分析，表明我们的结果确实是政府隐性担保带来的，而不是其他可能的共生事件的影响，验证结论的可靠性。通过表6列示的结果我们发现，国企组POST×DR×R的系数为0.021，在1%的水平上显著为正，而在非国企样本中，POST×DR×R的系数为0.005且不显著，去掉去产能政策影响的企业后，结论与前文一致。

表6 政府隐性担保与会计稳健性（排除去产能政策）

变量名称	国有企业	非国有企业
DR	0.090*** （3.32）	0.031 （1.51）
R	0.106* （1.82）	0.055 （1.47）
DR×R	-0.050 （-0.73）	-0.183*** （-3.32）
POST	0.022*** （7.35）	-0.005*** （-2.89）
POST×DR	0.004* （1.85）	0.005*** （3.15）
POST×R	-0.005 （-0.84）	0.001 （0.22）
POST×DR×R	0.021*** （2.64）	0.005 （1.35）
Controls	控制	控制
Constant	-0.158*** （-6.40）	-0.178*** （-9.12）
Year & Industry	YES	YES
N	10 736	14 855
Adj-R^2	0.624	0.696

注：***、**、*依次表示1%、5%和10%的显著性水平，括号内为t值，回归系数的标准误为稳健标准误并在公司层面进行了Cluster调整。

（五）进一步分析

前文分析表明，政府隐性担保的预期下降对国企会计稳健性产生正面影响。进一步，考虑到中央企业和地方国有企业的规模、战略定位以及经济功能不同，细分国有企业产权性质，将国企产权性质细分成央企和地方国企两组。理论上，央企涉及的经济领域实力雄厚，首要任务是维护国家的经济发展，会计稳健性水平高。地方国企可能会更注重优化当地的经济发展和自身的业绩，更需要在债券市场中获得融资支持。所以相较于央企，地方国企会在政府隐性担保的预期下降后，提升自身会计稳健性。表7的结果显示，央企组POST×DR×R的系数为0.012且不显著，地方国企组POST×DR×R的系数为0.028，在1%的水平上显著为正，说明在保定天威债券违约事件后，投资者接收到了政府隐性担保在弱化的信号，地方国企因此会显著提升自己的会计稳健性。这和我们的分析预期一致，央企有着较强的政府隐性担保且自身会计稳健性也较高，而地方国企和央企相比自身会计稳健性较低，因此当市场传递政府隐性担保弱化的信号后，地方国企会显著提升会计稳健性。

表7　**政府隐性担保与会计稳健性（细分产权性质）**

变量名称	央企	地方国企
DR	0.111*** (3.23)	0.090*** (2.75)
R	0.151 (1.51)	0.203*** (2.97)
DR×R	−0.023 (−0.19)	−0.209** (−2.54)
POST	0.020*** (4.47)	−0.008*** (−3.03)
POST×DR	0.011*** (3.01)	−0.000 (−0.03)
POST×R	0.007 (0.74)	−0.012 (−1.47)
POST×DR×R	0.012 (0.93)	0.028*** (2.64)
Controls	控制	控制
Constant	−0.214*** (−6.54)	−0.209*** (−6.46)
Year & Industry	YES	YES
N	3 876	7 764
Adj-R^2	0.609	0.633

注：***、**、*依次表示1%、5%和10%的显著性水平，括号内为t值，回归系数的标准误为稳健标准误并在公司层面进行了Cluster调整。

五、结　论

2015年4月21日保定天威债券违约事件的发生，向市场传递政府隐性担保预期下降的信号，在中国国有经济占主导地位的背景下，国有企业对会计信息质量的需求是否会增加是值得关注的。本文运用这一事件衡量政府隐性担保，以2007—2020年我国全部A股总计27 048家上市公司年度面板数据为对象，采用Basu模型衡量公司会计稳健性，考察了政府隐性担保对会计稳健性可能产生的影响。实证检验的结果显示，国有企业的会计稳健性随着政府隐性担保的预期下降会提高，且在债务融资比重较高组，政府隐性担保对国企会计稳健性的影响更为显著。进一步，在对国企细分成央企和地方国企后，地方国企会更显著提升会计稳健性。

针对本文的发现，有如下政策建议：推进国有企业的市场改革进程，有效发挥市场配置作用，通过市场的激烈竞争不断增强关键领域的核心竞争力。首先，政府可适当弱化政府隐性担保，具体来说，政府可以向外界传递一个信息，对控股的所有子公司有着一套完备的评估体系，深入评估企业面临财务困境的原因，如果是由于市场竞争而淘汰的僵尸企业，就不去进行资金救助；如果是发展前景良好的创新型企业，对于短期经营绩效的不乐观状况，可进行政策扶持。对控股的企业有针对性地考量，向投资者传递的信息透明、及时，对确实不能盈利的僵尸企业，在不影响债权人权益的前提下，及时披露企业的风险与负面消息，有效遏制它造成的损失。政府隐性担保这一现象应更为有针对性地进行治理，提高社会资源配置效率和资金使用效率，促使国企会计稳健性的提升。其次，对于地方国企，建立合理的绩效考核制度，从根本源头上降低地方国企对市场干预的动机，推动债券市场健康长远发展。

本文也存在一定的局限性。政府隐性担保的衡量还可以替换改进，虽然本文选择的外生事件是一个有效衡量方式，但还可以更深层次地扩展到企业所在地区政府的干预程度、企业高管是否具有政治联系等多因素变量，这也是本文未来需要继续努力和完善的方向。其次，对政府隐性担保，目前不能有效度量其强弱，观测不到政府隐性担保高的国企会计稳健性是否提升更为显著。

参考文献

[1] 方红星，施继坤，张广宝．产权性质、信息质量与公司债定价——来自中国资本市场的

经验证据［J］. 金融研究，2013（4）：170-182.

［2］韩鹏飞，胡奕明. 政府隐性担保一定能降低债券的融资成本吗？——关于国有企业和地方融资平台债券的实证研究［J］. 金融研究，2015（3）：116-130.

［3］纪洋，王旭，谭语嫣，等. 经济政策不确定性、政府隐性担保与企业杠杆率分化［J］. 经济学（季刊），2018（17）：449-470.

［4］林毅夫，李志赟. 政策性负担、道德风险与预算软约束［J］. 经济研究，2004（2）：17-27.

［5］刘行. 企业的战略类型会影响盈余特征吗——会计稳健性视角的考察［J］. 南开管理评论，2016（4）：111-121.

［6］刘运国，吴小蒙，蒋涛. 产权性质、债务融资与会计稳健性——来自中国上市公司的经验证据［J］. 会计研究，2010（1）：43-50.

［7］陆正飞，何捷，窦欢. 谁更过度负债：国有还是非国有企业？［J］. 经济研究，2015（50）：54-67.

［8］罗荣华，刘劲劲. 地方政府的隐性担保真的有效吗？——基于城投债发行定价的检验［J］. 金融研究，2016（4）：83-98.

［9］马文涛，张朋. 政府隐性担保、市场化进程与信贷配置效率［J］. 财政研究，2021（8）：91-106.

［10］毛新述，戴德明. 会计制度改革、盈余稳健性与盈余管理［J］. 会计研究，2009（12）：38-46.

［11］史燕平，杨汀，庞家任. 去产能政策与融资租赁［J］. 金融研究，2021（4）：73-91.

［12］谭志武. 政府预算软约束的制度分析［J］. 审计研究，2006（1）：35-40.

［13］王博森，吕元稹，叶永新. 政府隐性担保风险定价：基于我国债券交易市场的探讨［J］. 经济研究，2016（10）：155-167.

［14］许浩然，张敏，林逸子. 多个“大债权人”与会计稳健性［J］. 会计研究，2021（1）：55-66.

［15］杨华军. 会计稳健性研究述评［J］. 会计研究，2007（1）：82-88.

［16］张金鑫，王逸. 会计稳健性与公司融资约束——基于两类稳健性视角的研究［J］. 会计研究，2013（9）：44-50.

［17］甄红线，王三法，王晓洪. 公司债特殊条款、债券评级与会计稳健性［J］. 会计研究，2019（10）：42-49.

［18］朱松. 债券市场参与者关注会计信息质量吗［J］. 南开管理评论，2013（3）：16-25.

［19］BASU S. The conservatism principle and the asymmetric timeliness of earnings［J］. Journal of Accounting and Economics，1997，24（1）：3-37.

［20］BERGLOF E，ROLAND G. Soft budget constraints and banking in transition economies［J］. Journal of Comparative Economics，1998，26（1）：18-40.

［21］CHEN H，CHEN J Z，LOBO G J，et al. Association between borrower and lender state ownership and accounting conservatism［J］. Journal of Accounting Research，2010，48（5）：973-1014.

［22］DONG Y，HOU Q，NI C.Implicit government guarantees and credit ratings［J］. Journal of

Corporate Finance, 2021, 69 (6): 102046.

[23] FACCIO M, MASULIS R W, MCCONNELL J J. Political connections and corporate bailouts [J]. Journal of Finance, 2006, 61 (6): 2597-2635.

[24] KHAN M, WATTS R. Estimation and empirical properties of a firm-year measure of accounting conservatism [J]. Journal of Accounting and Economics, 2009, 48 (2): 132-150.

[25] KORNAI J. Economics of shortage [J]. Amsterdam: North-Holland, 1980.

[26] KORNAI J. Resource-constrained versus demand-constrained systems [J]. Econometrica: Journal of the Econometric Society, 1979: 801-819.

[27] KORNAI J. The soft budget constraint [J]. Kyklos, 1986, 39 (1): 3-30.

[28] KORNAI J, MASKIN E, ROLAND G. Understanding the soft budget constrain [J]. Journal of Economic Literature, 2003, 41 (4): 1095-1136.

[29] LIN J, CAI F, LI Z. Competition, policy burdens, and state-owned enterprise reform [J]. The American Economic Review, 1998, 88 (2): 422-427.

[30] NORTH D C. Economic performance through time [J]. The American Economic Review, 1994, 84 (3): 359-368.

[31] QIAN Y, ROLAND G. Federalism and the soft budget constraint [J]. American Economic Review, 1998: 1143-1162.

[32] QIAN Y. Enterprise reform in China: agency problems and political control [J]. Economics of Transition, 1996, 4 (2): 427-447.

[33] SHLEIFER A, VISHNY R. Politicians and firms [J]. The Quarterly Journal of Economics, 1994, 109 (4): 995-1025.

[34] WATTS R L. Conservatism in accounting part Ⅱ: evidence and research opportunities [J]. Accounting Horizons, 2003, 17 (4): 278-301.

Implicit Government Guarantee and Accounting Conservatism

Hang Liu, Wenjing Hu

Abstract Implicit government guarantee is common in today's world economy. This paper seeks to identify and establish causal evidence by using China's earliest state-owned enterprise bond default as an exogenous impact on expected government guarantee, and observes the impact of weakening government implicit guarantee on accounting conservatism. The results show that: (1) After the first bond default event of China's state-owned enterprises, the accounting conservatism of state-owned enterprises increased significantly with the decrease of the expectation of implicit government guarantee, while in the non-state-owned enterprises group, there was no significant change in accounting conservatism. (2) The impact of government implicit guarantee on the accounting conservatism of state-owned enterprises is more significant in the sample group with a higher proportion of debt financing. Further, the impact of government implicit guarantees on accounting conservatism is more significant in local state-owned enterprises.

Key Words implicit government guarantee; accounting conservatism; debt; state-owned enterprise

第15辑，2023年
No.15，2023
会计与控制评论
Review of Accounting and Control

资本市场基础制度体系与新股定价效率①

郑登津[1]　李宇儒[1]　翟慧君[2]

（1.中央财经大学会计学院　北京　100081）
（2.上海立信会计金融学院会计学院　上海　201620）

摘　要　本文以2019年至2021年A股上市公司为样本，检验了注册制对新股定价效率的影响。结果显示：注册制显著提高了新股定价效率。可能的作用机制是，注册制一方面能够减缓信息不对称程度和发挥网下投资者的投研能力，降低一级市场的“抑价”，另一方面也能够抑制市场投机行为和放松卖空管制，降低二级市场的“溢价”。进一步发现：（1）注册制对新股定价效率的影响主要作用于新股定价效率较低的公司；（2）注册制更能够显著提升市场化水平较低地区的上市公司新股定价效率；（3）相比于创业板，科创板的新股定价效率更高。本文的研究展示了资本市场基础制度体系建设对新股定价效率的影响及作用机制，有助于发行人和投资者审视新股股价的合理性。

关键词　资本市场基础制度体系　新股定价效率　信息不对称　投机行为

---

①　作者简介：郑登津，中央财经大学会计学院副教授，会计学博士；李宇儒，中央财经大学会计学院直博生；翟慧君，上海立信会计金融学院会计学院讲师。通讯作者：郑登津，北京市海淀区学院南路39号中央财经大学，电子邮箱：zhengdengjincufe@126.com。

本文受到以下基金的资助：国家自然科学基金（71802206）、教育部人文社科青年基金（18YJC630262）、中央财经大学“青年英才”培育支持计划（QYP202102）、中央高校基本科研业务费专项资金和中央财经大学科研创新团队支持计划。

一、引 言

完善资本市场基础制度体系建设是全面深化资本市场改革的主题主线。近年来，党中央多次提出要推进资本市场基础制度建设，加快推进资本市场基础制度体系更加成熟定型。以此为背景，我国资本市场迎来了科创板落地、新《证券法》等成果。其中，注册制改革无疑是资本市场基础制度体系建设的标志。证监会原副主席李剑阁就曾表示，注册制是加强我国资本市场基础性制度建设的“牛鼻子”，是下一步基础性制度建设的抓手。由此可见，注册制改革是资本市场基础制度建设的龙头和牵引，直接关系到资本市场基础制度建设的最终成效。注册制改革占据着资本市场基础制度体系建设的核心地位。实际上，注册制改革受到党中央的重视可以追溯到2013年党的十八届三中全会。十八届三中全会提出要“健全多层次资本市场体系，推进股票发行注册制改革”。为了推进资本市场基础制度体系建设工作的开展，国务院、证监会出台了多项制度和配套措施，稳步推进我国证券发行制度由“核准制”向“注册制”改革。由于核准制面临着企业欺诈频发、权力寻租时现、审核效率低下、发行费用高昂等问题，注册制实际上肩负着提升我国资本市场的服务能力和国际化水平、全面深化资本市场改革的重任，是资本市场基础制度体系建设工作中最重要也是最为关键的一环。注册制改革能否进一步优化资源配置、有力支持我国实体经济的长期发展，关系到资本市场基础制度体系建设的最终成效。

资源配置效率低下是我国资本市场长期以来的顽疾。在我国资本市场存在的散户投机、市场化不足等种种问题中，股票的发行定价效率低的问题极为突出。虽然纵观全球资本市场，新股发行价偏低是一个普遍的问题。但我国A股市场的IPO抑价水平平均高达335%（陈工孟和高宁，2000），明显高于全球平均水平，不合理的发行定价使得市场资源配置的作用严重失效（鲁桂华，2019）。王晋斌（1997）、张人骥、朱平方和王怀芳（1998）、邓召明（2001）指出我国新股定价效率低下的主要原因在于新股发行制度，并提出市场化发行方式是改革的大势所趋，也是提高发行市场定价效率重要途径之一。2019年6月，上海证券交易所科创板正式开板。作为我国资本市场深化改革的试验田，科创板率先试点实施了注册制，在询价机制、配售机制和交易机制等发行定价制度上进行了多项创新。注册制改革这一发行制度的改革是资本市场基础制度体系建设的关键一环，其能否提高新股定价效率直接关系到实体经济能否在资本市场的支持下健康发展。因此，本文希望研究注册制改革这一资本市场基础制度体系建设的标志对新股定价效率的影响。

鉴于此，本文在科创板试点注册制背景下，以2019年7月到2021年2月中国A

股发行上市的公司为研究对象，围绕注册制改革对新股定价效率的影响和作用机制进行了实证研究。结果显示：注册制的实施显著提升了新股定价效率。考虑作用机制，注册制的实施通过减弱信息不对称性和发挥投资者的投研能力降低了一级市场抑价率，通过抑制市场投机行为和放松卖空管制降低了二级市场溢价率，从而使得注册制下新股定价效率显著更高。本文采用倾向得分匹配法（PSM）、改变因变量法、改变自变量法、变更样本法进行稳健性检验，回归结果依然保持稳定。进一步地，本文发现注册制对新股定价效率的影响在不同定价效率水平的公司存在异质性、注册制更能够显著提高所在地市场化水平较低的公司的定价效率、科创板的注册制改革更为彻底，定价效率显著高于创业板。

本文的研究可能有以下两方面的贡献。第一，丰富和深化了资本市场基础制度体系建设，尤其是注册制改革的研究。注册制改革是资本市场基础制度体系建设的标志，承担着提升资本市场资源配置效率的重要作用。张宗新和滕俊樑（2020）指出注册制询价通过提高询价对象的门槛，避免了询价机构的过度竞争，改善了定价效率。吕怀立、贾琬娇和李婉丽（2021）发现保代的核准制保荐经历有利于提升科创板的IPO定价效率。梁鹏（2021）从分析师盈余预测、高管配售比例的角度证实了注册制“信息透明度增强”的作用机制，从IPO首日换手率的角度证实了注册制“投资者情绪降低”的作用机制[①]。赖黎、蓝春丹和秦明春（2022）发现科创板IPO实际首日收益率更低，连续涨停天数更少。薛爽和王禹（2022）发现科创板IPO审核问询回复函的信息质量越高，IPO抑价程度显著更低。本文的研究对抑价率进行一级市场和二级市场的细分，提供了注册制影响IPO抑价率的新视角和新影响机制，为注册制能够承担起提升资本市场资源配置效率的积极作用提供了直接的经验证据，从而对注册制的进一步推广实施以及发挥资本市场资源配置作用、提高资源配置效率具有一定的参考价值。

第二，拓展了新股定价效率的影响因素，进一步剖析了“IPO抑价之谜”。长期以来，我国股票的发行定价效率低下，A股市场的IPO抑价水平明显高于全球平均水平。本文则立足于科创板试点注册制的背景，从信息不对称、投资者投研能力、投机行为和放松卖空管制的角度，对IPO抑价率、一级市场抑价率和二级市场溢价率进行考察，系统地分析了注册制的实施对新股定价效率的影响及其作用机制，有助于发行人和投资人重新审视新股的定价合理性，从而更好地发挥资本市场价格发现和资源配置功能。本文的结论表明，IPO抑价率会受到一级市场中的信息

① 本文的检验逻辑与梁鹏（2021）存在相似之处，但本文采用的是截止到首个非涨停日的累计换手率，考虑到了资本市场的涨跌幅限制，进一步增强了“投机行为”这一作用机制。同时，梁鹏（2021）从高管和分析师角度衡量注册制下的“信息透明度”，本文则使用更加全面、综合的股票波动程度来衡量信息不对称，能够将资本市场中除高管和分析师角度外与信息不对称相关的主体纳入考虑。更重要的是，本文系统性地将IPO抑价率区分为一级市场抑价率和二级市场溢价率，通过分别探究注册制对一级市场抑价率和二级市场溢价率的影响，全面地分析了注册制对抑价率的作用及影响机制，即注册制通过缓解信息不对称和发挥投资者的专业投研能力降低一级市场抑价率，通过减少投机行为和放松卖空管制降低二级市场溢价率。因此，本文的研究与之前学者的研究存在不同，具有增量贡献。

不对称、专业投资者的投研能力和二级市场中的投机行为和放松卖空管制监管的影响，这为解释我国股票的低发行定价效率提供了新的证据。

将IPO抑价率细分为一级市场抑价率和二级市场溢价率进行研究立足于中国国情，更加符合中国现实需要。因为成熟市场中二级市场是有效市场，股票的交易价格能够反映内在价值，IPO超额收益也主要源于一级市场抑价，因而国外的研究并未区分一级市场抑价和二级市场溢价。但相关研究表明中国二级市场并未达到弱型有效，二级市场存在大量不理性的个人投资者，一级市场抑价并不能够充分解释IPO首日超额收益现象（刘煜辉和沈可挺，2011）。目前大部分的研究都将IPO首日回报率用于度量IPO抑价，仅仅少部分研究将IPO抑价率进行划分（宋顺林，2022）。一级市场抑价和二级市场溢价在逻辑上截然不同：一级市场的抑价更多地与发行人、承销商和投资人之间的信息不对称相关，关于一级市场抑价的研究基于完全理性的假设开展；而二级市场的溢价更多地与行为金融理论相关，更多关注投资者的不理性行为。如果不加以区分，研究逻辑便可能有失偏颇。实际上，外界因素对一级市场抑价和二级市场溢价的影响有可能是截然相反的，如熊艳等（2014）的研究发现媒体报道提高了一级市场定价效率，但是降低了二级市场定价效率。因此，本文认为要解释中国超高的IPO抑价率现象，有必要进一步打开IPO抑价的黑箱，探索IPO抑价的影响因素。

本文的后续结构如下：第二部分是文献回顾、理论分析与假设发展，第三部分是研究设计，第四部分是实证分析与结果，第五部分是结论。

二、文献回顾、理论分析与研究假设

（一）文献回顾

1.资本市场基础制度体系建设

自1990年底设立沪深交易所起，中国资本市场历经30余年的坎坷历程，不断探索完善资本市场基础制度体系。股票发行制度改革便是整个资本市场制度体系建设的缩影。作为资本市场基础制度体系的核心和逻辑起点，股票发行审核制度历经审批制、核准制、注册制三个阶段的演变，实现了由计划经济色彩下的行政管理到市场化主导资源配置的合理转变。其中，注册制改革充分体现了资本市场基础制度建设的原则和导向。证监会主席易会满多次强调，注册制改革要坚持尊重注册制基本内涵、借鉴国际最佳实践、体现中国特色和发展阶段特征的三原则。这充分体现了资本市场基础制度改革要市场化、法制化、专业化和国际化的精神内涵。注册制改革的原则不仅是发行制度改革的原则，也是我国资本市场基础制度建设的重要原则导向。发行制度是资本市场入口端最重要的基础制度，研究注册制改革这一资本市场基础制度体系建设的标志和象征能够充分体现资本市场基础制度体系建设的成效。从审批制到核准制，再到注册制，过去30年间中国新股发行审核制度的剧烈变迁的程度和频率在世界证券史上也是鲜有的（邹高峰、张维和徐晓婉，2012），这进一步助力本文更好地以注册制改革为契机研究资本市场基础制度体系建设的成效。

审批制是完全行政主导型的发行制度，强调监管机构在新股发行中的绝对权力，历经“额度管理”和“指标管理”两个阶段的演变。学术界普遍认为审批制下，市场力量不足，且容易发生背离市场化原则、扭曲市场机制的现象（李燕和杨淦，2014；曹凤岐，2014；李曙光，2015）。为此，我国提出了实施核准制。核准制在保留一定行政监管的基础上强调了市场的作用，历经“通道制”和“保荐制”两个阶段的演变。核准制一方面取消了对额度和指标的管理，强化市场在资源配置中的作用，另一方面依然保留了监管机构进行实质性调查和否决发行人申请的权力。尽管核准制与我国当时的历史背景与现实原因相适应，但由于核准制并未妥善处理好政府和市场的关系，以致权力寻租、发审委员会专业能力不足、缺乏社会监督和制衡等问题逐渐显现（陈见丽，2015；李东方，2015）。为了解决审批制和核准制的种种问题，建立一个多层次的资本市场，我国股票发行制度进行了注册制改革。

注册制以信息披露为中心，强调市场在资源配置中的决定作用。在注册制下，监管机构只负责调查发行申请人是否履行了信息披露的义务，而不对发行申请人的信息和价值进行实质判断，职能重心从事前审核转变为事中、事后监管。证监会的角色被大大弱化，中介机构的职能和作用愈发明显。监管部门对压实中介机构责任，强化对保荐机构的核查进行了细化。未来还会进一步对各中介机构的职责进行划分、细化责任分担、落实声誉机制的建立以及明确处罚标准。夏东霞和范晓（2019）指出应当区分不同中介机构的法律责任，适当提高行政处罚标准，加大执法力度以及全面建立中介机构声誉体系。注册制的实施实质上适应了中国资本市场发展的要求，体现了市场是资源配置的决定性力量这一基本规律。注册制被广泛认为是一种成熟的、市场化的发行审核制度（曹凤岐，2014）。就资本市场配置效率而言，方意、宋佳馨和谭小芬（2020）指出注册制有利于提高企业上市的审核效率，优化资源配置，促进资本市场平稳、健康、高效发展。就市场角色而言，注册制的实施重构了政府和市场之间的关系，形成政府管披露，券商管定价，律师管文件这样各司其职、角色正位的股票发行体制（陈洁，2019）。就服务企业而言，注册制有助于激发中国创新企业的活力，能够加速优质企业融资，让市场优胜劣汰。

2.新股定价效率

IPO抑价是指新股上市后二级市场的交易价格高于一级市场发行价格的现象，

大量实证研究证实了此现象在国内外市场的普遍性（陈工孟和高宁，2000）。新股发行审核制度的核心是新股发行价格的确定，它是新股发行过程中最基本和最重要的环节，涉及市场各个主体的根本利益，也会影响拟上市企业上市的效果。因此，发行定价方式对我国IPO抑价的影响最为直接和重要，而受到不同证券主体的影响，IPO抑价现象在不同的发展阶段有着不同的规律。在有效资本市场上，新股在二级市场的价格等于其内在价值，因而IPO抑价的原因在于一级市场发行价格相比公司内在价值的实质性偏低，即“一级市场抑价”。国外IPO抑价相关的研究也大多建立在一级发行市场化、二级市场有效、资本市场体系完善等基础性假设上，然而由于中国资本市场未能满足理性市场的有效性和竞争性假设，一级市场抑价则不能完全解释IPO首日的超额收益。中国IPO抑价的成因则更多来源于二级市场交易价格相比公司内在价值的非理性偏高，即“二级市场溢价”。中国市场的IPO抑价现象是综合一级市场发行存在制度性缺陷、二级市场存在较多非理性投资者共同作用的结果（邹高峰、张维和徐晓婉，2012）。我国的IPO抑价现象相比于发达资本市场而言更加严重，高抑价现象严重降低了一级市场的资源配置效率并抑制了二级市场的价格发现功能，同时进一步加剧了投资泡沫，增加了股票的非正常波动。

传统的理性市场理论认为IPO抑价是对于一级市场信息不对称性的补偿。赢者诅咒、信号传递和承销商买方垄断三个假说则分别基于不同市场主体之间的信息不对称，解释了发行人和承销商存在刻意压低发行价格的动机。赢者诅咒假说（Rock，1986）基于投资者内部信息不对称，将投资者划分为知情投资者和非知情投资者。由于信息劣势，理论上非知情者投资新股的收益永远低于平均水平。为防止意识到这一“赢者诅咒”的理性非知情人逐步退出市场，承销商将通过主动降低发行价格来增加投资者收益，以保障新股成功发行上市。信号传递假说（Grinblatt and Hwang，1989）基于发行公司和投资者的信息不对称。由于投资者识别优质公司存在障碍，当优质公司有信心将在二级市场获得资金补偿时，会通过在一级市场抑价发行，向投资者传递投资本公司的信号。承销商买方垄断假说（Baron，1982）基于承销商和投资者的信息不对称。承销商倾向于将股票的发行价定在实际价值之下，为一级市场的客户投资者提供超额报酬，以建立良好关系。在国内外学术界，关于信息不对称造成的不确定性对IPO折价正相关影响的实证研究广泛存在（Ibbotson，Sindelar and Ritter，1994；王华和张程睿，2005）。

行为金融理论则立足于二级市场的非有效性，对新股估值溢价的原因进行了解释。纵使我国资本市场在过去的30年有着飞速的发展，但发行审核制度依然不够市场化，二级市场仍然存在不理性的现象，资本市场体系的建设仍然存在缺陷。二级市场为数众多的个人投资者和不理性的投资心态使得二级市场的有效性大打折扣。行为金融理论认为，二级市场投资者的狂热情绪和投机行为会造成新股首日收盘价高于股票真实内在价值，形成新股估值溢价。根据投机泡沫假说，市场中的

"噪声投资者"对新股估值存在过度反应，因而二级市场的新股股价会短期上涨形成泡沫（Campbell and Kyle，1993；Daniel and Subrahmanyam，1998；Hong and Stein，2000）。区分投资者而言，Ljungqvist et al.（2006）认为在二级市场中个人投资者相比于机构投资者表现出更多的非理性行为，投资者的投机行为将新股首日收盘价拉高。而我国股市的实际情况是存在大量的个人投资者，较多的"噪声"交易行为使得我国股市非理性现象较多，存在着诸如"追涨杀跌""鸵鸟效应"等非理性行为，甚至还会出现因为名字相近而使得某只股票受到新闻的影响而暴涨或者暴跌的现象。相较于其他的发达市场，我国资本市场的投机行为尤为浓厚，对新股上市有着盲目的追捧热情。在我国，相较于一级市场信息不对称带来的抑价，二级市场投资者非理性行为催生的投机泡沫在IPO抑价中占据了更大的比重（黄顺武和贾捷，2017）。国内有大量学者利用投资者情绪代理变量构建模型进行实证检验，验证了二级市场的投资者行为与IPO抑价的强相关性（周孝华、赵炜科和刘星，2006；熊维勤、孟卫东和周孝华，2006）。进一步地，江洪波（2007）使用逐步回归法将所有可能影响抑价率的因素纳入模型逐步回归，得出二级市场的非理性因素和投机心态是中国股市高IPO抑价率的主要原因。

（二）理论分析与研究假设

1.注册制与新股定价效率

中国资本市场的高IPO抑价率是长期以来存在的问题。注册制作为我国深化资本市场改革的实质性尝试，承担着提升资本市场定价效率的重要作用。相较于审批制和核准制，注册制这一新兴的发行定价机制有着诸多创新点与突破。

注册制的第一个特点是信息披露程度更高。注册制不设置行政准入门槛，转为强调以信息披露为中心，在发行时更加关注信息披露的质量。要求公司IPO时提供材料的披露质量更高、范围更广，使得一级市场的信息更加公开透明。同时，注册制明确了发行人、承销商和中介机构虚假披露的惩罚措施。此外，注册制通过给予专业投资者在配售阶段更多的选择权，使得专业投资者披露信息的动机更强，进而使得IPO时信息更加均衡、对称。综上，注册制通过提高信息披露要求，明确虚假披露惩戒措施，以及激励市场其他主体披露信息，使得一级市场的信息不对称程度进一步降低。

注册制的第二个特点是发行定价机制更加市场化。注册制充分发挥了市场机制在定价上的作用（李曜和王秀军，2015）。注册制弱化了政府对发行价的限制，取消了原先存在的政府限价这一隐形限制。具体而言，注册制将发行中定价、配售等权利交给市场，采用更加市场化的询价机制。在询价阶段，注册制为了激励投资者之间的博弈，采用降低最高价剔除比例等措施拓宽询价环节报价的竞争性。注册制通过打破原先政策的限制，进一步扩大发行人的定价决策空间，使得发行人、承销商以及投资者之间的博弈更加均衡，在询价阶段能够产出更加市场化、更加理性的报价。专业投资者在询价阶段也可以充分发挥自身的投研定价能力，不被既定的政策限制所束缚，进而使得询价更加趋近于真实的市场价值。

注册制的第三个特点是改变了新股供需格局。注册制下不再实施实质性审核，鼓励证监会进一步披露新股发行上市的流程。在注册制下，新股上市时能够对发行上市审核周期形成稳定的预期。同时，实质性审核耗时较长。相较于审批制和核准制需要对上市的材料实施实质性审核，注册制下新股上市的效率更高。A股的新股资源供应能够得到进一步的提升，供需状况得到改善，原先投资者热衷的“打新”、公司炒作的“壳资源”等现象得到缓解。在核准制和审批制下，证监会对新股的严格审核实质上在资本市场各主体眼中形成了政府对新股的信用背书。投资者会认为新股的资产质量和投资价值都得到了政府的信用担保，投资者参与“打新”的顾虑更少，投机心理更为严重，加剧二级市场的投机氛围。注册制对投资者提高了门槛要求，能够筛选出更具有专业知识和投资经验的投资者，这也会进一步戳破二级市场的投机泡沫。

注册制的第四个特点是开放了融资融券政策。在科创板和创业板实施注册制的实践中，通过注册制上市的新股在上市首日即可纳入融资融券的标的。而其他板块的股票需要上市交易超过三个月才有可能作为标的。这意味着采用注册制上市的公司股票在上市初期即可以被看空，更快释放二级市场投资者悲观的情绪和观点，促进股价与基本价值的进一步逼近。被高估的股票也会在市场上卖空力量的作用下被纠正为真实价值水平。

注册制下，新股的信息披露程度更高、发行定价机制更为市场化、新股供需的格局得到进一步改善、融资融券政策也得以进一步开展。这些因素与IPO抑价息息相关：（1）赢者诅咒、委托代理理论和逆向选择理论都认为信息不对称程度越高，IPO抑价程度越高；（2）更为市场化的发行定价机制下，专业投资者能够在询价环节报出更加真实、不受限制的价格，进一步促进IPO定价向真实价值回归；（3）新股供需格局的改善推动二级市场的投机氛围进一步减弱，新股的收盘价更加理性，趋近于股票的真实价值；（4）融资融券政策的深化能够激励市场上的卖空力量进一步发挥作用，挤出被高估股价的“水分”。这些特点都意味着新股的定价效率会进一步提升，IPO抑价率进一步下降。因此，本文提出假设一：

H1：注册制的实施显著降低了公司的IPO抑价率。

2.注册制与一级市场抑价率

一级市场的信息不对称被认为是IPO一级市场抑价率较高的原因之一。其中，赢者诅咒理论认为股票的发行价格抑价是对信息劣势投资者的补偿；逆向选择理论认为抑价发行是优秀公司向市场揭示真实价值的信号；委托代理理论认为承销商比股票发行人更懂得股票市场需求，进而造成他们之间的委托代理问题，发行价格抑价能够维护承销商与投资人之间的关系。然而，注册制强调以信息披露为核心，持续完善信息披露规则体系。其中，注册制显著提高了招股说明书信息披露的质量要求。招股说明书是新股发行阶段信息披露的基本载体，以法律文件形式明确新股上市企业公司状况与募集需求等信息。在注册制询价问询中，招股说明书是基金管理公司等专业机构投资者做出价值判断和投资决策的主要依据。注册制下，发行人总体信息披露质量显著提升，招股说明书信息披露的针对性、有效性和可读性都不断提高。同时，注册制对发行人和中介机构虚假披露明确了惩罚措施。此外，注册制通过变革询价制度给予专业投资者在网下配售阶段更多的选择权，专业投资者在网下配售阶段也能够获得更多的股票，进而使得愿意披露真实信息的投资者数量和信息生产者的数量大幅度地增加，市场中的信息不对称程度进一步降低（彭志胜和宋福铁，2017）。综上，注册制提高了对招股说明书信息披露的质量要求，并强化对虚假披露的惩戒，同时激励投资者和信息生产者披露更多信息。这些措施能够有效地降低股票发行人、承销商、各类投资者之间的信息不对称程度，进而降低一级市场的抑价率。

注册制除改革完善信息披露规则体系外，还进一步改革完善了新股发行定价机制。注册制下的市场化询价机制相比核准制更加成熟。针对先前发行审核制度下存在的网下投资者为博入围“抱团报价”、重视投资策略而漠视新股基本面的现象，注册制对询价机制安排进行优化调整。注册制下采用更加市场化的询价机制，增加承销商与投资者之间的激励和约束，提倡市场主体之间的充分博弈，给予市场更多选择空间。科创板和创业板都分别出台新规对高价剔除机制和询价报价机制进行完善。其中，《上海证券交易所科创板股票发行与承销实施办法》规定在注册制下，首次公开发行股票应当向证券公司、基金管理公司等专业机构投资者以询价的方式确定股票发行价格。将最高报价剔除比例由原先的10%降低至3%，降低网下投资者在自主报价环节被剔除的担忧，鼓励网下投资者自主研究，自由报价，拓宽询价环节有效报价区间。同时，进一步缩小网下投资者入围比例，强化投资者之间的内部博弈，减少“抱团报价”现象。此外，取消发行人定价突破“四数孰低值”下限需要延迟发行的要求，能够进一步扩大发行人的定价决策空间，强化发行人的博弈能力，促使交易双方充分博弈。注册制对发行定价机制的完善能够使得询价报价各方的博弈更加均衡，使得发行询价逐渐回归理性。

更为重要的是，注册制改革取消审批制与核准制下的政府限价的隐形限制。在审批制和核准制下，主板与中小板的新股发行市盈率存在着23倍市盈率的隐形上限。23倍市盈率的限制是非市场手段的行政化管制，限制新股发行的市场化，强制扭曲新股的定价，使得新股发行价与内在价值脱钩。注册制下，新股发行取消市盈率限制，新股市盈率呈现更加多元化的局面，高低市盈率两极分化明显。注册制弱化政府对发行价的限制，使得发行方和投资方对发行定价的博弈在新股定价中作用更为显著。政府干预措施的减少使得发行人和主承销商能够对询价期间获得的定价、配售信息反应更加完全，发行价格更加趋近于新股真实市场价值。取消政府行政干预和更加市场化的询价机制使得投资者的投研定价能力能够真正发挥作用。赖黎、蓝春丹和秦明春（2022）指出注册制能够有效引导专业投资者进行理性决策和价值投资，使其更能够发挥投研定价能力。综上，本文认为注册制改革完善了发行定价机制，深化市场化询价机制，同时取消现行的政府限价隐形限制，因此专业投资者能够在询价阶段充分博弈，报出更为科学真实的价格，有利于新股发行价格回归内在真实价值，进而降低一级市场的抑价率。

综上所述，本文认为注册制能够通过显著降低发行审核定价阶段的信息不对称程度，以及发挥专业投资者在市场化询价中的专业投研能力，降低一级市场抑价率。据此，本文提出假设二：

H2a：注册制的实施通过减弱市场信息不对称程度，降低了一级市场抑价率。

H2b：注册制的实施通过发挥投资者的投研能力，降低了一级市场抑价率。

3.注册制与二级市场溢价率

注册制通过改变新股供需格局、取消政府背书减少二级市场的投机行为。首先，在审批制和核准制下，企业发行新股上市需要历经时间较长的上市辅导期与审核期。审核期包含的考核与评估流程较为复杂，其进度快慢受到证监会的调控。长期以来，由于发行审核效率的低下，新股发行数量难以满足国内为数众多投资者的旺盛需求，新股资源呈现严重供求失衡。另一方面，受到证监会的人为调控，我国股市“IPO堰塞湖”现象显现，即数百家企业排队申请上市，而新股发行速度缓慢，使得企业发行新股上市变得拥堵。部分优质企业出于市场行情的考虑会选择在海外上市，使得A股优质新股资源进一步流失，加剧新股发行市场的供求失衡，进一步助长二级市场股价泡沫与投机氛围。而注册制下，证监会不再实施实质性审核，转而强化对新股发行信息披露完善程度的惩罚，落实发行人与中介机构的信息披露责任。鼓励证监会实行“阳光审核”，新股发行上市机制流程更加公开透明可预期。证监会明确发行审核各环节审核时限，使得企业申请、审核、注册、上市的流程可预期、可观测。陈邑早和王圣媛（2019）指出注册制将预期的注册上市审核周期严格控制在6~9个月，从而保证大众对注册制发行审核周期形成稳定的预期，进而提高注册制股票发行市场的信息披露审核效率。同时，市场与投资者能够监督审核规则、披露规则以及审批结果，审核的规范运行与否都能被观测，进一步保证审核结果的可预期。发行审核制度更为市场化，政府干预减少，市场和投资者可以建立对企业发行新股上市的难度与周期的全面预期。A股新股资源的供需状况进一步改善，投资者热衷“打新”、公司热衷炒作“壳资源”等投机现象有所缓解。

其次，核准制下，证监会的严格审核，客观上形成政府对新股发行人资产质量和投资价值的信用背书，不利于投资者形成风险自担的投资意识。同时，证监会的实质性审查将关联发行人、中介机构与证监会的利益。针对上市后发现的问题，证监会在股票上市时的实质性审查将会束缚监管者的执法意愿，弱化上市后的监管与处罚力度。而注册制下，证监会只对注册文件进行形式审查，而不进行实质价值判断。证监会不对股票真实价值进行任何审核与确认，明确中介机构对发行人的信息披露承担专业审查责任。对投资者判断股票投资价值的能力和水平提出了更高的要求。投资者需要根据新股披露的信息，借助自身能力自主谨慎选择投资标的、做出投资决策。这有助于提高投资者的价值判断力，降低对证监会的心理依赖，培养成熟理性的投资人群。考虑到我国投资者多数为不具有专业投资经验的散户，率先试点注册制的科创板设立了“50万元资产+2年投资经验”的投资者门槛。对散户的投资能力和风险承担能力提出了更高的要求，进而会淘汰部分散户投资者。专业的机构投资者和基金公司在注册制下的投资占比规模将会进一步扩大。专业的机构投资者具有专业的行业知识和丰富的投资经验，二级市场存在的投机氛围和投机泡沫进一步减少，导致二级市场溢价率下降。

我国注册制改革也包含融资融券政策的深化，相比于非注册制上市的股票只有在上市交易超过三个月之后才有可能作为融资融券标的，通过注册制上市的股票在上市首日即可纳入融资融券标的。监管部门支持注册制下首次公开发行公司的公募基金、社保基金、保险基金等机构投资者以及战略投资者，作为出借人，以转融通的形式，将所持有的股票作为融资融券的标的。换言之，这为通过注册制上市的股票的卖空操作提供了较大的运行空间。虽然沪深两市的融资融券业务开展多年，但融资在融资融券中依然占据了大部分，并未真正反映市场的实际卖出意愿。但是以科创板和创业板股票作为标的股票的融资融券比例却是大体均衡的，可以说融券在注册制下焕发了新的活力。Miller（1977）指出卖空限制实际上阻碍了卖空交易者进入市场表达观点和信息，从而股价只能反映乐观交易者的观点和信息，导致了股价与基本价值分离。Anufriev and Tuinstra（2013）发现卖空限制的存在使得资产价格对信息的调整速度减慢，错误的定价难以被纠正，在资产被高估时，卖空约束甚至会进一步增加资产价格的高估程度。而注册制下，发行上市的股票在上市首日即可纳入融资融券标的这一政策实际上放松了对卖空的限制，进而通过融资融券的多空力量较量，股票更能够回归到内在的真实价值。原有的价格高估会在卖空力量的作用下被纠正。对于发行上市的新股而言，注册制的这一制度更能够挤出二级市场交易价格的水分，使得交易价格更加趋近于真实价值。

综上所述，本文认为注册制能够通过显著降低二级市场投机行为，以及放松对卖空的限制，降低二级市场溢价率。据此，本文提出假设三：

H3a：注册制的实施通过减少市场投机行为，降低了二级市场溢价率。

H3b：注册制的实施通过放松卖空限制，降低了二级市场溢价率。

三、研究设计

（一）变量定义

1.因变量

IPO抑价率（IR），为二级市场均衡交易价格高于一级市场发行价格的程度，能够一定程度上反映新股定价效率。黄俊和陈信元（2013）、汪昌云等（2015）采用首日收益率，即上市首日收盘价减去发行价格的差值与发行价格的比值，来度量IPO抑价率。然而，由于上交所与深交所从2014年1月1日起规定首次公开发行股票的新股在上市首日的涨跌幅不得超过44%，许多新股在上市之后出现连续多个涨停现象，进而导致许多新股上市首日的收盘价无法充分反映其在市场上的均衡交易价格。鉴于此，本文参照张卫东（2018）、魏志华等（2019）的研究，对受到首日限价政策影响的公司采用上市之后首个非涨停或跌停的收盘价来代替上市首日的收盘价进行修正。P_1为股票上市之后首个非涨停或跌停的收盘价，P_0为发行价格，构建表达式为：

$$IR = \frac{P_1 - P_0}{P_0} \times 100\%$$

一级市场抑价率（IRUP），为一级市场发行价格低于公司内在价值的程度；二级市场溢价率（IROP），为二级市场均衡交易价格高于公司内在价值的程度。本文借鉴宋顺林和唐斯圆（2019），采用可比公司法来度量公司内在价值P_v，即公司所属证监会二级行业市盈率与公司每股净资产的乘积。分别构建一级市场抑价率、二级市场溢价率表达式为：

$$IRUP = \frac{P_v - P_0}{P_0} \times 100\%$$

$$IROP = \frac{P_1 - P_v}{P_0} \times 100\%$$

2.自变量

注册制虚拟变量REGI，当IPO公司以注册制上市取值为1，以非注册制上市则取值为0。

信息不对称UNSYMMETRIC，参照王华和张程睿（2005）的研究，本文使用新股发行上市后股票收益率的波动程度进行衡量。Ritter（1984）、Beatty et al.（1986）的研究指出IPO公司和投资者之间信息不对称的程度越高，新股发行上市前投资者对IPO公司的价值就越不确定，因而新股发行上市之后股票收益率的波动程度越高。Lobo and Mahmoud（1989）、Leuz and Verrecchia（2000）以及靳云汇和杨文（2003）的研究也都将新股发行上市之后股票收益率以标准差衡量的波动程度作为信息不对称程度的衡量变量。参照以上研究，本文选取新股发行上市三十个交易日之内股票收益率的标准差来衡量信息不对称程度。

机构投资者投研能力DISPERATION，本文使用市场化询价阶段机构投资者报价有效区间的上限和有效区间的下限之间的宽度来衡量。Diether等（2002）、李冬昕等（2014）的研究指出不同机构投资者对同一IPO企业报价的差异越大，询价意见分歧越大。借鉴薛爽和王禹（2022）的研究，考虑到同一机构投资者管理的不同配售对象报价基本一致，本文采用不同机构投资者报价的区间宽度来衡量询价意见分歧。

换手率TURNOVER，是标准化后的股票交易量指标。邹高峰、张维和徐晓婉（2012），于晓红、张雪和李燕燕（2013），姚颐和赵梅（2016）使用上市首日换手率作为衡量投资者情绪和新股发行上市首日投机程度的指标。新股上市首日换手率越高，表明在该市场上的投资者"投机"氛围越浓。同样考虑到深交所首次公开发行股票的首日限价政策，对于不受首日限价政策影响的IPO公司，本文依旧取其上市首日换手率作为衡量投机程度的代理指标；对于受到首日限价政策影响的IPO公司，因为许多新股会出现连续涨停的状况，其上市首日换手率较低，因此借鉴张卫东等（2018）、魏志华等（2019）的研究，我们采用和IPO抑价率一样的处理方法，选择用上市首日到首个非涨停交易日的累计换手率之和作为衡量投机程度的代理指标。

放松卖空限制SHORTR，借鉴郝项超、梁琪和李政（2018）年的研究，本文采用公司上市首日的融券余额与发行募集资金总额的比值衡量股票放松卖空管制的程度。融券的余额占比越大，代表放松卖空管制的程度越大。

3.控制变量

Controls表示控制变量，包括：新股发行数量（NUM），新股首次公开发行的股数；首发市盈率（PE），新股的发行价格与每股收益之比；首发发行费用（FEE），新股首次公开发行上市时支付的各项发行费用之和与募集资金总额之比；上市首日收盘价（PRICE），公司上市第一个交易日最后一笔交易的成交价格；公司年龄（AGE），上市年份减去创立年份；资产收益率（ROA），公司上市前三年披露的资产收益率的平均值；第一大股东持股比例（TOPONE），公司上市当年披露的税后利润与股本总数的比率；资产负债率（LEV），公司上市前三年披露的资产负债率的平均值；每股净收益（EPS），公司上市前三年披露的每股净收益的平均值；资产规模（SIZE），公司上市前三年披露的总资产对数的平均值。本文主要变量的定义与说明见表1。

表1 主要变量定义与说明

变量类型	变量名称	变量符号	变量说明
因变量	IPO抑价率	IR	（新股上市首日或者首个收盘非涨跌停交易日的收盘价-发行价）/发行价
	IPO一级市场抑价率	IRUP	（内在价值-发行价）/发行价
	IPO二级市场溢价率	IROP	（新股上市首日或者首个收盘非涨跌停交易日的收盘价-内在价值）/发行价
自变量	注册制	REGI	虚拟变量，当企业通过科创板上市取值1，在其他板块上市取值0
	信息不对称	UNSYMMETRIC	新股发行上市前30个交易日的股票收益率的标准差
	机构投资者投研能力	DISPERATION	使用市场化询价阶段机构投资者报价有效区间的上限和有效区间的下限之间的宽度来衡量
	换手率	TURNOVER	新股上市首日换手率或者新股上市首日到首个收盘非涨停交易日的换手率之和
	放松卖空限制	SHORTR	采用公司上市首日的融券余额与发行募集资金总额的比值衡量股票放松卖空管制的程度
控制变量	新股发行数量	NUM	新股首次公开发行的股数取对数
	首发市盈率	PE	新股的发行价格与每股收益之比
	首发发行费用	FEE	新股首次公开发行上市时支付的各项发行费用之和与募集资金总额之比
	上市首日收盘价	PRICE	公司上市第一个交易日最后一笔交易的成交价格
	公司年龄	AGE	上市年份减去创立年份
	净资产收益率	ROA	公司上市前三年披露的净资产收益率的平均值
	第一大股东持股比例	TOPONE	第一大股东持股比例
	资产负债率	LEV	公司上市前三年披露的资产负债率的平均值
	每股净收益	EPS	公司上市前三年披露的每股净收益的平均值
	资产规模	SIZE	公司上市前三年披露的总资产对数的平均值

（二）模型构建

本文通过以下模型来验证假设H1。其中β_1代表注册制虚拟变量对因变量的影响，在模型（1）至（3）中，若β_1均显著小于0，则表明注册制显著降低了公司的IPO抑价率、一级市场抑价率和二级市场溢价率。

$$IR = \beta_0 + \beta_1 REGI + Controls + \varepsilon \tag{1}$$

$$IRUP = \beta_0 + \beta_1 REGI + Controls + \varepsilon \tag{2}$$

$$IROP = \beta_0 + \beta_1 REGI + Controls + \varepsilon \tag{3}$$

对于假设H2a和H2b，为检验注册制是否通过影响信息不对称性以及发挥网下投资者的专业投研能力来降低一级市场抑价率，本文进行如下检验。就H2a而言，模型（4）和模型（5）能够进行检验。模型（4）中，用注册制虚拟变量对信息不对称性的代理变量进行回归，如果系数β_1显著为负，则代表注册制会显著降低信息不对称性。模型（5）中，如果系数β_1显著为正，则代表信息不对称性越高，一级市场抑价率越高。因此，可以得到注册制的实施降低了信息不对称性，从而使得一级市场的抑价率更低。H2b的检验同理。模型（4）到模型（7）如下：

$$UNSYMMETRIC = \beta_0 + \beta_1 REGI + Controls + \varepsilon \tag{4}$$

$$IRUP = \beta_0 + \beta_1 UNSYMMETRIC + Controls + \varepsilon \tag{5}$$

$$DISPERATION = \beta_0 + \beta_1 REGI + Controls + \varepsilon \tag{6}$$

$$IRUP = \beta_0 + \beta_1 DISPERATION + Controls + \varepsilon \tag{7}$$

对于假设H3a和H3b，为检验注册制是否通过减少市场投机行为和放松卖空管制来降低二级市场溢价率，本文进行如下检验。就H3a而言，模型（8）和模型（9）能够进行检验。模型（8）中，用注册制虚拟变量对投机行为的代理变量进行回归，如果系数β_1显著为负，则代表注册制会显著减少投机行为。模型（9）中，如果系数β_1显著为正，则代表投机行为越高，二级市场溢价率越高。因此，可以得到注册制的实施减少了投机行为，从而使得二级市场的溢价率更低。H3b的检验同理。模型（8）到模型（11）如下：

$$TURNOVER = \beta_0 + \beta_1 REGI + Controls + \varepsilon \tag{8}$$

$$IROP = \beta_0 + \beta_1 TURNOVER + Controls + \varepsilon \tag{9}$$

$$SHORTR = \beta_0 + \beta_1 REGI + Controls + \varepsilon \tag{10}$$

$$IROP = \beta_0 + \beta_1 SHORTR + Controls + \varepsilon \tag{11}$$

（三）样本选取与数据来源

本文选取从2019年7月（科创板开板）至2021年2月在中国A股上市的公司为初始样本，获得初始观测568个。随后，进行处理：（1）剔除抑价率的极端观测（低于1%、高于99%）；（2）剔除2020年8月24日之后，于创业板以注册制上市的公司样本[①]；（3）剔除金融行业的公司样本；（4）剔除变量数据缺失的观测。最终获得353家公司的观测，用于实证分析。本文所有数据来源于Wind数据库，使用Stata15进行数据处理和回归分析。为了避免极端值影响，本文对模型中所有连续变量进行了低于1%，高于99%的Winsorize缩尾处理。

四、实证分析与结果

（一）描述性统计与相关性分析

表2的Panel A是主要变量的描述性统计结果。可以发现，IPO抑价率（IR）的均值为1.715，与张宗新和滕俊樑（2020）的发现十分相近，表明注册制改革之后的A股上市公司整体IPO抑价率较低。换手率（TURNOVER）的均值为105.9%，与魏志华等（2019）的研究相近。信息不对称程度（UNSYMMETRIC）的均值为0.222，与王华和张程睿（2005）的研究相近。实施注册制（REGI）的公司占比为42.5%，新股发行价格（PRICE）的均值为47.112元，均略高于张宗新和滕俊樑（2020）的研究结果。网下投资者投研能力（DISPERATION）的均值为0.175元。放松卖空管制（SHORTR）的均值为4.3%。此外，首发募集资金（CAPITAL）、新股发行数量（QUANTITY）、每股收益（EPS）、净资产收益率（ROE）等变量也与以往研究接近，处于正常范围。

表2的Panel B是因变量、自变量和主要控制变量的Pearson相关系数矩阵。可以发现，IPO抑价率（IR）与信息不对称程度（UNSYMMETRIC）呈现较强的负相关关系，二者相关系数为-0.083，初步说明信息不对称程度越高，股票发行上市的抑价率越高。信息不对称程度（UNSYMMETRIC）与换手率（TURNOVER）之间相关系数也较高。此外，注册制的实施（REGI）与首发市盈率（PE）之间存在着较强的机械相关关系。其余变量间相关系数的绝对值均不超过0.68，表明不存在严重的共线性问题。

（二）研究假设检验

1.研究假设H1检验：注册制与IPO抑价率

表3列示了研究假设H1的回归结果。模型回归控制了细分行业效应（Industry，CSRC标准），按公司聚类回归（Cluster）并报告了经异方差调整的t值（Robust t），以提高回归结果的稳健性。第（1）列回归使用IPO抑价率（IR）作为被解释变量，

① 为了避免科创板和创业板在定位和行业分布上的区别对文章结果可能产生的影响，本文在主检验中仅采用IPO数量占多数的科创板IPO企业作为研究对象。在后续的稳健性检验中重新加入了创业板样本，结果不变。

表2　　描述性统计与相关性分析

Panel A：主要变量的描述性统计

变量	均值	样本量	下四分位数	中位数	上四分位数	标准差
IR	1.715	353	0.813	1.296	2.236	1.452
IRUP	0.498	353	−0.038	0.311	1.011	0.752
IROP	1.214	353	0.369	0.971	1.796	1.410
UNSYMMETRIC	0.222	353	0.067	0.108	0.271	0.250
DISPERATION	0.175	321	0.000	0.000	0.070	0.493
TURNOVER	1.059	353	0.669	0.755	1.169	0.817
SHORTR	0.043	353	0.000	0.000	0.062	0.084
REGI	0.425	353	0.000	0.000	1.000	0.495
NUM	17.382	353	16.860	17.320	17.731	0.690
PE	35.091	353	22.982	22.991	42.125	27.092
FEE	0.105	353	0.083	0.101	0.124	0.036
PRICE	47.112	353	19.552	34.072	56.782	43.297
AGE	15.882	353	12.253	15.183	19.273	5.340
ROA	15.442	353	10.343	14.192	19.041	7.205
TOPONE	34.801	353	23.361	32.552	43.201	14.772
LEV	30.672	353	15.402	30.183	47.322	21.824
EPS	0.921	353	0.457	0.787	1.198	0.614
SIZE	20.621	353	20.074	20.473	20.982	0.883
HIGHBANKREPU	0.433	353	0.000	0.000	1.000	0.496

Panel B：主要变量的相关系数矩阵

	A	B	C	D	E	F	G
（A）IR	1						
（B）UNSYMMETRIC	−0.083	1					
（C）TURNOVER	0.682***	−0.452***	1				
（D）DISPERATION	0.347***	−0.334***	0.538***	1			
（E）SHORTR	−0.125**	0.351***	−0.137**	−0.125**	1		
（F）REGI	0.114**	0.594***	−0.275***	−0.188***	0.081	1	
（G）NUM	0.007	−0.137**	−0.012	0.023	−0.085	−0.227***	1
（H）PE	0.034	0.564***	−0.241***	−0.190***	0.160***	0.455***	−0.054

注：*、**、***分别表示在10%、5%、1%的水平上显著。

第（2）列回归使用一级市场抑价率（IRUP）作为被解释变量，第（3）列回归使用二级市场溢价率（IROP）作为被解释变量。三列结果中，注册制的实施（REGI）的系数均在1%水平上显著为负，表明注册制的实施降低了IPO抑价率、一级市场抑价率和二级市场溢价率，支持了研究假设H1。

表3 注册制与IPO抑价率

Depvar=	(1) IR	(2) IRUP	(3) IROP
REGI	−0.929*** (−3.63)	−0.280*** (−3.05)	−0.606*** (−2.94)
NUM	0.630** (2.12)	0.125 (0.86)	0.513* (1.85)
PE	0.002 (0.36)	−0.004* (−1.70)	0.005 (1.20)
FEE	18.339*** (4.87)	3.920*** (2.77)	14.484*** (4.38)
PRICE	0.014*** (4.23)	−0.003*** (−2.63)	0.016*** (5.82)
AGE	−0.028** (−2.01)	−0.011* (−1.72)	−0.016 (−1.23)
ROA	−0.001 (−0.06)	0.001 (0.08)	−0.002 (−0.10)
TOPONE	−0.005 (−1.00)	−0.003 (−1.04)	−0.003 (−0.54)
LEV	−0.041 (−0.57)	−0.040 (−1.09)	−0.000 (−0.00)
EPS	−0.350 (−1.49)	0.242* (1.72)	−0.568** (−2.34)
SIZE	−0.100 (−0.41)	0.067 (0.71)	−0.174 (−0.72)
HIGHBANKREPU	−0.010 (−0.06)	−0.095 (−1.38)	0.101 (0.64)
Constant	−8.502* (−1.96)	−3.163 (−1.65)	−5.334 (−1.57)
Industry	YES	YES	YES
Year	YES	YES	YES
N	353	353	353
R-squared	0.225	0.417	0.241

注：*、**、***分别表示在10%、5%、1%的水平上显著，括号中的数字为根据聚类（Cluster）稳健标准误计算的t值。

2.研究假设H2a检验：注册制、信息不对称与一级市场抑价率

表4展示了假设H2a的回归结果。第（1）列结果显示，注册制的实施（REGI）对信息不对称程度（UNSYMMETRIC）有显著负影响，注册制的实施（REGI）显著降低了信息不对称性。第（2）列结果显示，信息不对称程度（UNSYMMETRIC）对一级市场抑价率（IRUP）有显著正影响，信息不对称程度越高，一级市场抑价率越高。综合以上结果，注册制的实施通过减弱信息不对称程度，降低了一级市场抑价率，支持了研究假设H2a。

表4 注册制、信息不对称与一级市场抑价率

Depvar=	(1) UNSYMMETRIC	(2) IRUP
REGI	-0.254*** (-9.34)	
UNSYMMETRIC		0.679*** (4.50)
NUM	-0.008 (-0.18)	0.133 (0.94)
PE	0.001* (1.68)	-0.005** (-2.09)
FEE	1.717*** (3.57)	2.937** (2.12)
PRICE	-0.000 (-0.61)	-0.004*** (-3.19)
AGE	-0.004* (-1.66)	-0.006 (-0.92)
ROA	0.003 (0.91)	-0.001 (-0.19)
TOPONE	-0.000 (-0.42)	-0.002 (-0.75)
LEV	-0.010 (-0.85)	-0.031 (-0.83)
EPS	-0.039 (-1.06)	0.316** (2.27)

续表

Depvar=	(1) UNSYMMETRIC	(2) IRUP
SIZE	0.005 (0.13)	0.068 (0.72)
HIGHBANKREPU	0.010 (0.40)	-0.117* (-1.76)
Constant	0.270 (0.54)	-3.588** (-2.15)
Industry	YES	YES
Year	YES	YES
N	353	353
R-squared	0.274	0.451

注：*、**和***分别表示在10%、5%、1%的水平上显著，括号中的数字为根据聚类(Cluster)稳健标准误计算的t值。

3.研究假设H2b检验：注册制、投研能力与一级市场抑价率

表5展示了假设H2b的回归结果。第（1）列结果显示，注册制的实施（REGI）对投资者投研能力（DISPERATION）有显著正影响，注册制的实施（REGI）显著发挥了投资者的投研能力。第（2）列结果显示，投资者投研能力（DISPERATION）对一级市场抑价率（IRUP）有显著负影响，越发挥投资者的投研能力，一级市场抑价率越低。综合以上结果，注册制的实施通过发挥网下投资者的投研能力，降低了一级市场抑价率，支持了研究假设H2b。

表5　　注册制、投研能力与一级市场抑价率

Depvar=	(1) DISPERATION	(2) IRUP
REGI	0.310*** (4.78)	
DISPERATION		-0.122** (-2.50)
NUM	0.051 (0.75)	0.179 (1.14)

续表

Depvar=	(1) DISPERATION	(2) IRUP
PE	-0.001 (-1.13)	-0.005** (-2.05)
FEE	-1.263* (-1.56)	4.236*** (2.79)
PRICE	0.000 (0.54)	-0.004*** (-3.68)
AGE	-0.002 (-0.37)	-0.008 (-1.18)
ROA	0.002 (0.28)	-0.000 (-0.04)
TOPONE	0.002 (0.75)	-0.001 (-0.34)
LEV	-0.025 (-0.80)	-0.030 (-0.74)
EPS	0.019 (0.25)	0.399** (2.22)
SIZE	-0.051 (-1.00)	0.022 (0.22)
HIGHBANREPU	0.021 (0.43)	-0.100 (-1.40)
Constant	0.456 (0.49)	-3.505* (-1.84)
Industry	YES	YES
Year	YES	YES
N	321	321
R-squared	0.154	0.431

注：*、**和***分别表示在10%、5%、1%的水平上显著，括号中的数字为根据聚类(Cluster)稳健标准误计算的t值。

4.研究假设H3a检验：注册制、投机行为与二级市场溢价率

与假设H2a的检验类似，表6展示了假设H3a的回归结果。第（1）列结果显示，注册制的实施（REGI）对投机行为（TURNOVER）有显著负影响，注册制的实施（REGI）显著减少了市场的投机行为。第（2）列结果显示，投机行为（TURNOVER）对二级市场溢价率（IROP）有显著正影响，市场投机度越高，二级市场溢价率显著越高。综合以上结果，注册制的实施通过减少市场投机行为，降低了二级市场溢价率，支持了研究假设H3a。

表6 注册制、投机行为与二级市场溢价率

Depvar=	（1） TURNOVER	（2） IROP
REGI	-0.609*** （-6.28）	
TURNOVER		0.630*** （6.75）
NUM	0.020 （0.15）	0.499* （1.91）
PE	0.000 （0.47）	0.004 （1.02）
FEE	0.550 （0.30）	14.457*** （4.64）
PRICE	0.001 （0.85）	0.015*** （6.10）
AGE	-0.010 （-1.07）	-0.010 （-0.83）
ROA	0.013 （1.48）	-0.008 （-0.54）
TOPONE	-0.000 （-0.04）	-0.002 （-0.48）
LEV	-0.020 （-0.43）	0.008 （0.10）
EPS	-0.150 （-1.18）	-0.414* （-1.85）

续表

Depvar=	(1) TURNOVER	(2) IROP
SIZE	-0.031 (-0.32)	-0.135 (-0.59)
HIGHBANKREPU	-0.064 (-0.65)	0.131 (0.89)
Constant	1.757 (1.06)	-6.941** (-2.19)
Industry	YES	YES
Year	YES	YES
N	353	353
R-squared	0.115	0.345

注：*、**和***分别表示在10%、5%、1%的水平上显著，括号中的数字为根据聚类(Cluster)稳健标准误计算的t值。

5.研究假设H3b检验：注册制、卖空行为与二级市场溢价率

表7第（1）列结果显示，注册制的实施（REGI）对放松卖空限制（SHORTR）有显著正影响，注册制的实施（REGI）显著放松了卖空限制。第（2）列结果显示，放松卖空限制（SHORTR）对二级市场溢价率（IROP）有显著负影响，越放松卖空限制，二级市场溢价率显著越低。综合以上结果，注册制的实施通过放松卖空限制，降低了二级市场溢价率，支持了研究假设H3b。

表7 注册制、卖空行为与二级市场溢价率

Depvar=	(1) SHORTR	(2) IROP
REGI	0.070*** (7.48)	
SHORTR		-2.236** (-2.10)
NUM	0.016 (1.54)	0.406 (1.48)
PE	-0.000 (-1.09)	0.006 (1.58)

续表

Depvar=	(1) SHORTR	(2) IROP
FEE	0.277*** (3.04)	15.550*** (4.62)
PRICE	0.000** (2.14)	0.012*** (4.44)
AGE	-0.000 (-0.69)	-0.014 (-1.05)
ROA	-0.001* (-1.76)	0.015 (0.93)
TOPONE	-0.000 (-1.58)	-0.001 (-0.16)
LEV	0.001 (0.60)	0.020 (0.26)
EPS	-0.002 (-0.23)	-0.478** (-2.05)
SIZE	-0.007 (-1.08)	-0.080 (-0.33)
HIGHBANKREPU	0.004 (0.73)	0.057 (0.35)
Constant	-0.147 (-1.05)	-6.072* (-1.82)
Industry	YES	YES
Year	YES	YES
N	353	353
R-squared	0.532	0.190

注：*、**和***分别表示在10%、5%、1%的水平上显著，括号中的数字为根据聚类（Cluster）稳健标准误计算的t值。

（三）稳健性检验

1.内生性问题

公司是否选用注册制这一发行审核方式来上市并不是随机的。在不同板块进行上市的公司之间本身也存在较强的自选择效应。这些因素使得直接对比注册制下上市的公司和非注册制下上市的公司之间的抑价率区别可能面临样本选择偏误和遗漏变量偏差等内生性问题。考虑到通过注册制上市的公司和不通过注册制上市的公司之间可能存在的系统性差异，参考赖黎、蓝春丹和秦明春（2022）的研究，本文采用了倾向得分匹配法（PSM）来缓解这一内生性问题。具体来说，参考宋顺林和唐斯圆（2017）的研究，本文按照资产规模（SIZE）、每股净收益（EPS）、资产负债率（LEV）、第一大股东持股比例（TOPONE）、净资产收益率（ROA）、内在价值（VALUE）、所属细分行业（INDUSTRY）这7个指标，对样本进行了是否实施注册制的最近邻一一配对，共获得180个配对样本。根据表8的均衡性检验结果，PSM配对之后，各指标在实验组和对照组之间分布均衡，无显著差异。PSM配对之后的主回归结果见表9。其中（1）、（2）、（3）列结果显示，注册制的实施（REGI）显著降低了IPO抑价率、一级市场抑价率、二级市场溢价率，研究假设H1结果保持稳定。本文除了在主回归中实施了PSM配对，对涉及的所有影响机制检验、异质性分析都实施了PSM配对。由于篇幅原因，正文只列示了主回归结果。

表8 PSM匹配结果

Depvar=	匹配前			匹配后		
	实验组	对照组	T值	实验组	对照组	T值
SIZE	20.374	20.827	−4.52***	20.580	20.554	0.20
INDUSTRY	4.860	4.604	1.71*	4.529	4.550	−0.08
EPS	0.791	1.036	−3.40***	0.848	0.844	0.05
LEV	0.792	0.713	1.83*	0.694	0.716	−0.22
TOPONE	30.995	37.735	−4.26***	34.277	30.842	1.42
ROA	14.339	16.329	−2.53**	15.036	15.267	−0.22
VALUE	35.762	32.962	1.95*	31.941	35.786	−1.03

注：*、**和***分别表示在10%、5%、1%的水平上显著。

表9　　PSM配对稳健性

Depvar=	(1) IR	(2) IRUP	(3) IROP
REGI	-1.392*** (-3.88)	-0.609*** (-4.46)	-0.701*** (-2.64)
Constant	-13.784* (-1.93)	-5.182* (-1.71)	-8.584 (-1.59)
Controls	YES	YES	YES
Industry	YES	YES	YES
Year	YES	YES	YES
N	180	180	180
R-squared	0.338	0.602	0.338

注：*、**和***分别表示在10%、5%、1%的水平上显著，括号中的数字为根据聚类（Cluster）稳健标准误计算的t值。

2.改变因变量的检验

本文借鉴Purnanandam and Swaminathan（2004）的做法，采用分析师一致预测股价作为上市新股内在价值的替代衡量方式，重新计算了一级市场抑价率与二级市场溢价率。这是因为，证券分析师长期跟踪行业和个股，对相应的企业拥有更深入的理解和更多广泛的信息，并能够做出更加合理的估值。首先对每个分析师的预测价格区间取中位数，然后计算多个分析师的预测价格的中位数，得到分析师对某个公司的预测价格。我们剔除了承销商分析师提供的价格预测样本，并且对同一券商的多次预测取最后一次的预测。改变因变量后的回归结果见表10，注册制的实施（REGI）显著降低了IPO抑价率、一级市场抑价率、二级市场溢价率，研究假设H1结果保持稳定。研究假设H2a、H2b、H3a和H3b的结果也都保持稳定，由于篇幅原因，正文只列示了研究假设H1的结果。

表10　　改变因变量稳健性

Depvar=	(1) IR	(2) IRUP	(3) IROP
REGI	-0.769** (-2.40)	-0.415* (-1.92)	-0.829** (-2.08)
Constant	-4.493* (-1.83)	-0.857 (-0.58)	-0.370 (-0.07)

续表

Depvar=	(1) IR	(2) IRUP	(3) IROP
Controls	YES	YES	YES
Industry	YES	YES	YES
Year	YES	YES	YES
N	109	109	109
R-squared	0.313	0.258	0.077

注：*、**和***分别表示在10%、5%、1%的水平上显著，括号中的数字为根据聚类（Cluster）稳健标准误计算的t值。

3.改变自变量的检验

股价波动率为综合指标，使用这一反映市场交易的变量来衡量信息不对称程度较为综合和粗略，不够直接和具体。为此，借鉴熊艳、李常青和魏志华（2014）的研究，本文使用询价区间偏移这一直观和具体的衡量方式来衡量一级市场中的信息不对称程度。该指标的计算公式为询价区间中点/内在价值-1。如果注册制改变了一级市场的信息扩散效果，势必会影响机构投资者询价的准确性。机构投资者在询价阶段的报价一定程度能够反映投资者所掌握的信息量，信息越充分，投资者对股票价值的判断就越准确，报价就越趋近于股票的内在价值（熊艳、李常青和魏志华，2014）。Hanley（1993）、Loughran and Ritter（2002）的研究也将询价区间中点作为最终发行价的无偏估计。由此可见，询价区间中点实际上代表了投资者对股票价值判断的平均水平。询价区间中点与最终的内在价值之间的差异便能够反映投资者所掌握信息的多少。为此，本文进一步将询价区间中点偏移这一指标作为信息不对称的代理变量加以检验，询价区间中点偏移的值越大，代表信息不对称程度越高。最终的结果见表11，注册制的实施（REGI）显著降低了信息不对称程度（UNSYMMETRIC）。信息不对称程度（UNSYMMETRIC）与一级市场抑价率（IRUP）之间呈正相关关系。研究假设H2a结果依然保持稳定。

表11　**注册制、信息不对称与一级市场抑价率**

Depvar=	(1) OFFSET	(2) IRUP
REGI	-43.492*** (-2.90)	
UNSYMMETRIC		0.0004** (2.18)

续表

Depvar=	(1) OFFSET	(2) IRUP
Constant	−935.797 (−1.53)	−4.565** (−2.36)
Industry	YES	YES
Year	YES	YES
Controls	YES	YES
N	319	319
R-squared	0.144	0.425

注：*、**和***分别表示在10%、5%、1%的水平上显著，括号中的数字为根据聚类（Cluster）稳健标准误计算的t值。

4.变更样本法

在充分借鉴科创板改革经验的基础上，深交所创业板于2020年8月起，在IPO条件、审核流程、定价机制、交易制度等方面进行了政策调整，成为继科创板之后又一个试点注册制上市的板块。为充分验证注册制的实施对于新股抑价率的影响，排除科创板的特性对结果稳健性的干涉，本文增加实施注册制的创业板企业样本进行回归分析。变更样本后的回归结果见表12，注册制的实施（REGI）显著降低了IPO抑价率、一级市场抑价率、二级市场溢价率，研究假设H1结果保持稳定。研究假设H2a、H2b、H3a和H3b的结果也都保持稳定，由于篇幅原因，正文只列示了研究假设H1的结果。

表12 **变更样本法稳健性**

Depvar=	(1) IR	(2) IRUP	(3) IROP
REGI	−0.551*** (−2.98)	−0.274*** (−3.41)	−0.351** (−1.97)
Constant	−53.914*** (−2.70)	−69.780*** (−4.81)	42.869 (0.21)
Controls	YES	YES	YES
Industry	YES	YES	YES
Year	YES	YES	YES
N	417	417	417
R-squared	0.253	0.323	0.307

注：*、**和***分别表示在10%、5%、1%的水平上显著，括号中的数字为根据聚类（Cluster）稳健标准误计算的t值。

（四）进一步分析

1.抑价率分位数回归

普通最小二乘法（OLS）回归展示了自变量的均值变化对"普通公司"的影响，但无法提供自变量与因变量之间潜在关系的全面展示（张玉臣和吕宪鹏，2013）。Koenker and Bassett（1978）提出的分位数回归模型则在此方向上进行了拓展，同时由于不对误差项分布做具体假设，其系数估计更加稳健。在本研究中，对于发行定价效率本身存在差异的公司，是否通过注册制（REGI）对IPO抑价率的影响程度可能存在差异。为刻画注册制对IPO抑价率在不同分位点处的异质性影响，本文利用分位数回归模型，分别在因变量的Q90、Q50、Q10分位点进行回归分析。表13至表15分别报告了模型回归结果。

表13各列中注册制（REGI）的回归系数显示，就不同条件分位数水平而言，注册制对高、中、低水平抑价率的公司的抑价均存在显著的改善作用，但作用程度依次递减。表14的回归系数显示，注册制对高一级市场抑价水平的公司的改善作用最为明显，对中等一级市场抑价水平的公司也存在显著的改善作用，而对低一级市场抑价水平的公司则无明显作用。同样的，表15的回归系数显示，注册制对高二级市场溢价水平的公司的改善作用最为明显，对中等二级市场溢价水平的公司也存在显著的改善作用，而对低二级市场溢价水平的公司则无明显作用。

表13 抑价率分位回归

Depvar=	(1) IR（Q 0.9）	(2) IR（Q 0.5）	(3) IR（Q 0.1）
REGI	−2.192*** （−4.24）	−0.591*** （−3.56）	−0.204* （−1.70）
Constant	−34.669*** （−3.92）	−4.723* （−1.66）	1.664 （0.81）
Controls	YES	YES	YES
Industry	YES	YES	YES
Year	YES	YES	YES
N	353	353	353
R-squared	0.314	0.174	0.118

注：*、**和***分别表示在10%、5%、1%的水平上显著，括号中的数字为根据聚类（Cluster）稳健标准误计算的t值。

表14　　一级市场抑价率分位回归

Depvar=	(1) IRUP（Q 0.9）	(2) IRUP（Q 0.5）	(3) IRUP（Q 0.1）
REGI	−0.598*** (−3.06)	−0.359*** (−3.11)	0.090 (0.75)
Constant	−8.228** (−2.46)	0.440 (0.22)	2.752 (1.34)
Controls	YES	YES	YES
Industry	YES	YES	YES
Year	YES	YES	YES
N	353	353	353
R-squared	0.399	0.312	0.264

注：*、**和***分别表示在10%、5%、1%的水平上显著，括号中的数字为根据聚类（Cluster）稳健标准误计算的t值。

表15　　二级市场溢价率分位回归

Depvar=	(1) IROP（Q 0.9）	(2) IROP（Q 0.5）	(3) IROP（Q 0.1）
REGI	−1.685*** (−4.02)	−0.537*** (−3.03)	0.105 (0.54)
Constant	−30.505*** (−4.25)	−4.353 (−1.44)	2.805 (0.84)
Controls	YES	YES	YES
Industry	YES	YES	YES
Year	YES	YES	YES
N	353	353	353
R-squared	0.315	0.199	0.262

注：*、**和***分别表示在10%、5%、1%的水平上显著，括号中的数字为根据聚类（Cluster）稳健标准误计算的t值。

2.注册制、市场化程度与IPO抑价率

市场化程度反映了各地区的金融发展水平，受经济、政策等诸多因素影响，不同地区的市场化程度存在较大差异是我国市场的显著特征（樊纲、王小鲁和马光荣，2011）。在市场化程度较高的地区，由于新股发行所受的行政干涉较少，承销商与机构投资者发挥更多的价值发现作用，发行定价相对更能体现股票的公允价值。刘剑蕾和栗媛（2019）研究发现，市场化进程对IPO抑价率有显著的负影响。

本文分析，由于市场化水平高的地区拥有更为完善的信息披露渠道，投资者与发行人的信息不对称程度相对较低，更有效理性的市场也一定程度抑制了新股发行的泡沫。因此，本文认为注册制降低新股发行抑价率的作用机制在市场化程度不高的情境下更为适用，即与注册地位于高市场化程度地区的拟发行新股上市的企业相比，注册地位于低市场化程度地区的拟发行新股上市的企业的发行抑价率受是否是注册制上市的影响更明显。

为检验这一推论，本文利用樊纲于2018年编写的《中国市场化指数》中各省份的市场化指数，将其与样本企业的注册地所在省份相对应。随后根据注册地市场化指数将观测分为低市场化组和高市场化组。市场化程度（MARKET）为市场化程度的虚拟变量，当样本企业的注册地所在省份为高市场化程度时，该变量值取1，否则取0。交乘项（MARKETREGI）为市场化程度这一虚拟变量与注册制这一虚拟变量的乘积。将交乘项、市场化程度虚拟变量加入模型（1）、模型（2）和模型（3）进行回归。表16第（1）、（2）、（3）列回归结果显示：注册制与市场化程度的交乘项的系数显著为正。意味着注册制的实施（REGI）的对抑价率、一级市场抑价率和二级市场溢价率的回归系数在高市场化程度的分组里显著性较弱，即注册制降低新股发行抑价率的作用机制在市场化程度不高的情境下更为适用。

表16　　注册制、市场化程度与IPO抑价率

Depvar=	（1） IR	（2） IRUP	（3） IROP
REGI	-1.351^{***} （-4.00）	-0.988^{***} （-3.61）	-0.396^{***} （-3.42）
MARKETREGI	0.864^{**} （2.25）	0.830^{**} （2.38）	0.254^{**} （1.97）
MARKET	-0.540^{***} （-2.60）	-0.488^{**} （-2.41）	-0.136 （-1.43）
Constant	-7.620^{*} （-1.71）	-4.343 （-1.25）	-2.911 （-1.49）
Controls	YES	YES	YES
Industry	YES	YES	YES
Year	YES	YES	YES
N	353	353	353
R-squared	0.245	0.260	0.422

注：*、**和***分别表示在10%、5%、1%的水平上显著，括号中的数字为根据聚类（Cluster）稳健标准误计算的t值。

3.注册制、科创板与创业板

注册制是我国资本市场的发展方向，目前科创板和创业板都已经开始采用注册制发行新股，与其他板块采用核准制上市有着显著的不同。但科创板和创业板在定位、制度和机制上存在不同。科创板定位于具有一定规模的战略新兴产业企业和创新型企业，限定为国家有关文件明确的新型产业企业；而创业板主要面向自主创新和其他成长型创业企业，对企业所属的行业并没有明确的限定（陈洁，2019）。在定价方式上，科创板全部采用市场化的询价方式，但是创业板注册制仍然保留了部分直接定价。科创板总体而言，询价更加市场化和成熟。就回拨机制而言，科创板规定的回拨比例低于创业板的回拨比例，而降低回拨比例意味着进一步向网下投资者倾斜，能够进一步增强机构投资者参与定价的有效性，促进新股发行合理定价。就强制跟投而言，科创板要求全部上市公司的报价机构强制跟投，创业板只要求部分公司的保荐机构强制跟投，科创板的要求更加有助于保荐机构合理定价。因而，综合定价方式、询价机制和强制跟投等模式，我们认为同为注册制，科创板的注册制改革更为彻底，科创板的定价效率也会相比于创业板更高。

为检验这一理论，我们将样本划分为了创业板和科创板进行分组回归。表17列示了回归的结果。其中第（1）、（3）、（5）列为科创板，第（2）、（4）、（6）列为创业板。回归结果显示，在科创板中，IPO抑价率、一级市场抑价率和二级市场溢价率都显著降低。而在创业板中，IPO抑价率和二级市场溢价率显著上升，一级市场抑价率未发生显著变化。这些结果进一步论证了科创板的注册制改革会更为彻底，定价效率会更高。

表17　**注册制、科创板与创业板**

Depvar=	(1) IR	(2) IR	(3) IRUP	(4) IRUP	(5) IROP	(6) IROP
KCREGI	−0.726*** (−4.41)		−0.306*** (−3.50)		−0.449*** (−3.12)	
CYREGI		0.366** (1.98)		0.075 (0.85)		0.284* (1.71)
Constant	−3.276 (−1.00)	−5.429* (−1.76)	−1.607 (−0.62)	−2.993 (−1.20)	−1.569 (−1.08)	−2.434* (−1.77)
Controls	YES	YES	YES	YES	YES	YES
Industry	YES	YES	YES	YES	YES	YES
Year	YES	YES	YES	YES	YES	YES
N	417	417	417	417	417	417
Adj-R^2	0.275	0.245	0.304	0.294	0.329	0.305

注：*、**和***分别表示在10%、5%、1%的水平上显著，括号中的数字为根据聚类（Cluster）稳健标准误计算的t值。

五、结　论

经过三十多年的改革发展，我国资本市场已经进入建设中国特色现代资本市场的新阶段。资本市场基础制度体系建设是我国现代化资本市场建设的应有之义，其成效关系到人民财富、企业成长与经济发展。科创板的设立和注册制的试点是我国全面深化资本市场改革与建设的关键一步。作为资本市场改革的标志与牵引，注册制以信息披露制度为基础，以完善的法制规范为保障，以多层次资本市场体系为支撑，以公平、高效的交易制度为导向，以强化投资者保护为目标，推进资本市场基础制度建设迈上新台阶。本文以2019年7月—2021年2月于A股沪深两地上市的公司为样本，考察了注册制这一资本市场基础制度体系改革的标志对新股定价效率的影响。研究发现：注册制显著提高了公司的新股定价效率。考虑作用机制，注册制通过减弱信息不对称性和发挥投资人的专业投研能力降低了一级市场抑价率，并通过减弱投机行为和放松卖空管制降低了二级市场溢价率。进一步的研究显示，注册制对新股定价效率的影响在不同抑价率水平的公司存在异质性，主要作用于高抑价率的公司。同时，注册制更能够显著提高所在地市场化水平较低的公司的新股定价效率。此外，科创板的注册制改革更为彻底。相比于创业板，科创板的定价效率显著更高。本文的发现揭示了注册制对新股定价效率的影响及作用机制，丰富和深化了有关资本市场基础制度体系建设的经济后果与新股发行定价效率的影响因素相关的研究，为发行人和投资者审视新股股价的合理性提供了一定的借鉴，在资本市场深化改革的背景下具有一定的启示意义。

此外，本文也存在一些局限性。上市公司是否选择注册制、科创板发行上市并不是随机的，而是存在较强的自选择性。虽然在稳健性检验中，本文使用了倾向得分匹配法来尽可能匹配相近公司特征的公司进行对照来缓解存在的系统性差异，但是内生性问题并不能被完全消除。

参考文献

［1］曹凤岐．推进我国股票发行注册制改革［J］．南开学报（哲学社会科学版），2014（2）：118-126．

［2］陈工孟，高宁．中国股票一级市场发行抑价的程度与原因［J］．金融研究，2000（8）：

1-12.

［3］陈见丽．核准制与注册制：助长IPO泡沫还是抑制IPO泡沫？——以创业板为例［J］．中南财经政法大学学报，2015（4）：88-94.

［4］陈洁．国有企业融资风险与创新路径研究［J］．现代经济信息，2019（12）：345.

［5］陈邑早，王圣媛．论中国式注册制信息披露革新：理念、实践与建议［J］．当代经济管理，2019（12）：22-28.

［6］邓召明．我国股票发行定价效率实证研究［J］．南开经济研究，2001（6）：60-64.

［7］樊纲，王小鲁，马光荣．中国市场化进程对经济增长的贡献［J］．经济研究，2011（9）：4-16.

［8］方意，宋佳馨，谭小芬．中国金融市场之间风险溢出的时空特征及机理分析——兼论中美贸易摩擦对金融市场的影响［J］．金融评论，2020（6）：20-43，121-122.

［9］郝项超，梁琪，李政．融资融券与企业创新：基于数量与质量视角的分析［J］．经济研究，2018（6）：127-141.

［10］黄顺武，贾捷．询价制度改革与新股发行定价——来自创业板的经验证据［J］．金融理论与实践，2017（2）：87-92.

［11］黄俊，陈信元．媒体报道与IPO抑价——来自创业板的经验证据［J］．管理科学学报，2013（2）：83-94.

［12］江洪波．基于非有效市场的A股IPO价格行为分析［J］．金融研究，2007（8）：90-102.

［13］靳云汇，杨文．新股折价现象的实证分析［J］．统计研究，2003（3）：49-53.

［14］赖黎，蓝春丹，秦明春．市场化改革提升了定价效率吗？——来自注册制的证据［J］．管理世界，2022（4）：172-184；199；185-190.

［15］李东方．证券发行注册制改革的法律问题研究——兼评“《证券法》修订草案”中的股票注册制［J］．国家行政学院学报，2015（3）：44-49.

［16］李冬昕，李心丹，俞红海，等．询价机构报价中的意见分歧与IPO定价机制研究［J］．经济研究，2014（7）：151-164.

［17］李曙光．关于“股灾”与“救市”的法学思考［J］．中国法律评论，2015（3）：201-206.

［18］李燕，杨淦．美国法上的IPO“注册制”：起源、构造与论争——兼论我国注册制改革的移植与创生［J］．比较法研究，2014（6）：31-42.

［19］李曜，王秀军．我国创业板市场上风险投资的认证效应与市场力量［J］．财经研究，2015（2）：4-14.

［20］梁鹏．注册制改革有助于提升IPO定价效率吗——基于科创板的经验证据［J］．现代经济探讨，2021（10）：68-76.

［21］刘剑蕾，栗媛．市场化进程对IPO抑价的影响研究——基于信息不对称理论视角［J］．国际金融研究，2019（6）：87-96.

［22］刘煜辉，沈可挺．是一级市场抑价，还是二级市场溢价——关于我国新股高抑价的一种检验和一个解释［J］．金融研究，2011（11）：183-196.

[23] 鲁桂华. 从科创板看中国资本市场改革的路径选择 [J]. 财会月刊, 2019 (4): 5-10; 180.

[24] 吕怀立, 贾琬娇, 李婉丽. 核准制保荐经历与科创板IPO定价——来自保荐代表人的经验证据 [J]. 会计研究, 2021 (5): 95-106.

[25] 彭志胜, 宋福铁. IPO定价制度市场化改革: 基于询价对象范围、配售比、锁定期的视角 [J]. 系统管理学报, 2017 (1): 10-20.

[26] 宋顺林, 唐斯圆. 首日价格管制与新股投机: 抑制还是助长? [J]. 管理世界, 2019 (1): 211-224.

[27] 汪昌云, 武佳薇, 孙艳梅, 等. 公司的媒体信息管理行为与IPO定价效率 [J]. 管理世界, 2015 (1): 118-128.

[28] 王华, 张程睿. 信息不对称与IPO筹资成本——来自中国一级市场的经验数据 [J]. 经济管理, 2005 (6): 13-20.

[29] 王晋斌. 新股申购预期超额报酬率的测度及其可能原因的解释 [J]. 经济研究, 1997 (12): 18-25.

[30] 魏志华, 曾爱民, 吴育辉, 等. IPO首日限价政策能否抑制投资者“炒新”? [J]. 管理世界, 2019 (1): 192-210.

[31] 夏东霞, 范晓. 科创板注册制背景下对中介机构“看门人”角色的再思考 [J]. 财经法学, 2019 (3): 131-147.

[32] 熊维勤, 孟卫东, 周孝华. 新股询价发行中的配售规则对IPO抑价的影响 [J]. 中国管理科学, 2006 (4): 100-107.

[33] 熊艳, 李常青, 魏志华. 媒体报道与IPO定价效率: 基于信息不对称与行为金融视角 [J]. 世界经济, 2014 (05): 135-160.

[34] 薛爽, 王禹. 科创板IPO审核问询回复函与首发抑价 [J]. 管理世界, 2022 (4): 185-203.

[35] 姚颐, 赵梅. 中国式风险披露, 披露水平与市场反应 [J]. 经济研究, 2016 (7): 158-172.

[36] 于晓红, 张雪, 李燕燕. 公司内在价值、投资者情绪与IPO抑价——基于创业板市场的经验证据 [J]. 当代经济研究, 2013 (1): 86-90

[37] 张人骥, 朱平方, 王怀芳. 上海证券市场过度反应的实证检验 [J]. 经济研究, 1998 (5): 59-65.

[38] 张卫东, 苏鑫, 陈辉, 等. 涨幅限制影响IPO抑价了吗? [J]. 管理评论, 2018 (1): 36-45; 135.

[39] 张玉臣, 吕宪鹏. 高新技术企业创新绩效影响因素研究 [J]. 科研管理, 2013 (12): 58-65.

[40] 张宗新, 滕俊樑. 注册制询价改革能否提高IPO定价效率? ——基于科创板试点注册制改革的研究视角 [J]. 上海金融, 2020 (8): 24-30.

[41] 张峥, 吴偎立, 黄志勇. IPO的行业效应——从竞争和关注的角度 [J]. 金融研究, 2013 (9): 180-192.

[42] 邹高峰，张维，徐晓婉．中国IPO抑价的构成及影响因素研究［J］．管理科学学报，2012（4）：12-22；30.

[43] 周孝华，赵炜科，刘星．我国股票发行审批制与核准制下IPO定价效率的比较研究［J］．管理世界，2006（11）：13-18.

[44] ANUFRIEV，MIKHAIL，JAN T. The impact of short-selling constraints on financial market stability in a heterogeneous agents model [J]. Journal of Economic Dynamics and Control，2013，37（8）：1523-1543.

[45] BARON D P，MYERSON R B. Regulating a monopolist with unknown costs [J]. Econometrica：Journal of the Econometric Society，1982：911-930.

[46] BEATTY R P，RITTER J R. Investment banking，reputation，and the underpricing of initial public offerings [J]. Journal of Financial Economics，1986，15（1-2）：213-232.

[47] CAMPBELL J Y，KYLE A S. Smart money，noise trading and stock price behaviour [J]. Review of Economic Studies，1993，60（1）：1-34.

[48] DANIEL K，SUBRAHMANYAM H A. Investor psychology and security market under-and overreactions [J]. Journal of Finance，1998，53（6）：1839-1885.

[49] DIETHER K B，MALOY C J，SCHERBINA A. Differences of opinion and the cross section of stock returns [J]. The Journal of Finance，2002，57（1）：2113-2141.

[50] GRINBLATT M，HWANG C Y. Signalling and the pricing of new issues [J]. The Journal of Finance，1989，44（2）：393-420.

[51] HANLEY K W. The underpricing of lnitial public offerings and the partial adjustment phenomenon [J]. Journal of Financial Economics，1993，34（2）：231-250.

[52] HONG H，STEIN L. Bad news travels slowly：size，analyst coverage，and the profitability of momentum strategies [J]. Journal of Finance，2000，55（1）：265-295.

[53] IBBOTSON R G，JODY L S，JAY R R. The market's problems with the pricing of initial public offerings [J]. Journal of Applied Corporate Finance，1994，7（1）：66-74.

[54] KOENKER R W，BASSETT G. Regression quantile [J]. Econometrica，1978，46（1）：33-50.

[55] LEUZ C，VERRECCHIA R E. The economic consequences of increased disclosure [J]. Journal of Accounting Research，2000：91-124.

[56] LJUNGQVIST A，NANDA V，SINGH R. Hot markets，investor sentiment，and IPO pricing [J]. The Journal of Business，2006，79（4）：1667-1702.

[57] LOBO G J，MAHMOUD A A W. Relationship between differential amounts of prior information and security return variability [J]. Journal of Accounting Research，1989：116-134.

[58] LOUGHRAN T，RITER J R. Why don't lssuers get upset about leaving money on the table in IPOs? [J]. Review of Financial Studies，2002，15（2）：413-443.

[59] MILLER E M. Risk，uncertainty，and divergence of opinion [J]. The Journal of Finance，1977，32（7）：1151-1168.

[60] RITTER J R. The " Hot Issue " market of 1980 [J]. Journal of Business，1984：215-240.

[61] ROCK K. Why new issues are underpriced [J]. Journal of Financial Economics, 1986, 15 (1-2): 187-212.

[62] PURNANANDAM A K, SWAMINATHAN B. Are IPOs really underpriced? [J]. Review of Financial Studies, 2004, 17 (3): 811-848.

Capital Market Infrastructure System and IPO Pricing Efficiency

Dengjin Zheng, Yuru Li, Huijun Zhai

Abstract This paper examines the impact of the registration system on the pricing efficiency of IPOs, using a sample of A-share listed companies from 2019 to 2021.The results show that the registration system significantly improves the efficiency of IPO pricing. The possible mechanism is that the registration system can, on the one hand, reduce information asymmetry and exploit the investment and research capabilities of offline investors, thus reducing "price suppression" in the primary market, and, on the other hand, it can also reduce the " premium " in the secondary market by discouraging market speculation and relaxing short selling controls.Further research found that: (1) the impact of the registration system on IPO pricing efficiency mainly affects companies with lower IPO pricing efficiency; (2) the registration system is more likely to significantly improve the IPO pricing efficiency of listed companies in regions with a lower level of marketization; and (3) the IPO pricing efficiency is higher in the Sci-Tech Innovation Board Market than in the ChiNext Market.This paper demonstrates the impact and mechanism of the construction of the basic capital market system on the pricing efficiency of new shares, which helps issuers and investors to examine the reasonableness of the share price of new shares.

Key Words capital market infrastructure system; IPO pricing efficiency; information asymmetry; speculative behavior

第15辑，2023年
No.15，2023
会计与控制评论
Review of Accounting and Control

股价信息含量影响企业全要素生产率吗？

——基于中国上市公司的经验证据①

史永东[1,2,3]　季谷雨[2]　金　鸽[2]

（1.东北财经大学金融科技学院；2.东北财经大学金融学院；
3.东北财经大学应用金融研究中心　大连　116025）

摘　要　在我国产业结构升级和资本市场改革的关键时期，如何提高企业生产效率、如何深化资本市场改革使其更好地服务实体经济是当前我国经济跨越式发展亟需解决的问题。本文以2007—2020年沪深A股主板上市公司为研究样本，研究股价信息含量对企业全要素生产率的影响和作用机制。研究发现：（1）股价信息含量能够显著促进企业全要素生产率的提升；（2）股价信息含量对全要素生产率的提升依赖于技术创新和内部控制两种渠道；（3）融资约束能够发挥对二者关系的调节作用；（4）异质性分析发现，提升作用在非国有企业、股权激励程度较大、外部监督水平较高的企业中更为显著。本文拓宽了股价信息传递的相关研究，对股价信息

①　作者简介：史永东，东北财经大学金融科技学院，主要研究方向：金融工程、资本市场、行为金融、资产定价和债券设计。联系地址（邮编）：辽宁省大连市沙河口区尖山街217号（116025），联系电话：13604116805，电子邮箱：ydshi@263.net；季谷雨（通讯作者），东北财经大学金融学院，研究方向：公司金融、绿色金融。联系地址（邮编）：辽宁省大连市沙河口区尖山街217号（116025），电子邮箱：jiguyu_dufe@163.com，联系电话：15764501312；金鸽，东北财经大学金融学院，研究方向：公司金融、投资学、绿色金融。联系地址（邮编）：辽宁省大连市沙河口区尖山街217号（116025），电子邮箱：939123824@qq.com，联系电话：15848127712。

含量影响全要素生产率的内在机制和异质性进行了必要补充，并为健全资本市场功能和提高实体企业生产效率提供政策建议。

关键词 股价信息含量 全要素生产率 技术创新 内部控制质量

一、引言

近年来，随着我国人口红利的减弱，依靠传统要素积累的粗放型经济发展模式逐渐出现了高投入、低产出、低效率等问题（郭庆旺、贾俊雪，2005），促使经济增长方式向集约型转变成为“十四五”期间以至未来我国经济发展的重大战略导向。党的二十大报告明确提出我们要坚持以推动高质量发展为主题，把实施扩大内需战略同深化供给侧结构性改革有机结合起来，加快建设现代化经济体系。经济高质量发展离不开企业的高效发展，而企业高效发展依托于企业全要素生产率的提升（肖文、薛天航，2019）。所以，面对我国对经济高效率、高质量、可持续发展的转型要求以及中国当前经济增长速度下行的严峻趋势（刘志彪、凌永辉，2020），如何进一步推动全要素生产率水平以帮助我国经济发展度过“寒冬”具有重要现实意义。

学者对企业全要素生产率的现有研究主要关注以下几个方面：一是企业全要素生产率的概念界定。丁伯根最早开创了全要素生产率研究的先河，在柯布-道格拉斯生产函数的基础上衡量一定时间内总产出与要素投入量之比，随后众多学者对该指标进行完善（Solow，1957；Dension，1962；Massimo等，2008）。目前，国内外研究大多认为除技术进步外，还应考虑组织管理框架、制度优化等无形要素的投入对总产出水平的影响。二是企业全要素生产率的影响因素。学者研究发现宏观层面的外部经济因素如政策制度、经济发展水平、区域市场情况、产业结构等（魏婧恬，2017；戴鹏毅，2021；林毅夫等，2018）是影响企业生产力水平的重要因素；微观企业层面的内部经济因素如资源配置效率、技术进步、企业家才能、生产经营效率等（龚关等，2015；严兵，2008；薄文广等，2019；李唐等，2018）也会对全要素生产率产生影响。已有文献在不断拓展该问题的研究视角，但现阶段微观层面的研究大多局限于从企业内部找原因。我们尝试思考，企业生产能否与资本市场建立联系？企业能否从股票市场学习有用信息进行生产决策选择？本文希望以此为切入点建立资本市场与实体经济的联系，为助力实体经济发展，加快我国经济转型步伐提供有益经验证据。

资本市场是国民经济的晴雨表，其传递的信息是企业调整生产经营行为的首要途径，是管理层实施企业战略规划与重大决策的参考依据，也是监管者判断市场经济走向的重要标准。如何衡量股价信息对企业经营状况的反映程度，如何验证企业能否利用资本市场信息指导未来生产决策，成为本文研究的关键所在。早期研究发现个股回报率可以由市场回报率和行业回报率进行解释（King，1966）。随着学者不断实践，发现使用市场和行业信息也无法做到充分地对个股回报率进行解释，因为股价信息中还有大部分公司财务和经营状况变动以及临时重大信息等公司特质信息，这些信息也会被反映到个股股价中（Roll，1988；Durnev，2003）。因此，公司特质信息越丰富，股价信息含量越高，越能充分反映企业实际经营境况。目前学者对于股价信息含量的相关研究，主要集中于其对资源配置效率、企业价值、企业投资活动及股票交易活跃度等方面的影响，同样忽视了资本市场股价特质信息与企业高效发展的联系。基于上述分析，本文主要关注三个核心问题：股价信息含量影响企业全要素生产率吗？股价信息含量影响全要素生产率的机制渠道有哪些？股价信息含量与全要素生产率的关系受到哪些异质性因素的影响？

本文基于2007—2020年我国沪深A股主板上市公司样本，实证检验股价信息含量对企业全要素生产率的影响，为深化资本市场改革、提高实体企业生产效率打开新思路。本文的主要贡献在于：其一，丰富和拓展了有关股价信息有效性和全要素生产率影响因素方面的文献，在美国股票市场经验证据的基础上（Bennett等，2020），建立中国背景下资本市场与实体经济的联系，帮助厘清股价信息含量与企业全要素生产率二者的关系。其二，为股价信息含量影响全要素生产率的内在作用机理提供全新的研究视角，区别于张志元等（2021）对提升资源配置效率和优化金融资产配置两个渠道的论述，本文基于有效市场理论和管理者学习理论，研究发现通过管理层的学习与监督来指导企业技术创新、提高内部控制质量可促进全要素生产率的提升。其三，为政策制定者加强资本市场信息建设、增强市场有效性提供经验证据，并对进一步推进和深化我国资本市场改革提供政策启示。

二、文献综述

（一）股价信息含量的相关研究

与发达国家相比，我国资本市场发展较晚，由于制度体系不完善、公司治理水平较弱，股价信息含量仍处于较低水平（Durnev，2003）。因此，前期研究成果的主要关注点在于股价信息含量的影响因素。部分学者从微观视角探究其动因，发现信息透明度（Jin and Myers，2006）、机构投资者规模（侯宇、叶冬艳，2008）以及证券分析师行为（朱红军等，2007）会对股价信息含量产生影响，唐松（2011）从异质性角度出发，发现当企业所在地区法治水平较差、市场化水平较低时，企业更缺乏向市场披露更多自身特有信息的动机。对于宏观层面的动因，学者研究发现，我国融资融券政策的实施降低了投资者的信息搜集成本、给予投资者更多交易便利，进而增加股价信息含量（陈康，2018）。同时，股价信息含量受到市场开放程度的影响（Li等，2004），以我国资本市场开放为例，连立帅（2019）研究发现沪港通制度的实施伴随着外部投资者进入、企业信息披露质量变化进而使股票错误定价减少，股价信息含量提高。

随着我国资本市场改革的逐步开展、监管规则和法律体系的日臻完善，学者们开始更多关注股价信息含量提升对企业产生的影响。从公司层面来看，企业的投资决策行为与股价信息含量密不可分，管理者从股票价格中获取信息以指导企业投资，实现了投资效率的提高（于丽峰等，2014）；管理者通过对公司特质信息的学习提升了企业资源配置效率（黄政、刘怡芳，2017）。另外，股价信息含量可以通过“学习效应”和“监督效应”促进企业创新研发（潘凌云、董竹，2021）。综合上述研究，股价信息含量的提升会对企业经营发展产生积极影响，本文从企业生产决策角度出发，进一步探究股价信息含量与企业全要素生产率的关系，丰富了此领域的实证文献。

（二）企业全要素生产率的影响因素

国内外学者对全要素生产率影响因素的研究主要涉及以下几类：一是宏观层面的外部经济因素。就政策制度层面而言，魏婧恬等（2017）提出对于依赖制度本身较高的行业可以通过比较优势促进企业全要素生产率的提高；林毅夫等（2018）认为经济开发区的设立通过提供更好的政策环境、更优惠的税收减免进而促进企业全要素生产率水平。此外，毛其淋等（2011）重点考察了对外经济开放和区域市场整合对中国省际全要素生产率的影响。二是微观企业层面的内部经济因素。学者研究发现企业年龄（Loderer等，2017）、企业研发投资效率（孙晓华等，2014）、资源配置效率（龚关等，2015）、资源错配（李静等，2012）、技术进步（严兵，2008）、金融科技（宋敏等，2021）、企业家才能（薄文广等，2019）和生产经营效率（李唐等，2018）等都会对企业生产力水平产生影响。已有研究凸显提升全要素生产率在我国当前跨越式发展阶段的重要性，企业全要素生产率的持续增长需要宏观政策和微观企业的共同努力，同时也离不开金融系统的有效支撑。本文提出股价信息含量与企业全要素生产率的关系研究为该角度文献提供了有益补充。

三、理论分析与研究假设

（一）股价信息含量与企业全要素生产率

根据现有研究，股价信息含量可能通过以下两种理论渠道影响企业全要素生产率：一是有效市场理论。有效市场学派认为市场中的相关信息能够快速充分地反映在股价的波动中（Fama and Miller，1972）。信息交易者根据自身拥有的信息进行交易决策时，股价中便汇聚了大量私有信息如消费者偏好、市场需求、竞争对手战略方案等，这些信息很可能是企业管理者所不具备的外部信息（Hayek，1995）。Fama认为即使当市场存在有效性和信息传递效率差异，信息的变化也会在一定程度上对资本市场运行及股票价格波动产生影响，故股价通常是企业本身、所属行业及宏观市场等层面的信息综合作用的结果。投资者借助企业特质信息对价值投资做出预判，信息通过股价波动传递给机构投资者和公司股东，使其可以更好地监督管理层行为决策，从而降低企业经营成本、提高生产力，这意味着股价信息含量越高的企业越可能因有效的监督和股价反映机制获得越高的全要素生产率。二是管理者学习理论。关于股价信息含量的研究认为，上市公司管理层能够从股票价格中学习新信息为其决策提供参考。管理层激励措施通常直接取决于股票价格（苏冬蔚、熊家财，2013）。管理者通过对股价中包含的外部投资者信息进行学习，继而做出是否进行兼并收购（Luo，2005）、调整投资（Myers and Majhuf，1984；Chen，2007）、优化资本配置、增加R&D投入（孙晓华和王昀，2014）等决策，有助于增加公司价值（Hayek，1945）、提高生产经营水平（Bennett，2020）。故资本市场能够凭借资产价格影响和指导实体经济（Morck，1990）。基于此，本文提出假设H1：

H1：股价信息含量能够显著促进企业全要素生产率的提升。

（二）技术创新、股价信息含量与企业全要素生产率

股票市场的信息功能为管理层如何影响企业技术创新决策提供了重要信息来源（潘凌云等，2021）。面对创新活动对企业未来价值影响的不确定性，管理层渴望通过股价特质信息的“学习效应”和“监督效应”帮助企业识别创新投资机会、判断创新项目的可行性、激励管理层的主观创新意愿（李启佳和罗福凯，2020）。同时，董竹等（2021）认为股价信息含量的治理机制能提高CEO薪酬业绩敏感性，弱化管理者与股东间的利益冲突，激励企业创新研发。管理层利用资本市场信息来源的反馈效应丰富企业知识存量、改变要素投入比例、提高资源配置效率，进而激

发技术进步、组织和生产创新，为全要素生产率供能（艾华和王薇，2018）。综上，技术创新可能成为管理层通过信息学习和外部监督提高全要素生产率的重要途径。基于此，本文提出假设H2：

H2：股价信息含量的创新激励效应能够促进企业全要素生产率的提升。

（三）内部控制、股价信息含量与企业全要素生产率

股价中的特质信息在发挥“信息传递”和“公司治理”的过程中加强了外部投资者和公司大股东对管理层的监督，从而缓解了大股东与管理层之间的第一类委托代理问题、抑制了管理层的机会主义行为（Jensen and Mecking，1976）。委托代理问题的存在使企业资源配置效率低下，技术水平发展不均衡，国有企业的企业效率因代理成本只达到30%~40%（平新乔等，2003）。管理层作为内部控制的实施主体，其内部控制贯穿公司治理的各个环节，是企业提高管理水平、生产经营效率、和优化组织结构的关键。美国COSO委员会曾特别强调完善企业内部控制机制旨在有效保证企业的经营效率与效果、财务报告的可靠性。因此在我国“上市公司内部控制指引”和《企业内部控制基本规范》中均指出应通过实施内部控制推动经营主体提高经营的有效性和高效率。管理层从股价中获取的特质信息越丰富，内部控制的有效性越会因监督效应和管理层学习效应的增强而提高（张继德，2013）。故内部控制可以成为管理者利用股价信息含量促进企业全要素生产率提升的重要中介渠道。基于此，本文提出假设H3：

H3：股价信息含量促使管理者加强内部控制，进而实现企业全要素生产率的提升。

（四）融资约束、股价信息含量与企业全要素生产率

Gertler（1989）的研究表明，高融资约束会使企业产生融资金额匮乏、融资成本过高等问题。这些问题进一步限制企业从事实体经济活动、抑制企业技术创新、影响企业的资源配置效率及最优决策选择，对企业生产率水平产生负面冲击（解维敏、方红星，2011）。故当企业面临融资约束而无法获得外部资金支持时，股东和债权人会监督管理层提高资金利用率和资源配置效率，加强营运资金管理。也就是说，当管理层置身于融资约束给企业生产力带来的负面影响所产生的外部压力时，对股价信息的反馈效应更为敏感，管理层学习效应也更为强烈，其经营决策会对提高企业生产效率带来更积极的影响。通过对股价特质信息的学习，积极整合企业内部资源、向市场释放信息、吸引投资者向其提供资金，也在一定程度上缓解由于融资压力致使企业全要素生产率水平低下的问题。基于此，本文提出假设H4：

H4：当企业面临融资约束时，股价信息含量对企业全要素生产率的提升作用增强。

股价信息含量对企业全要素生产率的影响路径如图1所示。

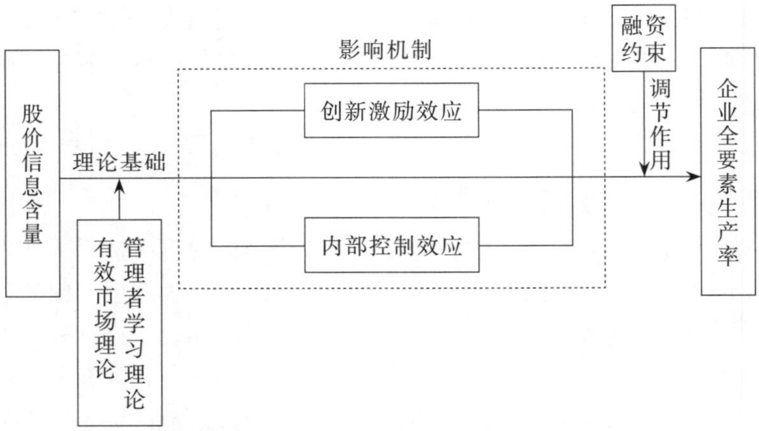

图1 股价信息含量对企业全要素生产率的影响路径

四、研究设计与变量说明

（一）样本选择与数据来源

本文选取我国沪深A股主板上市公司做为研究样本，并选取2007—2020年作为样本区间，数据主要来源于CSMAR和RESSET数据库，剔除金融类上市公司、状态为ST和*ST的上市公司以及数据缺失严重的样本公司并对连续变量在1%和99%水平上进行缩尾处理，共得到2 342家样本公司和14 767个观测值，运用STATA统计软件对其进行实证检验。

（二）变量定义与计算

1.被解释变量

本文参考国内外学者所提出的OP和LP半参数估计方法分别对被解释变量企业全要素生产率TFP进行测算（Olley and Pakes，1996；Levinsohn and Petrin，2003）。首先对生产函数形式进行假定，采用如下柯布-道格拉斯生产函数形式：

$$Y_{i,t}=A_{i,t}K_{i,t}^{\beta}L_{i,t}^{\alpha} \quad (1)$$

对上述函数两边同取对数得到如下函数形式：

$$y_{i,t}=\alpha l_{i,t}+\beta k_{i,t}+\mu_{i,t} \quad (2)$$

其中$A_{i,t}$是由决定全要素生产率的众多变量组成的集合，通过对数形式变换得到的残差项$\mu_{i,t}$中包含了全要素生产率信息，为了进一步准确估算全要素生产率建立如下模型：

$$TFP\_op\ (TFP\_lp)=\ln Y_{i,t}-\beta_b \ln L_{i,t}-\beta_c \ln K_{i,t} \quad (3)$$

$$\ln Y_{i,t}=\beta_a+\beta_b\ln L_{i,t}+\beta_c\ln K_{i,t}+\beta_d Age_{i,t}+\beta_e Own_{i,t}+\beta_f Ex_{i,t}+\sum_g\beta_g Year_g+\sum_h\beta_h Ind_h+\sum_j\beta_j Reg_j+\varepsilon_{i,t} \quad (4)$$

其中，i代表样本公司，t代表观测年份，为了避免相关变量对企业产出的影响，在模型中引入变量Age为企业年龄、Own为企业所有权性质、Ex为企业是否参与出口的虚拟变量，并对模型进行时间、行业和地区固定效应；$Y_{i,t}$是用企业营业收入衡量的产出（赵健宇、陆正飞，2018），$L_{i,t}$是用企业员工人数衡量的劳动力投入，$K_{i,t}$是用企业固定资产净额衡量的资本存量（Hsieh and Klenow，2009；李玉红等，2008）。

本文按照OP法的思路并参考已有文献（邱斌等，2012），同时采用LP法对全要素生产率进行估计。LP法下构建的模型是在原模型基础上使用中间投入$M_{i,t}$代替投资$I_{i,t}$作为可观测生产率的代理变量，这一变量是通过营业成本加上销售费用、管理费用、财务费用并减去折旧摊销、支付给职工以及为职工支付的现金得到的差值来衡量，并对LP法测算得到的企业全要素生产率指标取自然对数，记为TFP_lp。

2.核心解释变量

根据对股价信息含量文献的梳理，参考Morck（2000）、Durnev et al.（2004）等的做法，本文决定采用当前较为主流且被广泛使用的股价非同步性指标进行测度，并构建如下模型：

$$R_{i,t,j}=\alpha+\beta\times R_{m,t,j}+\gamma\times R_{I,t,j}+\varepsilon_{i,t} \quad (5)$$

其中，$R_{i,t,j}$为股票i在第t年第j周的收益率，$R_{m,t,j}$和$R_{I,t,j}$分别为股票i在第t年第j周以流通市值加权的平均市场收益率和行业收益率，$\varepsilon_{i,t}$为残差项。上式回归得到的拟合优度R^2反映了市场和行业波动对公司股价变动的影响大小，不能由模型（5）进行解释的部分$1-R^2$则反映了公司层面的特质信息对个股收益率的影响程度。由于R^2值介于0和1之间且呈非正态分布，为了便于计算进行如下对数形式转换（Morck，2000；Durnev，2004），得到股价非同步性指标SPI用于测度股价信息含量：

$$SPI1_{i,t}=\ln\left(\frac{1-R^2}{R^2}\right) \quad (6)$$

采用$1-R^2$与R^2这一相对指标来衡量个股股价波动同企业特质信息或市场和行业波动的同步性大小，由分子$1-R^2$所解释的比例越高，即该指标衡量的公司特质信息越丰富，股价信息含量越高。

本文同时参考了Piotroski和Roulstone（2004）、伊志宏等（2019）的研究，在模型（5）的基础上引入滞后一期的平均市场周收益率和行业周收益率，分别记为$R_{m,t-1,j}$和$R_{I,t-1,j}$，旨在避免个股收益率对二者的反应存在滞后效应、确保股价信息含量指标的稳健，并构建如下模型：

$$R_{i,t,j}=\alpha+\beta\times R_{m,t,j}+\beta'\times R_{m,t-1,j}+\gamma\times R_{I,t,j}+\gamma'\times R_{I,t-1,j}+\varepsilon_{i,t} \quad (7)$$

$$SPI2_{i,t}=\ln\left(\frac{1-R^2}{R^2}\right) \tag{8}$$

本文将在稳健性检验部分利用由公式（7）和（8）计算得到的股价非同步指标SPI2重新测度股价信息含量，以确保实证结果真实可靠。

控制变量与指标定义。参考已有文献，将影响全要素生产率的潜在因素作为本文研究股价信息含量与企业全要素生产率二者关系时的控制变量，具体为企业规模size、企业年龄age、资产负债率lev、资产收益率roa、托宾Q、股权集中度first。综上所述，本文指标定义见表1：

表1　**变量名称和界定**

变量类型	变量名称	符号	变量含义与度量
被解释变量	全要素生产率	TFP_op TFP_lp	用OP法测算得到的企业全要素生产率 用LP法测算得到的企业全要素生产率
解释变量	股价信息含量	SPI1 SPI2	采用公式（5）和（6）计算得到的股价非同步性结果 采用公式（7）和（8）计算得到的股价非同步性结果
中介变量	技术进步 内部控制质量	R&D1 R&D2 IC	ln（发明专利申请数+1） ln（发明专利申请数+实用新型专利申请数+1） 迪博内部控制指数/100
调节变量	融资约束	SA	$SA=-0.737size+0.043size^2-0.040age$
控制变量	企业规模	size	ln（期末总资产）
	企业年龄	age	ln（观测年份-上市年份）
	资产负债率	lev	期末总负债/期末总资产
	资产收益率	roa	税后净利润/总资产
	托宾Q	Q	国泰安数据库托宾Qa值
	股权集中度	first	第一大股东持股数量/上市公司总股数

（三）模型设定

根据前文的理论分析和变量界定，本文构建回归模型（9）和（10）用于检验主回归部分股价信息含量对全要素生产率的影响：

$$TFP\_op_{i,t}=\beta_0+\beta_1 SPI1_{i,t-1}+\beta_2 size_{i,t-1}+\beta_3 age_{i,t-1}+\beta_4 lev_{i,t-1}+\beta_5 roa_{i,t-1}+\beta_6 Q_{i,t-1}+\beta_7 first_{i,t-1}+\varepsilon_{i,t}+year+firm \tag{9}$$

$$TFP\_lp_{i,t}=\beta_0+\beta_1 SPI1_{i,t-1}+\beta_2 size_{i,t-1}+\beta_3 age_{i,t-1}+\beta_4 lev_{i,t-1}+\beta_5 roa_{i,t-1}+\beta_6 Q_{i,t-1}+\beta_7 first_{i,t-1}+\varepsilon_{i,t}+year+firm \tag{10}$$

上式中，i为样本企业、t为年份，$TFP_op_{i,t}$和$TFP_lp_{i,t}$分别为通过OP法和LP法计算得到的本期全要素生产率；$SPI1_{i,t-1}$为滞后一期的股价信息含量；企业规模（size）、企业年龄（age）、资产负债率（lev）、资产收益率（roa）、托宾Q、股权集中度（first）为模型的控制变量；$\varepsilon_{i,t}$为残差项，year和firm分别为时间固定效应和个体固定效应。根据假设H1，本文将重点关注股价信息含量前的系数β_1，若β_1显著为正则说明股价特质信息是有效的，股价信息含量能够促进企业全要素生产率的提升。

（四）描述性统计

表2为本文14 767个样本观测值的描述性统计结果。从整体来看OP法测算的全要素生产率水平在均值、极值上与LP法的测算结果存在一定差异，但二者结构相似，中位数均低于均值，表明达到平均全要素生产率水平的企业数量不足一半，大部分样本企业水平与平均全要素生产率水平差距较大。由模型（5）和（7）回归得到的核心解释变量股价信息含量SPI1和SPI2在统计结果和结构上十分接近，标准差分别为0.903、0.808，企业特质信息存在一定差异。

表2 主要变量的描述性统计结果

变量	样本数量	均值	中位数	标准差	最小值	最大值
TFP_op	14 767	6.760	6.664	0.878	4.937	9.075
TFP_lp	14 767	9.227	9.132	1.072	5.951	12.140
SPI1	14 767	0.374	0.289	0.903	−1.414	3.241
SPI2	14 767	0.197	0.150	0.808	−1.509	2.445
size	14 767	22.180	22.030	1.215	19.960	25.910
age	14 767	2.151	2.303	0.810	0.000	3.401
lev	14 767	0.442	0.446	0.195	0.058	0.847
roa	14 767	0.044	0.038	0.047	−0.118	0.197
Q	14 767	1.945	1.588	1.106	0.877	7.122
first	14 767	35.130	33.600	14.490	9.330	72.880
SA	14 767	−3.734	−3.736	0.240	−4.340	−3.161

五、实证研究结果

（一）基本回归分析

基于测度股价信息含量的模型（9）和（10）本文分别进行了如下回归模型检验，表3中第（1）和（2）列表明在不含控制变量模型下滞后一期的股价信息含量在1%的显著性水平下促进了企业全要素生产率的提升，股价信息含量每提高一个单位，以OP法测算的全要素生产率水平将提高0.018个单位，以LP法测算的全要素生产率水平将提高0.013个单位。加入控制变量后第（3）和（4）列的拟合优度R^2有所提高，分别为0.339、0.511，模型解释力度明显增强，滞后一期股价信息含量同样在1%的显著性水平下促进了企业全要素生产率的提升，验证了股价特质信息的有效，假设H1成立。

表3　基本回归结果

	(1) TFP_op	(2) TFP_lp	(3) TFP_op	(4) TFP_lp
SPI1	0.018*** (0.004)	0.013*** (0.005)	0.015*** (0.004)	0.012*** (0.004)
size			0.325*** (0.008)	0.498*** (0.008)
age			0.232*** (0.026)	0.176*** (0.025)
lev			0.570*** (0.034)	0.559*** (0.032)
roa			1.785*** (0.090)	2.020*** (0.087)
Q			0.023*** (0.004)	0.036*** (0.004)

续表

	(1) TFP_op	(2) TFP_lp	(3) TFP_op	(4) TFP_lp
first			0.000 (0.000)	0.000 (0.000)
常数项	6.348*** (0.014)	8.677*** (0.015)	-2.035*** (0.209)	-3.187*** (0.202)
年份固定效应	Yes	Yes	Yes	Yes
个体固定效应	Yes	Yes	Yes	Yes
样本量	14 767	14 757	14 767	14 767
调整 R^2	0.181	0.271	0.339	0.511

注：*、**、***分别表示10%、5%、1%的显著性水平。本文后同。

（二）稳健性检验

为了进一步检验股价信息含量与企业全要素生产率显著正相关这一结论是否稳健，本文采用替换同质指标、引入工具变量、引入融资融券外生冲击等方法来检验结论的稳健性。

替换同质指标的回归模型检验。有关企业全要素生产率的计算方法除OP和LP方法外，本文还使用OLS和FE方法重新测算企业全要素生产率。股价信息含量则通过模型（7）和（8）重新测算，引入滞后一期的平均市场周收益率和行业周收益率，以避免个股收益率的滞后效应。替换同质指标后模型回归结果见表4，第（1）列的股价信息含量SPI2对OP法测算的全要素生产率的影响在1%的水平上正向显著，同时第（2）~（4）列的估计系数也分别在5%的水平上正向促进了以LP法、OLS法及FE法测算的企业全要素生产率，回归结果较为稳健，股价信息含量能够通过“监督效应”和“学习效应”显著促进企业全要素生产率的提升。

表4 股价信息含量与全要素生产率关系的稳健性检验

	(1) TFP_op	(2) TFP_lp	(3) TFP_ols	(4) TFP_fe
SPI2	0.017*** (0.005)	0.011** (0.004)	0.011** (0.004)	0.010** (0.004)
size	0.334*** (0.008)	0.502*** (0.008)	0.633*** (0.008)	0.669*** (0.008)

续表

	(1) TFP_op	(2) TFP_lp	(3) TFP_ols	(4) TFP_fe
age	0.017*** (0.002)	0.014*** (0.002)	0.012*** (0.002)	0.012*** (0.002)
lev	0.486*** (0.035)	0.487*** (0.033)	0.512*** (0.033)	0.517*** (0.033)
roa	0.973*** (0.069)	1.195*** (0.065)	1.214*** (0.065)	1.232*** (0.065)
Q	0.021*** (0.003)	0.034*** (0.003)	0.037*** (0.003)	0.039*** (0.003)
first	-0.000 (0.001)	-0.000 (0.000)	0.001 (0.000)	0.001* (0.000)
常数项	-1.151*** (0.173)	-2.425*** (0.164)	-3.431*** (0.162)	-3.711*** (0.165)
年份固定效应	Yes	Yes	Yes	Yes
个体固定效应	Yes	Yes	Yes	Yes
样本量	14 766	14 766	14 766	14 766
调整 R^2	0.313	0.498	0.605	0.622

1.引入工具变量的模型内生性检验

考虑股价信息含量与企业全要素生产率二者可能存在相辅相成的关系。一方面，股价信息含量越高，管理层利用丰富的企业特质信息对生产力发展进行指导越有效，故全要素生产率水平越高；另一方面，企业全要素生产率的提升能够降低企业违约风险、增加企业价值，引发投资者关注进一步增加股价信息含量。

为尽可能降低上述内生性问题，本文借鉴Bennett等（2020）研究方法，由于同行业股价信息含量均值会影响众多企业披露股价特质信息的意愿，但同时与随机扰动项不相关，故采用当期同行业其他企业股价信息含量的均值作为工具变量进行回归分析，结果见表5。

表5 工具变量回归稳健性检验

	(1) SPI1	(2) TFP_op	(3) TFP_lp	(4) TFP_ols	(5) TFP_fe
IV	0.456*** (0.031)				
SPI1		0.037*** (0.031)	0.058** (0.030)	0.084*** (0.029)	0.087*** (0.030)
控制变量	Yes	Yes	Yes	Yes	Yes
年份固定效应	Yes	Yes	Yes	Yes	Yes
个体固定效应	Yes	Yes	Yes	Yes	Yes
样本量	14 651	14 651	14 651	14 651	14 651
第一阶段F值	F =218.46 P = 0.0000				
不可识别检验	Kleibergen-Paap rk LM = 180.055 P = 0.0000				
弱工具变量检验	Cragg-Donald Wald F = 342.183				

表5中弱工具变量检验的结果显示F值大于10，可以拒绝原假设，故不存在弱工具变量。同时，模型变量符合刚好识别的情况。考虑可能存在互为因果问题后的模型工具变量检验结果见表5第（2）~（5）列，研究表明股价信息含量的估计系数依然正向显著，故假设H1的结论较为稳健。

2.引入融资融券外生冲击的模型PSM-DID检验

融资融券制度对股价影响的相关研究表明，上市公司进入融资融券标的名单后有效提高了其信息透明度和市场信息效率（李志生等，2015），也有研究认为融资融券制度能够起到外部公司治理作用，加强了市场对企业的有效监督，进一步释放企业特质信息。因此将融资融券作为外生冲击事件以检验股价信息含量与企业全要素生产率关系的稳健性。

经过PSM匹配后的偏差bias的绝对值均小于10且t统计量由匹配之前的显著变为匹配之后的不显著①，继而采用PSM-DID进行稳健性检验的回归结果见表6，其中time为融资融券制度的实施时间，2010年及之后time=1，否则time=0；treat为是否进入融资融券标的名单，进入名单treat=1，否则treat=0。回归结果表明，在融资融券制度的外生冲击下，变量treat、time及其交乘项对OP法和LP法测算的全要素

① 匹配结果留存备案。

生产率均正向显著，表明股价信息含量对企业全要素生产率有单向促进作用。

表6　融资融券外生冲击事件的PSM-DID检验

	(1) TFP_op	(2) TFP_op	(3) TFP_lp	(4) TFP_lp
treat*time	0.078** (0.038)		0.124*** (0.044)	
treat		0.078** (0.038)		0.124*** (0.044)
time		0.522*** (0.149)		0.641*** (0.177)
常数项	5.307*** (0.165)	5.307*** (0.165)	7.388*** (0.193)	7.388*** (0.193)
控制变量	Yes	Yes	Yes	Yes
个体固定效应	Yes	Yes	Yes	Yes
样本量	2 108	2 108	2 108	2 108
调整 R^2	0.318	0.318	0.377	0.377

六、进一步分析

（一）影响机制分析

1.企业创新的中介效应分析

参考技术创新的相关文献后，本文采用企业发明专利申请数、发明专利申请数和实用新型专利申请数之和作为最能体现企业创新水平的主要指标（王馨、王营，2021），由于专利申请数呈现右偏分布故对数据进行处理，申请数加1后取对数作为技术创新的衡量指标，分别记为R&D1和R&D2。借鉴温忠麟（2004）的中介效应检验步骤，本文进一步构建了以技术创新为中介变量的回归模型，旨在通过如下回归结果明确中介效应的作用机制：

$$R\&D_{i,t}=\alpha_0+\alpha_1 SPI1_{i,t-1}+\alpha_2 controls_{i,t-1}+\omega_{i,t}+year+firm \tag{11}$$

$$TFP_{i,t}=\beta_0+\beta_1 SPI1_{i,t-1}+\beta_2 R\&D_{i,t}+\beta_3 controls_{i,t-1}+\varepsilon_{i,t}+year+firm \tag{12}$$

表7第（1）列回归结果中股价信息含量在1%的显著性水平下促进了企业全要

素生产率的提升；第（2）列中SPI1每提高一个单位，将会促进R&D1提高0.024个单位，揭示了股价信息含量的创新激励效应；第（3）列的回归结果在1%的显著性水平下验证了股价信息含量的创新激励效应能够进而促进企业全要素生产率的提升，故存在技术创新部分中介效应；第（4）、（5）列则是替换技术创新指标，通过企业全要素生产率对技术创新R&D2进行回归，股价信息含量和技术创新估计系数均显著为正，再次验证了技术创新部分中介效应的存在，股价信息含量通过信息传递和股东对管理层的监督效应以及管理者的学习效应激发企业技术创新，进而提升企业全要素生产率，假设H2成立。

表7 技术创新中介效应检验

	(1) TFP_lp	(2) R&D1	(3) TFP_lp	(4) R&D2	(5) TFP_lp
SPI1	0.016^{***} (0.004)	0.024^{*} (0.012)	0.015^{***} (0.004)	0.025^{*} (0.013)	0.015^{***} (0.004)
R&D1			0.015^{***} (0.004)		
R&D2					0.015^{***} (0.004)
常数项	-2.195^{***} (0.202)	-9.792^{***} (0.600)	-2.145^{***} (0.218)	-9.343^{***} (0.620)	-2.153^{***} (0.218)
控制变量	Yes	Yes	Yes	Yes	Yes
年份固定效应	Yes	Yes	Yes	Yes	Yes
个体固定效应	Yes	Yes	Yes	Yes	Yes
样本量	8 649	8 649	8 649	8 649	8 649
调整 R^2	0.485	0.122	0.487	0.143	0.487

2.内部控制的中介效应分析

参考内部控制质量的相关文献后（叶陈刚、裘丽，2016；郭檬楠、李校红，2020），本文使用迪博风险管理技术有限公司发布的以多个指标综合测评得到的我国上市公司内部控制指数作为内部控制质量的度量变量，记为IC。借鉴温忠麟（2004）的中介效应检验步骤，本文进一步构建了以内部控制为中介变量的回归模型：

$$IC_{i,t}=\alpha_0+\alpha_1 SPI1_{i,t-1}+\alpha_2 controls_{i,t-1}+\omega_{i,t}+year+firm \quad (13)$$

$$TFP_{i,t}=\beta_0+\beta_1 SPI1_{i,t-1}+\beta_2 IC_{i,t}+\beta_3 controls_{i,t-1}+\varepsilon_{i,t}+year+firm \quad (14)$$

分别以OP法和LP法测算全要素生产率回归得到表8第（1）~（3）列和第（4）~（6）的中介效应检验结果，从第（2）和（3）、（5）和（6）列股价信息含量以及内部控制质量的估计系数来看，股价特质信息通过“监督效应”和“学习效应”在5%的水平下显著促进企业内部控制质量，管理层通过对股价信息的学习加强内部控制质量来提高资源配置的有效性和高效率，该“效率通道”同时在1%的水平下显著促进了企业全要素生产率的提升，从而验证了内部控制质量部分中介效应的存在，假设H4成立。

表8 内部控制的中介效应检验

	(1) TFP_op	(2) IC	(3) TFP_op	(4) TFP_lp	(5) IC	(6) TFP_lp
SPI1	0.015*** (0.004)	0.022** (0.011)	0.014*** (0.004)	0.012*** (0.004)	0.022** (0.011)	0.011*** (0.004)
IC			0.050*** (0.003)			0.062*** (0.003)
常数项	-1.935*** (0.208)	5.868*** (0.573)	-2.262*** (0.207)	-3.016*** (0.200)	5.868*** (0.573)	-3.423*** (0.198)
控制变量	Yes	Yes	Yes	Yes	Yes	Yes
年份固定效应	Yes	Yes	Yes	Yes	Yes	Yes
个体固定效应	Yes	Yes	Yes	Yes	Yes	Yes
样本量	14 743	14 743	14 743	14 743	14 743	14 743
调整 R^2	0.339	-0.010	0.351	0.512	-0.010	0.528

3.融资约束的调节效应分析

参考国内外学者有关融资约束的研究发现，由多个指标通过回归模型构建得到的SA指数、KZ指数和WW指数同股利支付率、利息保障倍数等单一指标相比更具代表性和说服力，故本文选择SA指数作为融资约束的度量变量。在前文的理论基础下，本文认为面临外部融资约束时，管理层会积极向市场释放信息、整合内部资源，即股价信息缓解外部融资压力、促进企业全要素生产率的提升，故建立如下调节效应模型：

$$TFP_{i,t}=\beta_0+\beta_1 SPI1_{i,t-1}+\beta_2 SPI1_{i,t-1}\times SA_{i,t-1}+\beta_3 SA_{i,t-1}+\beta_4 controls+\varepsilon_{i,t}+year+firm \tag{15}$$

在主回归模型的基础上加入融资约束（SA）这一调节变量和融资约束与股价信息含量的交乘项（$SPI1_{i,t-1}\times SA_{i,t-1}$）。若回归结果中$\beta_1$与$\beta_2$显著为正，则说明当企业面临融资约束压力时，股价信息含量对企业全要素生产率的提升作用明显，假设H4成立。

表9为融资约束对股价信息含量与全要素生产率二者关系的调节效应检验结果。第（1）和（2）、（3）和（4）列分别为两种全要素生产率测算方法下对模型（15）回归得到的估计系数，企业面临融资约束压力无法获得长期稳定的资金来源和充足的可支配资源，进而抑制全要素生产率的增长，如第（2）列融资约束估计系数向我们所揭示的，全要素生产率会随着每单位融资约束的提高而下降0.141个单位。但同时融资约束对企业全要素生产率的抑制作用使管理层对股价信息的反馈效应更为敏感，管理层学习效应也更为强烈，如第（2）列股价信息含量和交互项的估计系数所示，外部融资约束压力下股价信息含量对企业全要素生产率的促进作用明显增强。同理，第（4）列股价信息含量和交互项的估计系数分别在5%和10%的显著性水平下促进了企业全要素生产率的提升，假设H4成立。

表9 融资约束的调节效应检验

	(1) TFP_op	(2) TFP_op	(3) TFP_lp	(4) TFP_lp
SPI1	0.018*** (4.21)	0.239** (2.55)	0.014*** (3.49)	0.225** (2.34)
SA×SPI1		0.052** (2.09)		0.046* (1.79)
SA		−0.141*** (−4.66)		−0.033 (−1.13)
常数项	−2.586*** (−13.39)	−4.757*** (−25.46)	−3.786*** (−20.25)	−6.816*** (−36.06)
控制变量	Yes	Yes	Yes	Yes
年份固定效应	Yes	Yes	Yes	Yes
个体固定效应	Yes	Yes	Yes	Yes
样本量	14 340	14 340	14 340	14 340
调整 R^2	0.324	0.480	0.501	0.636

（二）异质性分析

1.基于产权性质的异质性分析

考虑产权性质差异对回归结果的影响，本文将样本划分为国企和非国企两组。表10第（2）和第（4）列非国企的股价信息含量估计系数均在5%的水平上显著，而第（3）列国企的股价信息含量估计系数并不显著，故非国企的股价信息含量能够显著促进全要素生产率的提升。

表10　　产权性质特征差异影响的回归结果

	（1）国企 TFP_op	（2）非国企 TFP_op	（3）国企 TFP_lp	（4）非国企 TFP_lp
SPI1	0.012* (0.006)	0.014** (0.005)	0.007 (0.006)	0.011** (0.005)
常数项	-1.123*** (0.335)	-1.504*** (0.240)	-1.711*** (0.313)	-3.028*** (0.236)
控制变量	Yes	Yes	Yes	Yes
年份固定效应	Yes	Yes	Yes	Yes
个体固定效应	Yes	Yes	Yes	Yes
样本量	6 446	7 894	6 446	7 894
调整 R^2	0.298	0.341	0.490	0.508

造成国有企业和非国有企业股价信息含量与全要素生产率关系差异的原因可能在于：第一，由于国有企业管理层的业绩压力较低，“舒适区”现象较为普遍进而导致劳动力和资本的配置效率低下；第二，国有企业因天然具备政府背景和丰富的资源，且较低的财务约束压力通常使其更容易获得外部融资支持；第三，国有企业中的“官僚氛围”使得管理层弱化了对市场信息的学习从而降低了国有企业的调整速度，无法及时对生产经营、投入产出做出最优决策。基于以上三点，国有企业管理层对股价信息的学习效应低于非国有企业管理层，故国有企业的股价信息含量对全要素生产率的提升作用可能并不显著，而非国有企业的股价信息含量却能够促进全要素生产率的提升。

2.基于高管持股比例的异质性分析

考虑高管持股比例差异对回归结果的影响，按高管持股比例中位数将样本划分为高管持股比例较高和高管持股比例较低两组。表11第（1）和第（3）列高管持股比例较高分组下的股价信息含量估计系数均在1%水平上显著，而第（4）列高管持股比例较低分组下的股价信息含量估计系数不显著，故当高管持股比例较高时股价信息含量对全要素生产率的提升作用更强。

表11　　高管持股比例差异影响的回归结果

	（1）高管持股比例较高 TFP_op	（2）高管持股比例较低 TFP_op	（3）高管持股比例较高 TFP_lp	（4）高管持股比例较低 TFP_lp
SPI1	0.016*** （0.005）	0.015* （0.007）	0.015*** （0.005）	0.010 （0.006）
常数项	-0.749*** （0.258）	-3.461*** （0.374）	-2.366*** （0.257）	-3.680*** （0.355）
控制变量	Yes	Yes	Yes	Yes
年份固定效应	Yes	Yes	Yes	Yes
个体固定效应	Yes	Yes	Yes	Yes
样本量	7 037	7 303	7 037	7 303
调整 R^2	0.335	0.247	0.506	0.426

造成高管持股比例分组下股价信息含量与全要素生产率关系差异的原因可能在于：一方面，股权激励作为企业激发高管努力工作的直接、有效方式，在一定程度上有利于缓解“代理人机会主义”行为，从而优化资源配置效率、解决资本错配等问题（卢慧芳和吴华晶，2013）；另一方面，受股权激励的高管投资意向明确，积极主动向市场传递信息，能够缓解信息不对称（Brealey等，1977），同时进行技术创新的动机和加大企业研发投入的意向也会增强（程惠芳、陈超，2017）。基于以上两个方面，高管持股比例越高即股权激励越强，高管对股价信息的学习和反馈效应越强，故股价信息含量对全要素生产率的提升作用在高管持股比例较高的组更显著。

3.基于机构持股比例的异质性分析

考虑机构持股比例差异对回归结果的影响，按机构持股比例中位数将样本划分为机构持股比例较高和机构持股比例较低两组。从表12第（1）和（3）、（2）和（4）列对比分析来看，股价信息含量对全要素生产率的提升作用只在机构持股比例较高的组显著，估计系数分别为0.023和0.020，故当机构持股比例较高时，存在股价信息含量对全要素生产率的提升作用，且作用明显增强。

表12 机构持股比例差异影响的回归结果

	（1）机构持股比例较高 TFP_op	（2）机构持股比例较低 TFP_op	（3）机构持股比例较高 TFP_lp	（4）机构持股比例较低 TFP_lp
SPI1	0.023*** （0.005）	0.009 （0.006）	0.020*** （0.005）	0.003 （0.006）
常数项	−0.234*** （0.260）	−1.170*** （0.271）	−1.595*** （0.245）	−2.174*** （0.260）
控制变量	Yes	Yes	Yes	Yes
年份固定效应	Yes	Yes	Yes	Yes
个体固定效应	Yes	Yes	Yes	Yes
样本量	7 388	7 378	7 388	7 378
调整 R^2	0.222	0.205	0.424	0.384

造成机构持股比例分组下股价信息含量与全要素生产率关系显著性差异的原因可能在于：第一，机构投资者在信息优势的加持下能够更好地起到外部监督作用，优化公司治理（Poud，1988），指导企业科学决策、缓解代理问题，进而提升企业价值，这也验证了“有效监督假说”（吴先聪等，2016）。第二，由于机构投资者具备丰富的专业知识、较好的风险规避与分散能力以及充足的资金池，可以实现高效率的分散化投资，减少资源错配。基于以上两点，机构持股比例越高即外部监督越强，高管因受外部监督对股价信息的学习和反馈效应越强，故股价信息含量对全要素生产率的提升作用存在于机构持股比例较高的组别。

七、研究结论与政策启示

本文从资本市场服务实体经济视角分析股价信息含量对企业全要素生产率的影响，为我国如何提高微观企业全要素生产率以加快经济转型的重大问题提供新的研究角度。基于有效市场理论和管理者学习理论，进一步研究股价信息含量对企业全要素生产率的影响机理，并提出本文的核心假设。选取2007—2020年沪深A股主板2 342家上市公司的样本数据进行基准回归分析，采用工具变量、引入融资融券外生冲击事件的PSM-DID以及替换同质指标等方法进行稳健性与内生性检验，并进一步分析传导机制与异质性对二者关系的影响。分析结果表明，股价信息含量对企业全要素生产率起显著正向促进作用，使用弱工具变量、引入融资融券外生冲击事件以及替换同质指标等方法再次回归，结论依然稳健，验证了二者关系的存在和股价特质信息的有效性。进一步从机制分析角度得出股价信息含量主要通过技术创新、内部控制质量渠道促进企业全要素生产率的提升，融资约束的调节效应会促进股价信息含量对全要素生产率的提升作用。并且，股价信息含量对企业全要素生产率的影响在不同所有制企业、股权激励程度和外部监督水平方面有所差异。

结合上述研究结论，本文提出如下政策建议：其一，深化资本市场改革，完善市场机制。信息传递是本文研究的重点理论支撑，信息传递的畅通性与股价特质信息的有效依托于完善的资本市场建设。本文研究发现在融资融券制度的外生冲击下，股价信息含量对企业全要素生产率有正向促进作用。但该制度在我国发展时间较短，市场应进一步完善融资融券交易主体、扩大融资融券标的企业数量，助力我国市场化开放程度的提升和区域市场化建设、进而促进要素有序流动。其二，强化公司治理体制，提高外部监督水平。企业应重视股权激励机制，通过高管持股等激励方式促使高管增强对股价信息的学习动机，以提高企业全要素生产率水平。同时，根据本文异质性分析的实证结果，机构投资者的外部监督越强，高管对股价信息的学习和反馈效应越强。因此，机构投资者应加强对企业创新活力、内部控制建设等公司治理问题的外部监督水平，督促管理者做出正确的生产经营决策。其三，推进国有企业改革，优化组织结构。本文研究发现国有企业管理层对股价信息的学习效应弱于非国有企业。如何打破国企内部“舒适圈”的现象，重在通过建立国企薪酬激励、绩效考核等机制，强化管理者根据市场信息调整企业投入产出决策以及根据政策落实战略部署的业务能力。

参考文献

［1］薄文广，周燕愉，陆定坤．企业家才能、营商环境与企业全要素生产率——基于我国上市公司微观数据的分析［J］．商业经济与管理，2019，（8）：85-97.

［2］陈康，刘琦．股价信息含量与投资-股价敏感性——基于融资融券的准自然实验［J］．金融研究，2018，（9）：126-142.

［3］程惠芳，陈超．开放经济下知识资本与全要素生产率——国际经验与中国启示［J］．经济研究，2017，52（10）：21-36.

［4］戴鹏毅，杨胜刚，袁礼．资本市场开放与企业全要素生产率［J］．世界经济，2021，44（8）：154-178.

［5］董竹，张欣．股价信息含量的创新激励效应研究［J］．系统工程理论与实践，2021，41（7）：1682-1698.

［6］龚关，胡关亮，陈磊．国有与非国有制造业全要素生产率差异分析——基于资源配置效率与平均生产率［J］．产业经济研究，2015，（1）：93-100.

［7］郭檬楠，李校红．内部控制、社会审计与企业全要素生产率：协同监督抑或互相替代［J］．统计与信息论坛，2020，35（11）：77-84

［8］郭庆旺，贾俊雪．中国全要素生产率的估算：1979—2004［J］．经济研究，2005（6）：51-60.

［9］黄政，刘怡芳．市场环境、股价信息含量与资本配置效率［J］．税务与经济．2017，（4）：28-34.

［10］解维敏，方红星．金融发展、融资约束与企业研发投入［J］．金融研究，2011（5）：171-183.

［11］李静，彭飞，毛德凤．资源错配与中国工业企业全要素生产率［J］．财贸研究，2012，23（5）：46-53.

［12］李唐，董一鸣，王泽宇．管理效率、质量能力与企业全要素生产率——基于“中国企业——劳动力匹配调查”的实证研究［J］．管理世界，2018，34（7）：86-99.

［13］李志生，朱雯君．信息含量、机构投资者与股价同步性——来自股票增发市场的经验证据［J］．中南财经政法大学学报，2015，（5）：62-71.

［14］连立帅，朱松，陈超．资本市场开放与股价对企业投资的引导作用：基于沪港通交易制度的经验证据［J］．中国工业经济，2019，（3）：100-118.

［15］林毅夫，向为，余淼杰．区域型产业政策与企业生产率［J］．经济学（季刊），2018，17（2）：781-800.

［16］卢慧芳，吴华晶．融资约束对管理层薪酬激励机制的影响——来自上市公司的实证研究［J］．上海经济研究，2013，25（2）：86-97.

［17］鲁晓东，连玉君．中国工业企业全要素生产率估计：1999—2007［J］．经济学（季刊），2012，11（2）：541-558.

［18］毛其淋，盛斌．对外经济开放、区域市场整合与全要素生产率［A］．《经济学季刊》编辑部．经济学（季刊），2011，11（1）：182-211.

［19］潘凌云，董竹．股价信息含量如何影响公司研发——学习效应与监督效应［J］．金融学（季刊），2021，15（1）：142-172.

［20］平新乔，郝朝艳．代理成本估算的两种方法［J］．经济学动态，2003，（9）：38-41.

［21］邱斌，唐保庆，孙少勤，等．要素禀赋、制度红利与新型出口比较优势［J］．经济研究，2014，49（8）：107-119.

［22］宋敏，周鹏，司海涛．金融科技与企业全要素生产率——“赋能”和信贷配给的视角［J］．中国工业经济，2021，（4）：138-155.

［23］苏冬蔚，熊家财．股票流动性、股价信息含量与CEO薪酬契约［J］．经济研究，

2013，48（11）：56-70.

［24］孙晓华，王昀．R&D投资与企业生产率——基于中国工业企业微观数据的PSM分析［J］．科研管理，2014，35（11）：92-99.

［25］唐松，胡威，孙铮．政治关系、制度环境与股票价格的信息含量——来自我国民营上市公司股价同步性的经验证据［J］．金融研究，2011，（7）：182-195.

［26］王馨，王营．绿色信贷政策增进绿色创新研究［J］．管理世界，2021，37（6）：173-188.

［27］魏婧恬，葛鹏，王健．制度环境、制度依赖性与企业全要素生产率［J］．统计研究，2017，34（5）：38-48.

［28］温忠麟，张雷，侯杰泰．中介效应检验程序及其应用［J］．心理学报，2004（5）.

［29］吴先聪，吴迪．机构投资者异质性、产权属性及公司治理［J］．会计之友，2016，（20）：80-85.

［30］肖文，薛天航．劳动力成本上升、融资约束与企业全要素生产率变动［J］．世界经济，2019，42（1）：76-94.

［31］严兵．效率增进、技术进步与全要素生产率增长——制造业内外资企业生产率比较［J］．数量经济技术经济研究，2008，25（11）：16-27.

［32］叶陈刚，裘丽，张立娟．公司治理结构、内部控制质量与企业财务绩效［J］．审计研究，2016，（2）：104-112.

［33］伊志宏，杨圣之，陈钦源．分析师能降低股价同步性吗——基于研究报告文本分析的实证研究［J］．中国工业经济，2019，（1）：156-173.

［34］于丽峰，唐涯，徐建国．融资约束、股价信息含量与投资——投价敏感性［J］．金融研究，2014，（11）：159-174

［35］张继德，纪佃波，孙永波．企业内部控制有效性影响因素的实证研究［J］．管理世界，2013，（8）：179-180.

［36］张志元，马永凡，胡兴存．股价特质信息与全要素生产率：信息有效还是无效？［J］．金融发展研究，2021，（11）：3-12.

［37］赵健宇，陆正飞．养老保险缴费比例会影响企业生产效率吗？［J］．经济研究，2018，53（10）：97-112.

［38］朱红军，何贤杰，陶林．中国的证券分析师能够提高资本市场的效率吗——基于股价同步性和股价信息含量的经验证据［J］．金融研究，2007（2）：110-121.

［39］BENNETT B，STULZ R，WANG Z. Does the stock market make firms more productive?［J］．Journal of Financial Economics，2020，136（2）：281-306.

［40］BREALEY R，LELAND H E，PYLE D H. Informational asymmetries，financial structure，and financial intermediation［J］．Journal of Finance，1977，32（2）：371-387.

［41］CHEN Q，GOLDSTEIN I，JIANG W. Price informativeness and investment sensitivity to stock price［J］．The Review of Financial Studies，2007，20（3）.

［42］DENISON E F. Education，economic growth，and gaps in information［J］．Journal of Political Economy，1962，70（5）：124-128.

[43] DURNEV A, MORCK R, YEUNG B, et al. Does greater firm - specific return variation mean more or less informed stock pricing? [J]. Journal of Accounting Research, 2003, 41 (5) .

[44] FAMA E F, MILLER M H. The theory of finance [M]. New York: Holt Rinehart & Winston, 1972.

[45] FAMA E F. Efficient capital markets: a review of theory and empirical work [J]. Journal of Finance, 1970, 25 (2): 383-417.

[46] GERTLER, MARK. Financial capacity and output fluctuation in an economy with multi-period financial relationship [J] .Review of Economics, 1992 (36): 541-572.

[47] HAYEK F A. The use of knowledge in society [J]. The American Economic Review, 1945, 74 (5) .

[48] HSIEH CHANG-TAI , KLENOW P J . Misallocation and manufacturing TFP in China and India [J] Quarterly Journal of Economics, 2009, 124: 1403-1448.

[49] JENSEN MICHAEL C, MECKLING WILLIAM H. Theory of the firm: managerial behavior, agency costs and ownership structure [J]. Journal of Financial Economics, 1976 (8): 305-360.

[50] JIN LI, STEWART MYERS. R^2 round the world: new theory and new tests [J]. Journal of Financial Economics , 2006, 25: 257-292.

[51] KING B F. Market and industry factors in stock price behavior [J]. Journal of Business, 1966, 39 (1) .

[52] LEVINSOHN J, A PETRIN. Estimating production functions using inputs to control for unobservables [J] .Review of Economic Studies, 2003, 70 (2): 317-340.

[53] LI K R, MORCK R, YANG F, et al. Firm-specific variation and openness in emerging markets [J]. The Review of Economics and Statistics, 2004, 86: 658-669.

[54] LUO Y. Do insiders learn from outsiders? Evidence from mergers and acquisitions [J]. The Journal of Finance, 2005, 60 (4): 1951-1982.

[55] MASSIMO, RENZO. Duties of samaritanism and political obligation [J] . Legal Theory, 2008, 14 (3): 193.

[56] MORCK R, YEUNG B, YU W. The information content of stock markets: why do emerging markets have synchronous stock price movements? [J] . Journal of Financial Economics, 2000, 58 (1) .

[57] OLLEY STEVEN , ARIEL PAKES. The dynamics of productivity in the telecommunications equipment industry [J] . Econometrica, 1996, 64 (6): 1263-1297.

[58] POUND J. Proxy contests and the efficiency of shareholder oversight [J]. Journal of Financial Economics, 1988, 20 (1-2): 237-265.

[59] ROLL R. R^2 [J]. Journal of Finance, 1988, 43 (3) .

[60] SOLOW, ROBERT M. A contribution to the theory of economic growth [J]. Quarterly Journal of Economics , 1956, 70: 65-94.

Does the Information Content of Stock Price Affect the Total Factor Productivity of Enterprises?

Empirical Evidence Based on Chinese Listed Companies

Yongdong Shi, Guyu Ji, Ge Jin

Abstract In the critical period of China's industrial structure upgrading and capital market reform, how to improve the production efficiency of enterprises and how to deepen the capital market reform to better serve the real economy are the urgent problems to be solved in the current leapfrog development of China's economy.This paper takes the listed companies in the main board of Shanghai and Shenzhen A-shares from 2007 to 2020 as the research sample to study the impact and mechanism of stock price information content on total factor productivity of enterprises.The research finds that: (1) the information content of stock price can significantly promote the total factor productivity of enterprises; (2) The improvement of stock price information content on total factor productivity depends on technical innovation and internal control; (3) Financing constraints can play a role in regulating the relationship between the two; (4) Heterogeneity analysis found that the promotion effect is more significant in non-state-owned enterprises, enterprises with greater equity incentives and higher external supervision level.This paper broadens the relevant research on the transmission of stock price information, complements the internal mechanism and heterogeneity of the impact of stock price information quality on total factor productivity, and provides policy suggestions for improving the function of capital market and improving the production efficiency of real enterprises.

Key Words tock price information content; total factor productivity; technological innovation; internal control quality

第15辑，2023年
No.15，2023
会计与控制评论
Review of Accounting and Control

突发公共卫生事件下社会责任对企业风险的影响研究

——以新冠疫情为例①

耿云江　刘　妍

（东北财经大学会计学院　辽宁大连　116012）

摘　要　新冠疫情的突然爆发显著给企业带来诸多变数，思考如何有效应对此冲击成为重中之重。本文以2016—2020年沪深A股上市公司为研究样本，考察新冠疫情背景下社会责任对企业风险的影响。结果表明，良好的社会责任表现有助于降低企业风险，在新冠疫情期间这种作用更加明显；进一步研究发现，在非国有企业、非制造业企业、中小型企业、中西部地区企业和成长期企业中，积极履行社会责任更加能够降低企业风险。此外，在新冠疫情的冲击下，媒体报道能够显著增加社会责任的风险降低作用，并且这种作用在非负面媒体报道的调节下更加显著。

关键词　新冠疫情　社会责任　企业风险

①　基金项目：辽宁省教育厅高等学校基本科研项目（面上项目）《制度支持视角下绿色创新对企业绩效的影响研究》（批准号：LJKR0435）。作者简介：耿云江，东北财经大学会计学院教授、博士生导师；通讯地址：辽宁省大连市沙河口区尖山街217号东北财经大学会计学院；联系电话：13942668911；邮箱：gyjiang@dufe.edu.cn。刘妍，东北财经大学会计学院博士生；通讯地址：辽宁省大连市沙河口区尖山街217号东北财经大学会计学院；联系电话：13223940092；邮箱：ly874118281@163.com。

一、引　言

21世纪以来，突发事件诸如2019年的新型冠状病毒肺炎、2021年的河南郑州“7·20”特大暴雨灾害等时有发生。其中，新冠疫情自2019年年末开始蔓延并于2020年持续发酵，其特有的突发性和不确定性不仅危及到宏观经济的运行与发展，更对各类微观企业主体产生严重冲击。作为经济链条中的重要环节，企业如何应对诸如新冠疫情等此类突发公共卫生事件，关系着新时代高质量发展的持续推进。因此，在后疫情时代，思考如何缓解企业风险从而布局高质量发展是迫切需要明晰的主题。

有关社会责任和企业风险关系的理论研究不在少数，研究发现社会责任的良好表现不仅能够缓解企业风险（Spicer，1978；Mcguire et al.，1988；Orlitzky and Benjamin，2001；Husted，2005；Jo and Na，2012；周方召等，2020；周浪波等，2020），还能缓解负面事件对企业的冲击（Schnietz and Epstein，2005；Bouslah et al.，2013；冯丽艳等，2016）。同时，在河南郑州“7·20”特大暴雨灾害中，举步维艰的鸿星尔克第一时间挺身而出捐赠5 000万元物资，获得好评后营业额飞速增长，使得企业影响力再创新高，从实践上表明了社会责任行为在缓解企业风险中发挥的突出作用。既然社会责任能起到一定的风险降低作用，那么，在后疫情时代，积极履行社会责任是否仍然能够发挥突出的风险降低作用是迫切需要明确的。

本文以2016—2020年沪深A股上市公司为研究样本，首先，考察了企业社会责任与企业风险的一般性关系，发现企业社会责任行为具有风险降低作用；接着，引入新冠疫情背景，发现在新冠疫情冲击下积极履行社会责任更加有助于缓解企业风险；进一步地，本文区分不同企业特征下社会责任与企业风险关系的差异性表现，结果表明，受新冠疫情影响，非国有企业、非制造业企业、中小型企业、中西部地区企业和成长期企业积极履行社会责任更加能够降低企业风险。此外，不同情感倾向的媒体报道下履行社会责任均能降低企业风险，非负面媒体报道的作用更加明显。最后，根据上述研究结论依次针对企业、政府和监管部门提出对策建议。

本文的特色与贡献在于：第一，目前国内外文献大多研究一般情况下社会责任与企业风险的影响，鲜有文献关注突发公共卫生事件对社会责任与企业风险关系的特定影响。本文基于新冠疫情背景，系统分析和检验了社会责任对企业风险的影响，以期丰富和深化社会责任与企业风险的关系研究。第二，本文区分企业的产权性质、所处行业、企业规模、所处地区和所处生命周期阶段等特征，考察新冠疫情背景下不同企业特征中社会责任与企业风险之间关系的差异性，有助于丰富企业社会责任的经济后果研究，以期为深受新冠疫情影响的企业渡过此次危机提供方向。

二、理论分析与假设提出

（一）社会责任对企业风险的影响

企业社会责任本质上是企业对利益相关者的价值诉求的充分考虑（肖红军等，2021），能够为企业积累一定的声誉资本和道德资本，使得投资者更好地监督企业管理层（黄金波等，2022）。企业社会责任作用于利益相关者和企业，一方面，获得利益相关者更多的信赖（李海芹和张子刚，2010），使得利益相关者更加倾向于与此类企业进行合作，为企业提供融资便利（李姝和谢晓嫣，2014；Breuer et al.，2018），缓解企业财务风险；提高员工满意度，使得企业上下能够齐心协力一致应对环境波动带来的巨大不确定性；降低供应链断裂的风险，对于无法预计的需求变动，良好的供应链伙伴关系能够为企业正常运营提供保障，最小化供应链中断的损失；增强客户黏性和忠诚度（Vlachos et al.，2009；Du et al.，2017），抵御竞争对手的冲击，降低企业营业收入和现金流量的波动风险，降低经营风险；同时为企业获得政府补助（张敏等，2013）、项目支持（戴亦一等，2014）等提供便利，缓解外部风险。

另一方面，企业的社会责任表现通过从关系网中提取竞争性资源建立竞争优势缓解企业风险。积极的社会责任表现有助于和谐的利益相关者网络的构建，通过从社会网络获取人力资本、结构资本和客户资本等难以模仿的竞争性资源（Vilanova et al.，2009），使得企业在市场中获取新的竞争优势，提高企业应对未来经营不确定性和风险的能力，降低企业风险。

基于此，本文提出假设1：

H1：履行社会责任能够降低企业风险。

（二）新冠疫情对社会责任与企业风险关系的调节作用

一方面，由于在新冠疫情期间，不确定性因素增多，市场风险加大，企业业绩下滑势必给投资者造成恐慌，对企业真实状况产生质疑，投资者需要从某种途径重获对企业的信任，企业也有动机和能力通过积极履行社会责任向利益相关者释放积极的信号，提高投资者的投资信心，从而缓解投资者的不安情绪，提高财务稳定性（卢秀锋，2013），进而降低企业财务风险；同时，企业的社会责任表现被投资者视为一种有效的信息来源而作为决策参考。在新冠疫情期间，即使企业实际经营状况不好，业绩出现波动和下滑，积极的社会责任表现能够降低投资者对该类企业的风险感知能力和业绩敏感度，更加倾向于为该类企业提供融资便利，缓解企业现金流短缺风险，降低企业财务风险。

另一方面，在新冠疫情时期企业经营业绩普遍不好的情况下，企业在社会责任方面的良好表现更能激发利益相关者对企业的同理心和认同感，并且这种认同感历久弥新，吸引更多的利益相关者展开合作，推进利益相关者与企业关系的进一步升温，便于企业从中获取优质资源，提高企业的风险抵御能力，帮助企业渡过危机。

此外，企业积极的社会责任表现也能够为企业提供类似保险的作用（Godfrey，2009；高勇强等，2012），为企业提供负面事件的缓冲，降低企业的诉讼和合法性风险（傅超和吉利，2017），使得企业能够迅速从危机中恢复过来。

基于此，本文提出假设2：

H2：新冠疫情背景下，社会责任对企业风险的降低效应更为显著。

三、研究设计

（一）样本选择与数据来源

由于我国A股中小板和创业板上市公司与主板上市公司在风险上差异较大，为了避免这种差异对研究结论的影响，本文以2016—2020年[①]的A股主板上市公司为研究对象，数据处理遵循以下原则：（1）不包括金融行业和保险行业的上市公司。（2）不包括ST和*ST公司。（3）不包括数据缺失的公司。其中，行业划分按照2012年中国证券监督管理委员会发布的上市公司行业分类标准，制造业使用二级分类，其他行业均为一级分类。社会责任数据来自和讯网，其他数据来自CSMAR和CNRDS数据库，数据处理和实证检验采用Stata16。

1.被解释变量

本文的被解释变量为企业风险。目前衡量企业风险的指标有两类，一类以会计核算为基础，具体采用总资产收益率的标准差（John et al.，2008；Faccio et al.，2011；方红星和陈作华，2015）；另一类以资本市场为基础，采用股票收益率的标准差（Beaver，1970；Orilitzky，2001；曾辉祥等，2018）。但是由于目前我国资本市场不够完善，股价同步性现象严重，采用股票收益率的波动衡量企业风险恐有失公允。为此，本文采用企业三年内经行业调整后的总资产收益率标准差衡量企业风险（Risk）。

① 由于和讯网2021年的社会责任评分数据缺失值较多，考虑数据的可得性，样本期间截止到2020年。

2.解释变量

（1）企业社会责任

本文的解释变量为企业社会责任。目前，企业社会责任的衡量方法主要有声誉指数法（Moskowitz，1972；沈洪涛和沈艺峰，2007）、问卷调查法（Aupperle et al.，1985）、和讯网评分法（贾兴平和刘益，2014；杨艳和兰东，2015；冯丽艳等，2016），还有一些文献使用内容分析法（Bowman and Haire，1975；张兆国等，2013）和每股社会贡献值（沈洪涛等，2011）衡量社会责任，这些方法各有优缺点。其中，声誉指数法和问卷调查法衡量企业社会责任水平时由于指标和问题设计涉及较强的主观性，难以准确度量；内容分析法对难以量化的社会责任不适用；每股社会贡献值指标过于单一，难具说服力。和讯网作为国内第一个财经资讯垂直网站，为资本市场的参与者提供全球的最新资讯和市场行情，权威性较高。因此，参照贾兴平和刘益（2014）、冯丽艳等（2016）的做法，本文使用和讯网社会责任评分，衡量企业社会责任（Csr）。

（2）新冠疫情冲击时期

为检验新冠疫情冲击下社会责任对企业风险的影响，考虑到国内新冠疫情于2019年12月8日首次被发现，于2020年初开始受到多个国家卫生主管部门的关注，新冠疫情对企业的影响也是在此之后不断显现。因此，选择新冠疫情作为调节变量（Covid），并定义2020年为新冠疫情冲击时期，赋值为1；2016—2019年各年为非新冠疫情冲击时期，赋值为0。

3.控制变量

参考张敏等（2015）、冯丽艳等（2016）的研究，本文控制如下变量：公司规模（Size）、财务杠杆（Lev）、现金流比率（Cashflow）、成长性（Growth）、独立董事比例（Indep）、产权性质（Soe）、上市年限（Age）、年度（Year）、行业（Ind），具体的变量测度见表1。

表1 **变量定义表**

变量类型	变量名称	变量符号	变量测度
被解释变量	企业风险	Risk	经行业调整后企业五年内ROA的标准差
解释变量	企业社会责任	Csr	和讯网社会责任综合得分/100
	新冠疫情冲击时期	Covid	虚拟变量。若样本期间为2020年取值为1，反之为0
控制变量	公司规模	Size	Ln（资产总额）
	财务杠杆	Lev	负债总额/资产总额
	现金流比率	Cashflow	经营活动产生的净现金流/总资产

续表

变量类型	变量名称	变量符号	变量测度
控制变量	成长性	Growth	主营业务增长率
	独立董事比例	Indep	独立董事人数/董事会人数
	产权性质	Soe	虚拟变量。国有企业取值为1，非国有企业为0
	上市年限	Age	Ln（上市年限+1）
	年度	Year	虚拟变量。当变量属于本年度时取值为1，反之为0
	行业	Ind	虚拟变量。当变量属于本行业时取值为1，反之为0

数据来源：CSMAR数据库。

（二）模型设计

为验证假设1，借鉴冯丽艳等（2016）、周方召等（2020）的研究建立模型（1）。其中，α_1反映社会责任对企业风险的影响情况，预期符号为负。

$$Risk = \alpha_0 + \alpha_1 Csr + \alpha_2 Size + \alpha_3 Lev + \alpha_4 Cashflow + \alpha_5 Growth + \alpha_6 Indep + \alpha_7 Soe + \alpha_8 Age + \sum Year + \sum Ind + \varepsilon_1 \quad (1)$$

为检验新冠疫情冲击下社会责任对企业风险的影响，建立模型（2）。其中，社会责任（Csr）与新冠疫情冲击时期（Covid）的交乘项（C_Covid）系数代表考虑新冠疫情冲击下社会责任对企业风险的影响。若假设2成立，模型（2）中交乘项的系数β_3预期为负值。

$$Risk = \beta_0 + \beta_1 Csr + \beta_2 Covid + \beta_3 C\_Covid + \beta_4 Size + \beta_5 Lev + \beta_6 Cashflow + \beta_7 Growth + \beta_8 Indep + \beta_9 Soe + \beta_{10} Age + \sum Year + \sum Ind + \varepsilon_2 \quad (2)$$

四、实证结果及分析

（一）描述性统计分析

从表2的描述性统计结果可以看出，企业风险（Risk）从0.006到0.102不等，偏度为1.425，峰度为4.126，表明样本公司风险水平不一，有所差距。社会责任（Csr）的均值和中位数均接近0.2，约一半的样本公司社会责任在0.2以下，最大值为0.372，尚未达到及格线，并且社会责任（Csr）偏度小于0，表明其数据分布状态呈现左偏，可知企业社会责任表现普遍较差，还有很大的提升空间。新冠疫情冲击（Covid）的均值为0.229，中位数为0，是由该变量的取值特征所决定的，与预期一致。

表2　描述性统计表

变量名称	样本数量	最小值	最大值	平均数	中位数	标准差	偏度	峰度
Risk	11 001	0.006	0.102	0.031	0.022	0.026	1.425	4.126
Csr	11 001	−0.003	0.372	0.199	0.208	0.094	−0.409	2.877
Covid	11 001	0.000	1.000	0.229	0.000	0.420	1.290	2.664
Size	11 001	20.791	25.054	22.622	22.480	1.156	0.427	2.415
Lev	11 001	0.131	0.779	0.443	0.439	0.189	0.063	1.989
Cashflow	11 001	−0.054	0.161	0.050	0.048	0.056	0.129	2.484
Growth	11 001	−0.314	0.753	0.120	0.086	0.256	0.692	3.401
Indep	11 001	0.333	0.500	0.375	0.364	0.050	0.941	2.838
Soe	11 001	0.000	1.000	0.396	0.000	0.489	0.424	1.179
Age	11 001	1.792	3.258	2.586	2.639	0.476	−0.148	1.637

数据来源：CSMAR数据库。

企业规模（Size）的标准差和峰度较大，分别为1.156和2.415，可见样本公司规模显著不同，便于对不同规模的企业展开研究。财务杠杆（Lev）偏度较小，表明样本公司财务杠杆（Lev）这一指标分布较为对称，其均值和中位数均更接近最大值，说明我国A股上市公司负债水平较高，进而导致一定的财务风险。现金流比率（Cashflow）的中位数为0.048，表明将近一半公司现金流的盈利水平处于低位。成长性（Growth）的均值为0.120，中位数为0.086，且方差大于均值，表明样本公司的成长性显著不同。独董比例（Indep）的均值仅仅略大于最小值，表明我国企业的独董比例较小，发挥的作用有限。产权性质（Soe）的均值为0.396，表明样本公司约有2/5为国有企业。上市年限（Age）的取值在1.792到3.258之间不等，且均值为2.586，中位数为2.639，可见，样本公司上市年限有所差异，发展程度不同。

（二）回归结果分析

本文的多元回归结果见表3。

根据表3第（1）列，在控制年度和行业的情况下，社会责任的回归系数为−0.044，且在1%的水平上显著，表明社会责任对企业风险呈显著的降低作用，假设1得到支持。

表3 回归结果表

变量	(1)	(2)
Csr	-0.044***	-0.035***
Covid	—	0.006***
C_Covid	—	-0.034***
Size	-0.017***	-0.017***
Lev	0.032***	0.031***
Cashflow	0.010**	0.011***
Growth	0.000	0.000**
Indep	-0.005	-0.005
Soe	0.000	0.000
Age	0.042***	0.034***
Constant	0.318***	0.317***
Year	YES	NO
Ind	YES	YES
F-test	68.556***	75.788***
R^2	0.196	0.201
Number	11 001	11 001

注：***、**、* 分别表示在 1%、5%、10%的水平上显著。

根据表3第（2）列，企业社会责任与新冠疫情冲击交乘项的系数在1%的水平上显著为负，表明相较于非新冠疫情冲击时期，在新冠疫情的冲击下企业履行社会责任更加能够显著降低企业的风险水平，进而验证了假设2。

（三）稳健性检验

为了确保上述研究结果的真实、稳健和有效，避免研究结论的偶然性，本文先后采用变更检验方法、替换关键变量、工具变量法等多种方法解决潜在的内生性问题，实证结果与预期一致。

1.变更检验方法

首先，根据企业所处期间，将2016年至2019年划分为非新冠疫情冲击时期，2020年为新冠疫情冲击时期，进而区分有无新冠疫情冲击这两组分样本对企业社会责任与企业风险关系展开检验和组间差异分析，结果见表4第（1）列。不难看出，在变更检验方法后，新冠疫情期间和非新冠疫情期间企业履行社会责任均能降低企业风险，再次验证了假设1，且这种降低作用在新冠疫情期间更加明显，假设2再次得到验证。

表4 分样本检验回归结果表

变量	（1）		（2）	
	非新冠疫情冲击期间	新冠疫情冲击期间	低社会责任水平	高社会责任水平
Csr	-0.080***	-0.111***	-0.152***	-0.001
Covid	—	—	0.009***	0.012***
C_Covid	—	—	-0.030**	-0.038***
Size	-0.003***	-0.006***	-0.005***	-0.003***
Lev	0.001	0.011***	0.008**	0.002
Cashflow	0.026***	0.021**	0.003	0.031***
Growth	0.000	0.003	-0.001	0.009***
Indep	0.009*	0.017*	0.012*	0.008
Soe	-0.006***	-0.008***	-0.006***	-0.005***
Age	0.007***	0.004***	0.004***	0.007***
Constant	0.104***	0.182***	0.164***	0.088***
Year	NO	NO	NO	NO
Industry	YES	YES	YES	YES
F-test	70.985***	42.639***	68.668***	35.139***
R^2	0.185	0.316	0.288	0.145
Number	8 482	2 519	4 946	6 055
组间差异检验	chi2（28）= 167.710 Prob > chi2 = 0.000		chi2（30）= 627.740 Prob > chi2 = 0.000	

注：***、**、* 分别表示在1%、5%、10%水平上显著。

进一步的，按照企业社会责任的行业均值，本文将企业社会责任划分为高社会责任水平和低社会责任水平两类样本，分别检验新冠疫情背景下不同企业社会责任水平对企业风险的影响，结果见表4第（2）列。根据表4第（1）列，社会责任依然能够显著降低企业风险水平，且高社会责任水平的企业风险降低作用更加明显，假设2再次得到支持。

2.关于测量误差内生性的处理

本文将企业风险的代理变量由经行业调整后的五年内的总资产收益率标准差替换为经行业调整后的五年内的总资产收益率极差，分别代入模型（1）、（2）进行检验，回归结果见表5。可以看出，企业社会责任的履行依然能够显著降低企业风险，且此效应在新冠疫情冲击时期更为显著，假设1和假设2再次得到支持。

表5 **替换变量回归结果表**

变量	（1）	（2）
Csr	−0.105***	−0.084***
Covid	—	0.013***
C_Covid	—	−0.080***
Size	−0.042***	−0.040***
Lev	0.077***	0.075***
Cashflow	0.023**	0.028***
Growth	0.000	−0.001
Indep	−0.013	−0.014
Soe	−0.001	−0.001
Age	0.101***	0.085***
Constant	0.746***	0.715***
Year	YES	NO
Ind	YES	YES
F-test	67.404***	74.167***
R^2	0.193	0.197
Number	11 001	11 001

注：***、**、* 分别表示在1%、5%、10%的水平上显著。

3.关于遗漏变量内生性的处理

由于企业风险受多重因素的影响，模型中难以囊括所有重要变量，借鉴Nikolaev and Van（2005）的做法使用工具变量法解决该问题。本文参照Faccio等（2011）以同年度同行业其他样本公司的社会责任评分作为工具变量，同一行业其他企业的社会责任表现均值不会受到单个企业投资决策的影响，满足工具变量的条件。因此，本文使用该指标作为工具变量进行二阶段工具检验，根据表6显示的回归结果可知，假设1和假设2再次得到验证。

表6 工具变量法回归结果表

变量	（1）	（2）
Csr	-0.052^{***}	-0.051^{***}
Covid	—	0.005^{***}
C_Covid	—	-0.028^{***}
Size	-0.018^{***}	-0.016^{***}
Lev	0.032^{***}	0.029^{***}
Cashflow	0.012^{***}	0.013^{***}
Growth	0.000	0.000
Indep	−0.006	−0.006
Soe	0.000	0.000
Age	0.034^{***}	0.034^{***}
Year	YES	NO
Ind	YES	YES
Number	10 762	10 762
Underidentification test:		
P-val	0.000	0.000
Weak identification test:		
Cragg-Donald Wald F statistic	348.077	367.605
Stock-Yogo weak ID test critical values（10%）:	16.380	16.380

注：***、**、*分别表示在1%、5%、10%的水平上显著。

五、进一步分析

（一）企业异质性的影响

鉴于企业特征对社会责任与企业风险的关系具有重要影响，本文进一步讨论企业产权性质、所处行业、自身规模、所处区域和所处生命周期阶段不同对二者关系的差异性影响。

1.基于产权性质的差异性表现

在我国，作为国民经济的中坚力量，国有企业与政府存在着“血缘”关系，承担着就业、民生等特殊的使命和责任（顾雷雷等，2020），其社会责任的实施更多体现为实现社会经济发展战略、平抑经济周期波动等非经济目标，这些非经济目标的实现能够为企业在关键性资源的获取、政策优势、政府支持等方面提供帮助，提高国有企业的风险抵御水平。

相比之下，非国有企业参与社会责任活动更多是为了实现经济目标，社会责任行为向外界传递良好信号的同时，能够降低企业风险，保障企业的良好运行。朱敏等（2015）研究发现，与国有企业相比，非国有企业承担社会责任带来的声誉资本能够在降低企业风险中发挥显著作用。尤其是在新冠疫情的冲击下，政府的“帮助之手”可能会向国有企业倾斜，非国有企业更有可能通过实施社会责任降低企业风险。基于此，有必要进一步检验所处不同产权性质的企业履行社会责任对企业风险的差异性影响，回归结果见表7。

表7 产权性质分组检验结果表

变量	产权性质	
	非国有企业	国有企业
Csr	-0.092^{***}	-0.049^{***}
Covid	0.014^{***}	0.007^{***}
C_Covid	-0.046^{***}	-0.030^{***}
Size	-0.004^{***}	-0.004^{***}
Lev	0.009^{***}	-0.004^{*}
Cashflow	0.040^{***}	0.008
Growth	0.001	0.003^{*}

续表

变量	产权性质	
	非国有企业	国有企业
Indep	0.014	0.003
Soe	—	—
Age	0.007***	0.003***
Constant	0.130***	0.120***
Year	NO	NO
Ind	YES	YES
F-test	76.682***	34.289***
R^2	0.245	0.176
Number	6 640	4 361
组间差异检验	chi2（29）= 589.090 Prob > chi2 = 0.000	

注：***、**、* 分别表示在 1%、5%、10%的水平上显著。

根据表7，非国有企业的社会责任与新冠疫情冲击交乘项的回归系数为-0.046，国有企业的则为-0.030，均在1%的水平上显著，表明在新冠疫情的冲击下，非国有企业和国有企业积极履行社会责任均能显著降低企业风险。进一步进行组间差异系数检验后发现，国有企业和非国有企业两个分样本检验的系数在1%的水平上存在显著性差异。可见，新冠疫情冲击下非国有企业履行社会责任对企业风险的降低作用更为显著。

2.基于所处行业的差异性表现

承担社会责任作为提高企业声誉的重要途径因行业不同而有所差异（汪凤桂和戴朝旭，2012）。企业因所处行业不同使其所处环境和价值链不尽相同，与关键利益相关者之间的关系有较大差别（陈留彬，2007），企业对社会责任的重视程度和实施水平存在显著不同（王晓巍和陈慧，2011）。肖红军等（2015）发现，多披露与企业内部经营状况和未来发展潜力相关的社会责任信息有助于增进投资者对企业的了解，降低企业的资本成本和风险溢价水平。基于此，有必要深入考虑新冠疫情背景下所处不同行业的企业履行社会责任带来的风险降低作用。

基于现有文献对社会责任与企业风险关系的研究，参考Lau等（2016）的做法，本文将行业分为制造业和非制造业，检验新冠疫情背景下社会责任对企业风险的影响，回归结果参见表8。根据表8，各行各业均受到新冠疫情不同程度的影响和冲击，从短期来看，非制造业企业的社会责任对企业风险的降低更加有效。

表8 行业分组检验结果表

变量	全部行业	
	非制造业	制造业
Csr	−0.072***	−0.080***
Covid	0.014***	0.013***
C_Covid	−0.053***	−0.048***
Size	−0.004***	−0.004***
Lev	−0.008***	0.003
Cashflow	0.029***	0.033***
Growth	0.004***	-0.001
Indep	0 014*	0.014**
Soe	−0 011***	−0.004***
Age	0.002**	0.007***
Constant	0.143***	0.106***
Year	NO	NO
Industry	NO	NO
F-test	152.859***	133.816***
R^2	0.271	0.163
Number	4 124	6 877
组间差异检验	chi2（11）=171.620 Prob > chi2 = 0.000	

注：***、**、*分别表示在1%、5%、10%的水平上显著。

3.基于企业规模的差异性表现

在我国，由于不同规模的企业实力悬殊，新冠疫情背景下履行社会责任对企业风险的影响也会有所不同。首先，企业社会责任作为一项耗费资源的投资活动（Aupperle et al.，1985），企业规模越大，潜在的系统性风险越高，能在一定程度上抑制管理层的机会主义行为，管理者更加倾向于从长期角度考虑企业发展，披露更多的社会责任信息（Trotman and Bradley，1981）。其次，不同规模的企业社会责任表现水平不一，企业规模与社会责任水平呈正比（黄群慧等，2009；陈留彬，2007）。

在新冠疫情爆发后，不少企业经营困难乃至破产倒闭，尤其是小规模企业。然而，尽管小规模企业的社会责任表现不及大规模企业，但在新冠疫情等灾难面前，这类企业积极的社会责任行为却能让公众眼前一亮。正如河南郑州“7·20”特大暴雨灾害期间，安踏、李宁、鸿星尔克等运动品牌公司均向灾区捐赠5 000万元，但只有规模最小的鸿星尔克一举博得消费者的青睐，产品被抢购一空，企业风险显著降低。由此，有必要考察企业规模的不同对社会责任与企业风险关系的差异性影响。

本文使用三分位法将企业规模划分为大型、中小型企业，并分别展开检验，实证结果见表9。根据表9第（1）列，C_Covid的系数都在1%的水平上显著为负，并拒绝了组间差异检验的原假设，中小规模企业交乘项系数的绝对值更大，表明在新冠疫情冲击的背景下，大规模和中小规模企业都能显著降低企业风险，中小规模企业社会责任的风险降低作用更加明显。

表9　**规模、所处区域和所处生命周期阶段分组检验结果表**

变量	区分规模（1）		区分所处区域（2）		区分所处生命周期阶段（3）		
	中小规模	大规模	东部	中西部	成长期	成熟期	衰退期
Csr	-0.101^{***}	-0.044^{***}	-0.083^{***}	-0.056^{***}	-0.061^{***}	-0.082^{***}	-0.070^{***}
Covid	0.013^{***}	0.006^{***}	0.013^{***}	0.012^{***}	0.018^{***}	0.011^{***}	0.011^{***}
C_Covid	-0.044^{***}	-0.030^{***}	-0.045^{***}	-0.053^{***}	-0.059^{***}	-0.039^{***}	-0.049^{***}
Size	—	—	-0.004^{***}	-0.005^{***}	-0.005^{***}	-0.005^{***}	-0.003^{***}
Lev	0.001	-0.012^{***}	0.007^{***}	0.001	0.008^{**}	0.009^{***}	-0.002
Cashflow	0.029^{***}	0.014^{**}	0.025^{***}	0.029^{***}	0.061^{***}	0.029^{***}	0.004
Growth	-0.001	0.006^{***}	0.000	0.003	0.008^{***}	-0.002	-0.014^{***}
Indep	0.006	0.015^{**}	0.008	0.013	0.022^{**}	0.017^{**}	0.003
Soe	-0.008^{***}	-0.004^{***}	-0.006^{***}	-0.008^{***}	-0.006^{***}	-0.007^{***}	-0.005^{***}
Age	0.008^{***}	0.001	0.005^{***}	0.009^{***}	0.011^{***}	0.008^{***}	0.007^{***}
Constant	0.039^{***}	0.043^{***}	0.124^{***}	0.126^{***}	0.123^{***}	0.149^{***}	0.104^{***}
Year	NO	NO	NO	NO	NO	NO	NO

续表

变量	区分规模 (1)		区分所处区域 (2)		区分所处生命周期阶段 (3)		
	中小规模	大规模	东部	中西部	成长期	成熟期	衰退期
Industry	YES	YES	YES	YES	YES	YES	YES
F-test	69.562***	22.397***	87.994***	27.585***	20.089***	46.929***	57.523***
R^2	0.211	0.147	0.246	0.209	0.234	0.285	0.236
Number	7 334	3 667	7 852	3 149	1 937	3 437	5 611
组间差异检验	chi2（29）= 430.320 Prob>chi2= 0.000		chi2（30）= 274.010 Prob>chi2 = 0.000		chi2(30)=57.040 Prob>chi2= 0.001	chi2(30)=107.360 Prob>chi2=0.000	chi2(30)=147.070 Prob>chi2=0.000

注：***、**、*分别表示在1%、5%、10%的水平上显著。

4.基于所处区域的差异性表现

在我国，由于不同地区经济实力差异悬殊，导致新冠疫情背景下企业社会责任对企业风险的影响有所不同。东部地区作为经济发达地区，一举一动备受公众关注，公众对这些企业履行社会责任的要求也更加严苛，与此同时，经济发达地区的政府财政资源相对充裕，经济发展压力小（钱明等，2016），有更多的时间和精力监督和引导企业的社会责任行为。因此，东部地区具有很强的动机推动企业社会责任行为，企业自觉履行社会责任的意识更强，表现更好（冯变英，2018）。当东部大部分企业社会责任表现较好时，社会责任带来的风险降低作用也是有限的，换言之，社会责任就难以在降低企业风险上发挥突出作用。相比之下，中西部地区发展落后，资源匮乏（王能等，2018），当地政府更加关注如何吸引企业来此投资建设以推动经济发展，对社会责任的关注较少，对企业风险的影响也会较小。因此，有必要考察在面临突如其来的新冠疫情时，不同地区的企业承担社会责任对企业风险的影响是否存在差异。

基于此，本文将企业所处区域划分为东部地区和中西部地区，进一步探讨新冠疫情期间不同区域的企业履行社会责任带来的风险降低效应，实证结果详见表9第（2）列。可以看出，无论是东部地区企业还是中西部地区企业，C_Covid的系数都在1%的水平上显著为负，且通过了组间差异检验。可见，东部地区企业和中西部地区企业履行社会责任都有助于降低企业风险，中西部地区企业的这种社会责任作用更加明显。

5.基于所处生命周期的差异性表现

王晓巍和陈慧（2011）发现，处于不同发展阶段的企业社会责任履行意识显著不同，社会责任的价值创造机制也有所差异（王清刚和徐欣宇，2016））。同时，企业面临的风险因企业所处的生命周期阶段不同而具有差异。因此，在现有文献的基础上，本文将进一步讨论新冠疫情背景下处于不同生命周期阶段的企业履行社会责任对企业风险影响的差异性。

制造业上市公司所处的生命周期阶段不同，社会责任履行情况也有所差异，成熟期企业的社会责任表现最好（赵芸等，2013）。成长期的企业社会责任由核心圈的基本经济责任逐步扩展到其他经济责任，需要妥善处理投资者和员工、供应商、消费者之间的关系，为企业的长足发展提供资源保障（李程骅和胡压萍，2008）。成熟期是企业生命周期中的高光时刻，资金力量雄厚，企业整体风险最低，有能力投资社会责任，为了长久维持企业的繁荣时刻，更加注重社会责任的履行。衰退期的企业已步入夕阳，经营困难，生存压力较大（王清刚和徐欣宇，2016），需要处理好与投资人、债权人、员工等的关系，使这些利益相关者与企业同心协力，让企业重获生机（王琦和吴冲，2013）。

基于上述分析，参考谢佩洪和汪春霞（2017）的做法，本文根据经营、投资、筹资三类活动产生的净现金流量的符号将企业生命周期初步划分为初创期、成长期、成熟期和衰退期。进一步地，由于样本公司均为上市公司，排除初创期的影响，探究新冠疫情背景下分别处于成长期、成熟期和衰退期的企业履行社会责任对企业风险的降低效果，实证结果见表9第（3）列。不难发现，无论处于哪一个生命周期阶段，C_Covid的系数都在1%的水平上显著为负，其中，成长期企业的回归系数明显大于非成长期企业的回归系数，并通过两两组间差异检验发现三者之间具有显著差异，表明成长期企业由于扩大经营规模迫切需要通过社会责任增强利益相关者的认可度，为企业提供宝贵资源以降低整体风险。因此，相较于成熟期和衰退期企业，成长期企业履行社会责任降低企业风险的效应更加突出。

（二）媒体报道的调节作用检验

媒体报道作为企业利益相关者评判企业的关键信息来源，尤其是在信息不对称的情况下，媒体报道是相关利益者获取信息和资源的重要手段和方式（张宗新和吴钊颖，2021）。不同情感倾向的媒体报道会对投资者的判断产生不同的影响，并引起相关利益者的共鸣（游家兴和吴静，2012），由此形成的意见气候将影响利益相关者对企业的评价。

媒体报道对企业社会责任的影响力不容忽视。作为独立的第三方，媒体不仅会放大企业行为，也能够向市场参与者传递有效讯息，降低其信息搜寻成本、信息筛选成本和潜在的信息风险（Bushee et al.，2010）。根据信号传递理论，媒体发布的有关企业社会责任的非负面报道对企业形象起到一定的广告宣传作用，获得利益相关者对企业的认同，增强企业竞争优势。负面报道通过向企业施加社会舆论的压力，引导企业管理者的行为，防范企业风险（Hurlimann and Dolnicar，2012）。

Bushee et al.（2010）、Cahan et al.（2015）、Kolbel et al.（2017）均证实了媒体关注在社会责任与企业风险、绩效、价值等方面的关系中发挥调节作用，降低信息不对称水平。那么，在新冠疫情背景下，媒体报道是否能够有效调节社会责任与企业风险的关系呢？

基于此，本文进一步检验媒体报道对社会责任与企业风险关系的调节效应。从CNRDS数据库中获取企业全部正面、中性和负面媒体报道的数量，分别定义媒体正面报道为1，中性报道为0，负面报道为-1，加权得出媒体报道总分，定义得分大于等于0为非负面媒体报道较多的企业，反之为负面媒体报道较多的企业，通过分组检验得出新冠疫情背景下媒体报道对社会责任降低企业风险的调节作用，见表10。根据表10，在新冠疫情期间，非负面和负面媒体报道均能促进企业社会责任的风险降低效果，并且这种影响在非负面媒体报道的作用下更加显著。

表10 媒体报道的调节作用检验表

变量	非负面媒体报道较多	负面媒体报道较多
Csr	-0.003***	-0.076***
Covid	0.021***	0.022***
C_Covid	-0.035***	-0.075***
Size	-0.004***	-0.008***
Lev	-0.006***	0.032***
Cashflow	0.027***	-0.003
Growth	0.004***	0.000
Indep	0.012**	0.008
Soe	-0.005***	-0.014***
Age	0.006***	0.007***
Constant	0.117***	0.203***
Year	NO	NO
Industry	YES	YES
F-test	52.109***	37.302***
R^2	0.154	0.293
Number	8 361	2 639
组间差异检验	chi2（30）= 217.360 Prob > chi2 = 0.000	

注：***、**、*分别表示在1%、5%、10%的水平上显著。

六、研究结论与对策建议

（一）研究结论

本文以2016—2020年中国沪深A股上市公司为研究样本，实证检验了企业社会责任行为对企业风险的影响，研究结果表明：（1）社会责任的履行有助于降低企业风险；与非新冠疫情期间相比，新冠疫情期间社会责任的风险降低效应更加明显。这一结论在采用变更检验方法、替换关键变量、工具变量法等稳健性测试后仍然成立。（2）不同企业特征下社会责任的风险降低效应存在显著差异。相较于其他类型的企业，非国有企业、非制造业企业、中小规模企业、中西部地区企业、成长期企业履行社会责任的风险降低效应更加突出。（3）不同情感倾向的媒体报道均能增强企业社会责任的风险降低作用，非负面媒体报道对企业社会责任与企业风险关系的影响更加明显。

（二）对策建议

基于新冠疫情期间社会责任对企业风险的积极作用，本文提出如下建议对策以期为深受新冠疫情影响的企业走出困境提供解决的思路。

企业应该积极推进社会责任建设，从企业文化出发，部署社会责任发展战略和投资计划，建立有效的社会责任运行机制，规范社会责任体系，促进社会责任与企业生产运营、供应链管理和危机管理等方面的共同融合。

政府和监管部门需要加强企业社会责任标准和指引的进一步明确和规范，引导和鼓励企业重视社会责任投资，协助企业开展社会责任工作。第一，应该完善和健全企业社会责任的信息披露机制，推动企业社会责任信息披露质量的提升；第二，建立更加广泛适用的社会责任绩效考核体系，实质性考核企业社会责任的履行效果和效率；第三，加大监管处罚力度，督促企业及时改善不良行为，从而推动企业社会责任的有效实施和企业社会责任管理水平的提高。

参考文献

[1] 陈留彬．中国企业社会责任评价实证研究［J］．山东社会科学，2007（11）：145-150.

[2] 戴亦一，潘越，冯舒．中国企业的慈善捐赠是一种“政治献金”吗？——来自市委书记

更替的证据［J］. 经济研究，2014，49（2）：74-86.

［3］方红星，陈作华. 高质量内部控制能有效应对特质风险和系统风险吗？［J］. 会计研究，2015（4）：70-77；96.

［4］冯变英. 不同区域企业社会责任差异性的实证比较［J］. 数理统计与管理，2018，37（4）：603-609.

［5］冯丽艳，肖翔，程小可. 社会责任对企业风险的影响效应——基于我国经济环境的分析［J］. 南开管理评论，2016，19（6）：141-154.

［6］冯丽艳，肖翔，张靖. 企业社会责任影响债务违约风险的内在机制——基于经营能力和经营风险的中介传导效应分析［J］. 华东经济管理，2016，30（4）：140-148.

［7］傅超，吉利. 诉讼风险与公司慈善捐赠——基于"声誉保险"视角的解释［J］. 南开管理评论，2017，20（2）：108-121.

［8］高勇强，陈亚静，张云均. "红领巾"还是"绿领巾"：民营企业慈善捐赠动机研究［J］. 管理世界，2012（8）：106-114；146.

［9］顾雷雷，郭建鸾，王鸿宇. 企业社会责任、融资约束与企业金融化［J］. 金融研究，2020（2）：109-127.

［10］黄金波，陈伶茜，丁杰. 企业社会责任、媒体报道与股价崩盘风险［J］. 中国管理科学，2022，30（3）：1-12.

［11］黄群慧，彭华岗，钟宏武，等. 中国100强企业社会责任发展状况评价［J］. 中国工业经济，2009（10）：23-35.

［12］贾兴平，刘益. 外部环境、内部资源与企业社会责任［J］. 南开管理评论，2014，17（6）：13-18；52.

［13］李程骅，胡亚萍. 企业社会责任与企业生命周期关系论［J］. 南京社会科学，2008（7）：116-122.

［14］李海芹，张子刚. CSR对企业声誉及顾客忠诚影响的实证研究［J］. 南开管理评论，2010，13（1）：90-98.

［15］李姝，谢晓嫣. 民营企业的社会责任、政治关联与债务融资——来自中国资本市场的经验证据［J］. 南开管理评论，2014，17（5）：30-40；95.

［16］卢秀锋. 公司社会责任表现、财务风险与公司绩效［J］. 新会计，2013（12）：12-14；11.

［17］钱明，徐光华，沈弋. 社会责任信息披露、会计稳健性与融资约束——基于产权异质性的视角［J］. 会计研究，2016（5）：9-17；95.

［18］沈洪涛，沈艺峰. 公司社会责任思想起源与演变［M］. 上海：上海人民出版社，2007.

［19］沈洪涛，王立彦，万拓. 社会责任报告及鉴证能否传递有效信号？——基于企业声誉理论的分析［J］. 审计研究，2011（4）：87-93.

［20］汪凤桂，戴朝旭. 企业社会责任与企业声誉关系研究综述［J］. 科技管理研究，2012，32（21）：237-241.

［21］王能，李万明，郭文頔. 经济新常态背景下企业社会责任履行的经济效应［J］. 经济

问题，2018（3）：66-72；117.

［22］王琦，吴冲．企业社会责任财务效应动态性实证分析——基于生命周期理论［J］．中国管理科学，2013，21（S2）：542-548.

［23］王清刚，徐欣宇．企业社会责任的价值创造机理及实证检验——基于利益相关者理论和生命周期理论［J］．中国软科学，2016（2）：179-192.

［24］王晓巍，陈慧．基于利益相关者的企业社会责任与企业价值关系研究［J］．管理科学，2011，24（6）：29-37.

［25］肖红军，阳镇，凌鸿程．“鞭长莫及”还是“遥相呼应”：监管距离与企业社会责任［J］．财贸经济，2021，42（10）：116-131.

［26］肖红军，郑若娟，铉率．企业社会责任信息披露的资本成本效应［J］．经济与管理研究，2015，36（3）：136-144.

［27］谢佩洪，汪春霞．管理层权力、企业生命周期与投资效率——基于中国制造业上市公司的经验研究［J］．南开管理评论，2017，20（1）：57-66.

［28］杨艳，兰东．企业社会责任对公司特有风险的影响——基于利益相关者视角［J］．软科学，2015，29（6）：60-64.

［29］游家兴，吴静．沉默的螺旋：媒体情绪与资产误定价［J］．经济研究，2012，7：141-152.

［30］曾辉祥，李世辉，周志方．水资源信息披露，媒体报道与企业风险［J］．会计研究，2018（4）：89-96.

［31］张敏，马黎珺，张雯．企业慈善捐赠的政企纽带效应——基于我国上市公司的经验证据［J］．管理世界，2013（7）：163-171.

［32］张敏，童丽静，许浩然．社会网络与企业风险承担——基于我国上市公司的经验证据［J］．管理世界，2015（11）：161-175.

［33］张兆国，靳小翠，李庚秦．企业社会责任与财务绩效之间交互跨期影响实证研究［J］．会计研究，2013（8）：32-39；96.

［34］张宗新，吴钊颖．媒体情绪传染与分析师乐观偏差——基于机器学习文本分析方法的经验证据［J］．管理世界，2021，37（1）：170-185；11；20-22.

［35］赵芸，李常洪，冯变英．不同生命周期的企业社会责任差异性比较研究［J］．数理统计与管理，2013，32（3）：498-504.

［36］周方召，金远培，贺志芳．企业社会责任对公司绩效和风险的影响效应——来自中国A股上市公司的证据［J］．技术经济，2020，39（8）：119-129.

［37］周浪波，郭娜娜，周志方，等．企业社会责任与财务柔性对风险的影响［J］．财会月刊，2020（14）：58-65.

［38］朱敏，刘拯，施先旺．股权性质、企业社会责任与审计收费——基于中国上市公司的实证研究［J］．江淮论坛，2015（2）：50-54.

［39］AUPPERLE K E，CARROLL A B，HATFIELD J D. An empirical examination of the relationship between corporate social responsibility and profitability［J］. Academy of Management Journal，1985，28（2）：446-463.

[40] BEAVER W H. The time series behavior of earnings [J]. Journal of Accounting Research, 1970, 8 (3): 62-99.

[41] BOUSLAH K, KRYZANOWSKI L, M' ZALI B. The impact of the dimensions of social performance on firm risk [J]. Journal of Banking & Finance, 2013, 37 (4): 1258-1273.

[42] BOWMAN E H, HAIRE M. A strategic posture toward corporate social responsibility [J]. California Management Review, 1975, 18 (2): 49-58.

[43] BREUER H, FICHTER K, LÜDEKE-FREUND F, et al. Sustainability-oriented business model development: principles, criteria and tools [J]. International Journal of Entrepreneurial Venturing, 2018, 10 (2): 256-286.

[44] BUSHEE B J, CORE J E, GUAY W, et al. The role of the business press as an information intermediary [J]. Journal of Accounting Research, 2010, 48 (1): 1-19.

[45] CAHAN S F, CHEN C, CHEN L, et al. Corporate social responsibility and media coverage [J]. Journal of Banking & Finance, 2015, 59: 409-422.

[46] FACCIO M, MARCHICA M T, MURA R. Large shareholder diversification and corporate risk-taking [J]. The Review of Financial Studies, 2011, 24 (11): 3601-3641.

[47] GODFREY P C, MERRILL C B, HANSEN J M. The relationship between corporate social responsibility and shareholder value: an empirical test of the risk management hypothesis [J]. Strategic management journal, 2009, 30 (4): 425-445.

[48] HURLIMANN A, DOLNICAR S. Newspaper coverage of water issues in Australia [J]. Water Research, 2012, 46 (19): 6497-6507.

[49] HUSTED B W. Risk management, real options, corporate social responsibility [J]. Journal of Business Ethics, 2005, 60 (2): 175-183.

[50] JO H, NA H. Does CSR reduce firm risk? Evidence from controversial industry sectors [J]. Journal of Business Ethics, 2012, 110 (4): 441-456.

[51] JOHN K, LITOV L, YEUNG B. Corporate governance and risk-taking [J]. The Journal of Finance, 2008, 63 (4): 1679-1728.

[52] KÖLBEL J F, BUSCH T, JANCSO L M. How media coverage of corporate social irresponsibility increases financial risk [J]. Strategic Management Journal, 2017, 38 (11): 2266-2284.

[53] LAU C M, LU Y, LIANG Q. Corporate social responsibility in China: a corporate governance approach [J]. Journal of Business Ethics, 2016, 136 (1): 73-87.

[54] MCGUIRE J B, SUNDGREN A, SCHNEEWEIS T. Corporate social responsibility and firm financial performance [J]. Academy of Management Journal, 1988, 31 (4): 854-872.

[55] MOSKOWITZ M. Choosing socially responsible stocks [J]. Business and Society Review, 1972, 1 (1): 71-75.

[56] NIKOLAEV V, VAN LENT L. The endogeneity bias in the relation between cost-of-debt capital and corporate disclosure policy [J]. European Accounting Review, 2005, 14 (4): 677-724.

[57] ORLITZKY M. Does firm size confound the relationship between corporate social performance and firm financial performance? [J]. Journal of Business Ethics, 2001, 33 (2): 167-180.

[58] SCHNIETZ K E, EPSTEIN M J. Exploring the financial value of a reputation for corporate social responsibility during a crisis [J]. Corporate reputation review, 2005, 7 (4): 327-345.

[59] SPICER B H. Investors, corporate social performance and information disclosure: an empirical study [J] .Accounting Review, 1978, 53 (1): 94.

[60] TROTMAN K T, BRADLEY G W. Associations between social responsibility disclosure and characteristics of companies [J]. Accounting, Organizations and Society, 1981, 6 (4): 355-362.

[61] VLACHOS P A, TSAMAKOS A, VRECHOPOULOS A P, et al. Corporate social responsibility: attributions, loyalty, and the mediating role of trust [J]. Journal of the Academy of Marketing Science, 2009, 37 (2): 170-180.

[62] VILANOVA M, LOZANO J M, ARENAS D. Exploring the nature of the relationship between CSR and competitiveness [J]. Journal of Business Ethics, 2009, 87: 57-69.

Research on the Impact of Social Responsibility on Enterprise Risk in the Context of Public Health Emergencies: Take the COVID-19 as an Example

Yunjiang Geng, Yan Liu

Abstract The sudden outbreak of the COVID-19 has significantly brought many variables to enterprises, and thinking about how to effectively impact this has become the top priority. This paper takes the A-share listed companies in Shanghai and Shenzhen from 2016 to 2020 as the research sample to investigate the impact of social responsibility on corporate risk in the context of the COVID-19. The results show that good social responsibility performance helps to reduce corporate risk, which is more obvious during the COVID-19 epidemic; Further research has found that actively fulfilling social responsibility is more effective in reducing corporate risks in non-state-owned enterprises, non manufacturing enterprises, small and medium-sized enterprises, enterprises in the central and western regions, and growing enterprises. In addition, under the impact of the COVID-19, media reports can significantly increase the risk reduction effect of social responsibility, and this effect is more significant under the regulation of non negative media reports.

Key Words COVID-19; social responsibility; enterprise risk

第15辑，2023年
No.15，2023
会计与控制评论
Review of Accounting and Control

数字普惠金融、资本错配与区域绿色创新效率①

周雪峰　王大英　韩　露

（郑州航空工业管理学院商学院　郑州　450046）

摘　要　绿色创新能够带来经济高质量发展和生态保护的双重回报，以数字普惠金融为代表的数字经济能够通过合理配置资本对区域绿色创新效率提升发挥重要作用。本文以中国29个省级行政区域为样本，基于空间杜宾面板模型研究数字普惠金融对区域绿色创新效率的影响，以及资本错配在两者之间的中介效应与溢出效应，并进一步探讨了数字普惠金融各维度的差异及其经济后果。研究结论表明：数字普惠金融能够促进区域绿色创新效率的提升，且资本错配在两者之间发挥中介效应以及中介的溢出效应。进一步基于数字普惠金融的三个维度研究发现资本错配在覆盖广度、使用深度与区域绿色创新效率之间发挥中介的溢出效应，但在数字化程度与区域绿色创新效率之间难以发挥中介效应。

关键词　数字普惠金融 资本错配 区域绿色创新效率 空间杜宾面板模型 中介的溢出效应

---

①　基金项目：河南省哲学社会科学规划项目（2022BJJ100）。
作者简介：第一作者：周雪峰，工作单位：郑州航空工业管理学院商学院，通讯地址：河南省郑州市郑东新区文苑西路15号，电话：15290821531，电子邮箱：zhouxuefeng528@126.com；
第二作者：王大英，工作单位：郑州航空工业管理学院商学院，通讯地址：河南省郑州市郑东新区文苑西路15号，电话：15835297557，电子邮箱：wangdaying525@163.com；
第三作者：韩露，工作单位：郑州航空工业管理学院商学院，通讯地址：河南省郑州市郑东新区文苑西路15号，电话：13014531075，电子邮箱：hl13014531075@126.com。

一、引言

党的十九届五中全会习近平总书记明确指出“经济、文化、生态环境等各领域都要体现高质量发展的要求”，但是中国经历长时间的经济高速发展以后，资源消耗过度，会导致严重的环境污染问题。耶鲁大学等研究单位联合发布的《2020年全球环境绩效指数（EPI）报告》显示，在参评的180个国家和地区中，中国以37.3分位居第120位（肖仁桥等，2020），再次证明中国面临严重的环境污染问题。与此同时，中国各区域还面临绿色创新效率低下、生态环境保护和经济增长矛盾日益突出等问题。为了切实解决环境污染问题，中国对可持续发展提出了绿色低碳发展、生态环境安全、创新驱动等基本方针。同时“十四五”规划和2035远景目标纲要提出坚持绿水青山就是金山银山的理念，在此背景下，如何提高绿色创新效率，实现中国“碳达峰、碳中和”的愿景目标，是解决生态环境保护和经济增长矛盾的关键。

与此同时，中国存在严重的资本错配现象，其所带来的负面影响会导致绿色创新效率低下（龚红、江俊霖，2021；张东、王豪杰，2021）。一方面，资本错配会加剧微观主体面临的融资约束程度，导致创新投入不足，致使区域绿色创新效率低下（Converse，2018）。另一方面，资本错配会阻碍产业结构优化升级和转型，对地区的环境治理和经济增长产生抑制作用，从而加剧环境污染程度（牛欢、严成樑，2021）。因此，有效缓解资本错配现状对环境治理、经济高质量发展有着重要的现实意义。与传统金融相比，数字普惠金融具有覆盖范围和服务对象更为广泛、大规模数据信息处理更加高效、缓解融资约束、实现供需双方快速匹配等方面的优势（Pressand Saloner，2001；Gomber et al.，2017；陈旭、邱斌，2020），从而缓解资本错配。另外，随着数字普惠金融的逐步发展，“大智移云”技术会更广泛地与绿色项目投融资、绿色贷款等金融服务相结合，改善地区间信贷资源配置状况，进一步提升区域绿色创新效率（刘佳鑫、李莎，2021；聂秀华等，2021），并且数字普惠金融对绿色创新效率会产生空间溢出效应，有助于推动中国整体经济的提升（李晓龙等，2017；高星等，2018；张梁，2021）。由此看出，数字普惠金融能够缓解资本错配，而资本错配又会对区域绿色创新效率的提升产生抑制作用，因此基于资本错配的视角探讨数字普惠金融对区域绿色创新效率的影响机制具有一定的理论和实践意义。

鉴于此，本文基于2011—2019年中国29个省级行政区域的面板数据，在测算各省绿色创新效率的基础上，实证检验数字普惠金融对区域绿色创新效率的影响，以及资本错配在两者之间发挥的中介效应和溢出效应。与已有研究相比，本文的主要贡献在于：（1）基于资本错配视角，研究数字普惠金融对区域绿色创新效率提升的影响路径，有助于从“整体”视角深入分析数字普惠金融影响区域绿色创新效率提升的作用机理；（2）本文基于空间杜宾面板模型，从“空间”视角探索了资本错配在数字普惠金融与区域绿色创新效率之间发挥中介的溢出效应[①]，试图打开数字普惠金融对区域绿色创新效率影响的“黑箱”，进而拓展相关理论边界；（3）进一步从“局部”视角分析数字普惠金融的各维度（覆盖广度、使用深度、数字化程度）对资本错配、区域绿色创新效率的影响，能够在丰富现有理论的同时，为地区促进数字普惠金融各维度的协同发展提供经验借鉴。

二、文献综述

（一）数字普惠金融与区域绿色创新

从创新环境的角度看，互联网、大数据和云计算等技术与普惠金融的融合应用已成为促进区域绿色创新的重要手段，其对区域绿色创新的影响主要体现在三个方面：首先，数字普惠金融能够促进资本效应最大化，对区域绿色创新产生积极影响（Curran，2018；唐松，2019）。其次，数字普惠金融的发展能够促进基础设施的不断完善，从而提高金融服务的可能性，为区域绿色创新持续注入资金等资源（Derryl et al.，2019）。最后，数字普惠金融能够显著缓解因外在条件而形成的“偏环境问题”，为区域绿色创新提供强大动力（任碧云和李柳颖，2019）。从创新能力的角度看，数字普惠金融的覆盖广度和使用深度能够有效扩大金融服务的覆盖面，缓解金融服务中因信息不对称而产生的融资约束问题（张勋等，2019），并且数字普惠金融发展为企业创新提供了发展机遇与资金支持（Ozili，2018）。但是中国各区域之间的数字普惠金融发展程度不同，且其具有显著的空间溢出效应，不仅对本地区的绿色创新产生积极影响，其溢出效应也会影响邻近地区的绿色创新（徐章星，2021；邹新月、王旺，2021）。

（二）数字普惠金融与资本错配

与传统金融相比，数字普惠金融可利用大数据、云计算等技术搜集客户与企业的信用记录，为进一步的信贷提供可靠的依据，从而降低由信息不对称而产生的资本错配（Song et al.，2021）。由区域创新理论可知，相邻地区的数字普惠金融发展

① 本地区的资本错配在本地区数字普惠金融与本地区绿色创新效率之间所发挥的中介作用称为“中介效应”，而本地区的资本错配在本地区数字普惠金融与邻近地区绿色创新效率之间所发挥的中介作用称为“中介的溢出效应”。

程度能够产生协同作用（谭劲松和何铮，2007），通过融合多源信息，能准确识别客户的需求，有效匹配资本供给者与需求者的资本配置需求。由此看出，数字普惠金融能够降低地区间资本错配的程度，使资本达到效用最大化，主要是由于数字普惠金融能够加速数据和信息的流通和交换，在一定程度上能够缓解资本错配现状，进而有效提升资本配置效率（Song et al.，2021）。同时，数字普惠金融存在明显的溢出效应，其不受空间和时间的限制，通过金融从业人员的传播、服务网络和平台的延伸有效改善邻近地区的资本错配现状（Mallad et al.，2021；余泳泽等，2013）。

（三）资本错配与区域绿色创新

资本是区域绿色创新的“血液”，资本错配会影响市场机制供求平衡和调节资源配置功能的正常发挥，致使资本无法流入高效率的企业和欠发达地区，并且资本错配会对区域绿色创新产生“挤出效应”（王永钦等，2018），对各地区绿色创新形成冲击。绿色创新在传统产业和新兴产业的培育中能够发挥积极作用，促使发展建立在节能减排、严格保护生态环境、高效利用资源的基础上，进而有助于实现“碳达峰、碳中和”的目标。然而，资本错配会使得各地区更倾向于廉价要素的投入，从而对区域创新产生负面影响（沙依甫加玛丽·肉孜、邓峰，2020）。也有学者认为一个地区的资本配置不当，必然会影响邻近地区的资本配置（董旭等，2021），例如资本错配对地区空气质量存在恶化效应以及负向的空间溢出效应（张亚斌等，2016）。宋马林和金培振（2016）的实证研究结果也表明，资本错配不仅影响本地区的环境污染排放，而且对邻近地区的环境质量水平产生空间溢出效应。

综上所述，现有文献主要研究数字普惠金融、资本错配与区域绿色创新三者之间的两两关系，但鲜有将三者纳入同一分析框架研究其影响路径。另外，也未有文献研究资本错配在两者之间发挥的中介溢出效应。本文通过分析数字普惠金融对区域绿色创新效率的促进作用以及资本错配在两者之间发挥的中介效应和中介溢出效应，并进一步分析数字普惠金融的各维度（覆盖广度、使用深度、数字化程度）与资本错配、区域绿色创新效率之间的作用机理，能够更好地为国家制定数字普惠金融发展政策、优化资本配置以及提升区域绿色创新效率提供理论支撑和实践指导。

三、理论分析和研究假设

（一）数字普惠金融与区域绿色创新效率

激励不足、资源约束和环境污染是造成区域绿色创新效率低下的主要原因（Manso，2011），同时由于区域资源的有限性，非绿色技术创新会对绿色创新研发产生“挤出”效应，形成“厚此薄彼”的现象（原毅军、赵蒙，2014）。而数字普惠金融能够为区域绿色创新效率的提升提供充足的资金支持和长期激励，缓解绿色创新效率低下的问题，同时降低绿色创新所需的成本，优化资源配置及效率（翟华云、刘易斯，2021）。数字普惠金融主要通过以下三个途径影响区域绿色创新效率：第一，数字普惠金融的发展能够促进金融产品绿色化。随着数字普惠金融的发展，绿色金融产品趋于多样化（马骏等，2021），并且银行通过筛选客户和提高信用等级的方式，严格控制高消耗、高污染企业的贷款，从而迫使需要银行贷款的企业向绿色转型，即数字普惠金融有助于资本在企业间流动，从而实现低碳发展（张伟、芦雨婷，2018），进而对区域绿色创新效率产生积极影响。第二，数字普惠金融能够提升绿色创新能力。一方面，数字普惠金融借助大数据、云计算等先进信息技术升级业务流程和金融产品，扩大金融边界，提高资金需求方的贷款可获得性，进而提高本地区金融市场的资源配置能力（万佳彧等，2020）。另一方面，数字普惠金融能够改变传统金融服务，不需要实体网点，使得更多群体能够便捷地享受到金融服务，为其提供更多的融资选择，从而促进区域绿色创新效率提升（谢平等，2015）。第三，数字普惠金融的发展有助于改善生态环境。数字普惠金融本身具有很强的绿色属性（滕磊、马德功，2020），将客户的行为方式与绿色产品结合起来，有效降低了金融服务中的消耗和污染，实现绿色金融资源的合理配置。

数字普惠金融的溢出效应是指本地区数字普惠金融的发展会影响邻近地区相关产业的竞争与发展，数字普惠金融不仅能够促进本地区绿色创新效率的提升，还能够通过溢出效应对邻近地区的绿色创新效率产生积极影响。在数字普惠金融发展阶段的早期，发达地区技术设施相对完善，更有利于地区间资源的共享，吸引欠发达地区将与数字普惠金融相关的生产要素向发达地区集中，从而加快了发达地区数字普惠金融发展的速度，同时也会遏制欠发达地区的发展，使其处境日益恶化，即“极化效应”（陈海龙、陈小昆，2021；张梁等，2021）。由于自身的产业发展需求和资本本身的逐利性，数字普惠金融开始不断向邻近地区发展（陈啸、陈鑫，2018），数字普惠金融将会带动邻近地区数字普惠金融的发展，即空间溢出效应（韩先锋等，2019）。基于此，本文提出假设1a：

假设1a：数字普惠金融能够促进绿色创新效率的提升，且存在空间溢出效应。

（二）数字普惠金融、资本错配与区域绿色创新效率

资本错配是指金融资源对实体经济的支持上表现出配置结构和配置效率不相匹配。所有制歧视、利率管制、“潮涌现象”等问题引发了资本“错配”问题，造成资本市场扭曲，影响企业的融资和投资方向，而且对环境质量及技术创新产生不良影响（Hsieh and Klenow，2007；白俊红、卞元超；2016；戴魁早，2019）。由此可

见，本地区的资本错配不仅会导致企业成本增加，造成该地区资源浪费，还会产生非期望产出，加剧该地区的环境污染程度，进而导致绿色创新效率降低。而数字普惠金融借助数字支付和数字化平台实现供需匹配，将要素合理配置。本地区的数字普惠金融能够降低信息不对称，改善本地区信贷错配的现状。绿色创新需要大量的资金支持，在信息不对称的情况下，传统金融机构普遍不愿放贷，导致大量企业面临着严重的外部融资约束和研发投入不足（孙博等，2019）。随着数字技术在金融领域的广泛应用，金融机构能够更加便利地获取企业的相关信息，识别企业真实的财务与经营状况等信息，进而实现供需匹配，有效降低资本错配程度（Mallad et al.，2021），进而促进本地区绿色创新效率的提升。基于此，本文提出假设2a：

假设2a：本地区数字普惠金融能够缓解本地区资本错配进而促进本地区绿色创新效率的提升，即资本错配发挥中介效应。

资本错配会影响市场优胜劣汰选择功能的正常发挥，不合理的资本分配导致资源浪费，不但会影响企业的绿色创新效率，也会拉低整个区域的绿色创新效率水平（张亚斌等，2016）。一方面，同一城市群的核心城市具有相似的地理位置和经济优势，存在产业同构和重复建设问题，从而加剧了本地区和邻近地区城市的资本错配（翟婧彤和张军，2020），对其邻近地区的绿色创新效率产生消极影响。另一方面，资本错配通过加剧产能过剩、阻碍产业升级等对环境质量产生消极影响，表现为地方政府以各种优惠政策盲目吸引投资进入本地区，重经济增长轻生态环境，推动了高耗能、重污染行业的发展，加剧了环境污染，并且环境污染通常具有空间外溢性（金刚、沈坤荣，2018；江红莉、蒋鹏程，2019），对其邻近地区环境污染产生影响，从而降低邻近地区的绿色创新效率（韩燕等，2021）。基于前述分析，本地区数字普惠金融能够缓解本地区的资本错配，而本地区的资本错配会通过溢出效应抑制邻近地区绿色创新效率的提升。因此，本地区数字普惠金融能够通过缓解本地区的资本错配进而促进邻近地区绿色创新效率的提升。基于此，本文提出假设2b：

假设2b：本地区数字普惠金融能够缓解本地区资本错配进而促进邻近地区绿色创新效率的提升，即资本错配发挥中介的溢出效应。

数字普惠金融规模不断扩大，会在地理空间上形成以服务溢出和信息溢出为特点的金融溢出，使得邻近地区间发生要素交流，进而具有更多的竞争优势和创新优势。同时，数字普惠金融发展较好的地区具有领先效应，会帮助数字普惠金融发展较差的地区提高金融获得性，从而促进邻近地区数字普惠金融的发展（严若谷，2021）。由前述分析可知，邻近地区的资本错配会抑制邻近地区绿色创新效率的提升，因此数字普惠金融能够通过溢出效应缓解邻近地区资本错配进而促进邻近地区绿色创新效率的提升。基于此，本文提出假设2c：

假设2c：本地区数字普惠金融能够缓解邻近地区资本错配进而促进邻近地区

绿色创新效率的提升，即数字普惠金融对邻近地区的资本错配和区域绿色创新效率发挥溢出效应。

四、研究设计

（一）样本选择与数据来源

本文以2011—2019年中国29个省份的面板数据（不包括中国港澳台地区，而新疆、西藏由于数据缺失严重，暂不予以考虑）为研究样本。以2011年作为研究起点，是由于数字普惠金融指数从2011年开始发布。数据主要来源：（1）《中国统计年鉴》；（2）《中国城市统计年鉴》；（3）《中国科技金融年鉴》；（4）《中国环境年鉴》；（5）北京大学数字金融研究中心和蚂蚁金服集团联合发布的《数字普惠金融指数》。同时，为了保持口径和量纲上的一致性，对文中涉及的数据，通过取自然对数的方式进行处理，并对连续型变量进行了1%的Winsorize处理，使用的计量软件为Stata16.0。

（二）变量选取

1.被解释变量

区域绿色创新效率Eff。借鉴吕岩威等（2020）采用非期望产出的SBM-DEA模型，通过Matlab以投入、期望产出和非期望产出综合测算2011—2019年各省份的绿色创新效率[①]。

2.解释变量

数字普惠金融Df。北京大学数字普惠金融研究中心与蚂蚁金服研究院联合发布的“北京大学数字普惠金融指数”包括一个总指数（Df）和覆盖广度（Coverage）、使用深度（Depth）和数字化程度（Digital）三个维度指数（滕磊和马德功，2020），为保证结果的可靠性，将四个指标取自然对数。

3.中介变量

资本错配（Ki）。借鉴白俊红和刘宇英（2018）的做法，本文对地区资本错配指数Ki进行衡量如下：

$$r_{ki} = \frac{1}{1 + Ki} \tag{1}$$

① 投入变量：本文将研发资源分为人力和资本两方面。关于研发人员投入的衡量，选取各地区研发人员全时当量这一指标；关于资本投入的衡量，考虑到创新前期资本积累对创新产出具有重要的影响，采取永续盘存法计算各地区的研发资本存量。期望产出从知识技术产出和产品产出两个方面来衡量。关于知识技术产出，选取发明专利申请授权数进行衡量；而关于产品产出，选取新产品销售收入进行衡量。非期望产出采用工业废水、工业废气、工业固体排放量进行衡量，但因近年来工业固体排放量不再公布，选取工业固体产生量作为代替。

其中，r_{ki}为资本要素价格绝对扭曲系数，表示资本相对没有扭曲时的加成情况。在实际测算中可以用价格相对扭曲系数来代替：

$$\hat{r}_{ki} = \frac{k_i}{k} \Big/ \frac{s_i \beta_{ki}}{\beta_k} \tag{2}$$

其中，$s_i = \frac{p_i y_i}{Y}$表示地区i的产出y_i占全国总产出Y的份额，全国总产出以各地区2004年不变价计算的GDP表示，$\beta_k = \sum_i^N s_i \beta_{ki}$表示产出加权的资本贡献值。$\frac{k_i}{k}$表示地区i使用的资本占资本总量的实际比例，而$\frac{s_i \beta_{ki}}{\beta_k}$是资本效应最大化时地区i使用资本的理论比例，两者的比值反映的是地区i的资本错配程度。β_{ki}为基于不变规模报酬的C-D生产函数，并通过索罗余值法估算各城市的资本产出弹性。

4.控制变量

为了尽可能减少由于遗漏变量而造成的估计偏差，本文还对其他可能影响区域绿色创新效率的因素进行了控制。具体包括：地区基础设施状况（Post），用地区邮电业务总量占GDP比重来衡量（张东、王豪杰，2021）；教育环境（Ed），用财政性教育经费占地区财政总支出比重来衡量（李晓阳等，2018）；高等教育程度（Gxrs），用每十万人在校大学生数来衡量（汪辉平、王增涛，2017）；资源禀赋（Re），用各省份资本存量与年末总就业人口的比重来衡量（李晓阳等，2018）；政府干预（Gov），用各省份政府财政支出占GDP的比重来衡量（白俊红、刘宇英，2018）；科技投入（Gi），用地方政府科技支出衡量（温珺等，2020）。

（三）计量模型构建

基于上述分析，本文将在空间上探讨数字普惠金融、资本错配与区域绿色创新效率之间的互动影响关系，建立空间杜宾面板模型（3）：

$$Eff_{it} = \beta_0 + \beta_1 Df_{it} + \rho_1 WDf_{it} + \sigma X_{it} + \rho_2 WX_{it} + \xi_{it} \tag{3}$$

模型（3）中，被解释变量Eff代表区域绿色创新效率，W是空间权重矩阵。解释变量数字普惠金融Df的系数β_1反映了本地区数字普惠金融对本地区绿色创新效率的影响，ρ_1表示本地区数字普惠金融对邻近地区绿色创新效率的影响。

为验证资本错配中介效应的存在，参考邵帅等（2019）的做法，构建模型（4）和模型（5）：

$$Ki_{it} = \alpha_0 + \alpha_1 Df_{it} + \pi_1 WDf_{it} + \varphi X_{it} + \pi_2 WX_{it} + \mu_{it} \tag{4}$$

$$Eff_{it} = \eta_0 + \eta_1 Df_{it} + \theta_1 WDf_{it} + \eta_2 Ki_{it} + \theta_2 WKi_{it} + \gamma X_{it} + \theta_3 WX_{it} + \varsigma_{it} \tag{5}$$

ξ_{it}、μ_{it}和ς_{it}对应着不同模型的随机扰动项。模型（4）中的π_1表示本地区数字普惠金融对邻近地区资本错配的影响。模型（5）中的θ_1表示本地区数字普惠金融对邻近地区绿色创新效率的影响，θ_2表示本地区资本错配对邻近地区绿色创新效率的影响。若存在中介效应，模型（4）中的α_1和模型（5）中的η_2应同时显著为负，即$\alpha_1 \times \eta_2$与η_1方向一致，则表明本地区数字普惠金融能够缓解本地区资本错配进而促进本地区绿色创新效率的提升，即资本错配发挥中介效应，验证假设2a；模型（4）中α_1和模型（5）中的θ_2应同时显著为负，即$\alpha_1 \times \theta_2$与θ_1方向一致，则表明本地区数字普惠金融能够缓解本地区资本错配进而促进邻近地区绿色创新效率的提升，即资本错配发挥中介的溢出效应，验证假设2b；模型（4）中π_1和模型（5）中的η_2应同时显著为负，即$\pi_1 \times \eta_2$与θ_1方向一致，则表明本地区数字普惠金融能够缓解邻近地区资本错配进而促进邻近地区绿色创新效率的提升，即数字普惠金融对资本错配和区域绿色创新效率发挥溢出效应，验证假设2c。

（四）经济距离空间权重矩阵

本文将地理和经济两个维度相结合，构建经济地理权重矩阵如下：

$$W_a = \begin{cases} 1, & i = j; \\ \dfrac{1}{\left| rgdp_i - rgdp_j \right| + 1}, & i \neq j \end{cases} \tag{6}$$

$$W_b = \begin{cases} 1, & i = j; \\ \dfrac{1}{d_{ij}^{\ 2}}, & i \neq j \end{cases} \tag{7}$$

$$W_2 = W_a W_b \tag{8}$$

五、实证分析

（一）描述性统计

表1为主要变量的描述性统计结果，可以看出大部分地区的绿色创新效率低于整体市场水平，区域绿色创新效率标准差为0.198，最大值和最小值分别为1和0.214，表明不同区域之间的绿色创新效率差异较大。就数字普惠金融（Df）而言，最大值为2.901，最小值为0.047，说明地区中普惠金融发展程度也存在较大的差异。而资本错配（Ki）的最大值为2.036，最小值为-9.148，标准差为1.593，表明既存在资本配置不足的地区，也存在资本配置过度的地区。地区基础设施（Post）的最大值为0.807，最小值为0.001，标准差为0.081，说明各地区的基础设施水平存在差异。此外，在各省区域中教育不境、高等教育程度、资源禀赋、政府干预和科技投入均存在差异。

表1 变量描述性统计

变量	观测值	平均值	中位数	标准差	最小值	最大值
Eff	261	0.590	0.542	0.198	0.214	1.000
Df	261	1.234	1.123	0.426	0.047	2.901
Ki	261	−2.658	−2.756	1.593	−9.148	2.036
Post	261	0.052	0.024	0.081	0.001	0.807
Ed	261	−1.820	−1.794	0.168	−2.313	−1.504
Gxrs	261	1.960	2.032	0.798	−0.783	3.144
Re	261	3.814	3.836	0.385	2.643	4.759
Gov	261	0.260	0.235	0.115	0.120	0.758
GI	261	4.273	4.166	1.042	1.324	7.064

（二）空间相关性检验

（1）空间相关性结果分析

在采用空间模型之前，需要判断区域绿色创新效率是否具有空间依赖性。本文基于经济地理权重矩阵，通过采用Moran指数法验证区域绿色创新效率具有空间依赖性，检验结果见表2。从表2的结果可以看出，区域绿色创新效率的Moran's值显著且为正，说明在全国范围内，绿色创新效率具有显著的空间正相关性特征，本地区的绿色创新效率的提升能够带动邻近地区绿色创新的发展，从而促进邻近地区绿色创新效率的提升。

表2 莫兰检验

年份	经济距离权重矩阵	
	Molan's值	Z值
2011	0.095**	2.268
2012	0.208***	4.252
2013	0.277***	5.420
2014	0.286***	5.597
2015	0.495***	9.574
2016	0.390***	7.578
2017	0.330***	6.422
2018	0.315***	6.126
2019	0.219***	4.397

注：*、**、***分别表示在10%、5%和1%的水平上显著（本文下同）。

（三）空间计量结果分析

从表3可以看出①，列（1）中Df的系数为0.005（在1%的水平上显著），说明本地区数字普惠金融的发展对本地区绿色创新效率有着显著的促进作用，并且W.Df的系数也显著为正，即本地区数字普惠金融能够促进本地区绿色创新效率的提升，对邻近地区的绿色创新效率也产生促进作用，即数字普惠金融存在明显的空间溢出效应。一方面，由于地区间的相互学习和经济竞争，本地区的数字普惠金融对邻近地区的数字普惠金融会产生较强的示范效应，共同促进绿色发展；另一方面，伴随区域一体化的发展，邻近地区之间的创新活动关系日益密切，有利于创新技术的外溢和知识的交流，从而使得本地区的数字普惠金融水平与邻近地区的绿色创新效率强度呈现高度的正相关性，假设1得到验证。

表3 数字普惠金融、资本错配与区域绿色创新效率的回归结果

变量	Eff （1）	Ki （2）	Eff （3）
Df	0.005*** （3.52）	-0.019** （-2.24）	0.004** （3.16）
Ki			-0.043*** （-4.14）
Post	0.045 （0.32）	-1.177 （-1.41）	-0.008 （-0.06）
Ed	-0.304** （-2.04）	-0.911 （-1.01）	-0.31** （-2.19）
Gxrs	0.145 （0.95）	-0.373 （-0.41）	0.143 （0.97）
Re	0.264*** （4.03）	-1.225*** （-3.09）	0.195*** （2.95）
Gov	0.652 （1.37）	-4.050 （-1.43）	0.512 （1.11）
Gi	-0.240*** （-6.00）	-0.450* （-1.86）	-0.251*** （-6.44）

① 通过Wald检验和LR检验，空间计量模型应该选择空间杜宾面板模型，不适用于空间滞后模型和空间误差模型。

续表

变量	Eff (1)	Ki (2)	Eff (3)
W.Df	0.080*** (2.94)	-0.351** (-2.29)	0.066*** (2.50)
W.Ki			-3.867* (-1.86)
W.Post	-20.268 (-0.41)	281.344 (0.95)	-25.669 (-0.53
W.Ed	-29.41* (-1.94)	155.523* (1.80)	-24.958* (-1.70)
W.Gxrs	-28.959 (-1.29)	135.524 (1.00)	-20.285 (-0.93)
W.Re	12.796 (1.35)	-155.713*** (-2.63)	-1.291 (-0.12)
W.Gov	-214.415** (-2.37)	-202.138 (-0.39)	-213.954** (-2.39)
W.Gi	-12.967* (-1.75)	137.333*** (3.13)	-8.349 (-1.15)
检验方法	统计量值	P值	
Wald_spatial_lag	12.83	0.046	
LR_spatial_lag	18.57	0.009	
Wald_spatial_error	13.17	0.041	
LR_spatial_error	19.70	0.006	
Hausman	122.15	0.000	
地区固定效应	是	是	是
时间固定效应	是	是	是
观测值	261	261	261

注：*、**、***分别表示在10%、5%和1%的水平上显著（本文后同）。

为进一步检验资本错配在数字普惠金融与区域绿色创新效率之间所发挥的中介效应，本文采用中介效应模型进行检验，结果见表3。列（2）中Df的系数为-0.019（在5%的水平上显著），说明本地区数字普惠金融能够缓解本地区的资本错配现状，同时列（3）中Df的系数0.004（在5%的水平上显著），并且Ki的系数与列（2）中Df系数的乘积（-0.043×（-0.019））为正，表明本地区数字普惠金融能够缓解本地区资本错配进而促进本地区绿色创新效率的提升，即资本错配发挥中介效应，假设2a得到验证。

在表3中，列（2）中Df的系数显著为负，也表明邻近地区的数字普惠金融能够缓解邻近地区的资本错配现状，列（3）中的W.Df和W.Ki的系数分别为0.066和-3.867（分别在1%和10%的水平上显著），表明邻近地区的数字普惠金融能够促进本地区绿色创新效率的提升，而邻近地区的资本错配会抑制本地区绿色创新效率的提升，同时列（2）中Df的系数和列（3）中W.Ki的系数的乘积（-0.019×（-3.867））为正，表明邻近地区数字普惠金融能够通过缓解邻近地区的资本错配现状进而促进本地区绿色创新效率的提升，即资本错配发挥中介的溢出效应，假设2b得到验证。

由表3列（2）可以看出，W.Df的系数为-0.351（在5%的水平上显著），表明本地区的数字普惠金融能够改善邻近地区的资本错配，列（3）中的W.Df的系数和Ki的系数分别为0.066和-0.043（均在1%的水平上显著），表明本地区的数字普惠金融能够促进邻近地区绿色创新效率的提升，而邻近地区的资本错配会抑制邻近地区绿色创新效率的提升。同时列（2）中W.Df的系数与列（3）中Ki的系数的乘积（-0.351×（-0.043））也为正，表明本地区数字普惠金融能够通过缓解邻近地区资本错配现状进而促进邻近地区绿色创新效率的提升，即数字普惠金融对资本错配和区域绿色创新效率发挥溢出效应，假设2c得到验证。

六、稳健性检验

本文主要通过以下两种方法进行稳健性检验：第一，改变被解释变量区域绿色创新效率的衡量方式，以往文献较多选择"工业三废"排放量来衡量区域绿色创新效率的非期望产出，但由于《中国环境年鉴》从2011年开始不再公布工业固体排放量的数据，因此关于非期望产出的衡量方式出现争议，本文将工业固体产生量换为烟尘排放量，回归结果并无实质性差异；第二，改变模型中的权重矩阵，以地理距离权重矩阵替换经济距离权重矩阵进行回归分析。稳健性检验结果见表4，说明本文实证结果稳健可靠。

表4 稳健性检验结果

变量	更换衡量方式			更换权重矩阵		
	Eff (1)	Ki (2)	Eff (3)	Eff (4)	Ki (5)	Eff (6)
Df	0.003** (2.06)	−0.019** (−2.24)	0.003** (2.29)	0.003** (2.11)	−0.017** (−2.07)	0.002* (1.71)
Ki			−0.016* (−1.53)			−0.035*** (−3.41)
Post	−0.092 (−0.65)	−1.177 (−1.41)	−0.075 (−0.53)	0.041 (0.30)	−1.523* (−1.82)	−0.010 (−0.07)
Ed	−0.111 (−0.73)	−0.911 (−1.01)	−0.095 (−0.62)	−0.218 (−1.55)	−1.866** (−2.21)	−0.281** (−1.99)
Gxrs	0.113 (0.73)	−0.373 (−0.41)	0.121 (0.79)	−0.308** (−2.04)	1.008 (1.11)	−0.272* (−1.80)
Re	0.004 (0.07)	−1.225*** (−3.09)	0.021 (0.30)	0.160*** (2.81)	−1.070*** (−3.04)	0.120* (1.99)
Gov	−0.340 (−0.71)	−4.050 (−1.43)	−0.254 (−0.53)	0.067 (0.15)	1.150 (0.42)	0.103 (0.23)
Gi	0.052 (1.28)	−0.450* (−1.86)	−0.061 (1.48)	−0.214*** (−5.42)	−0.452* (−1.89)	−0.228*** (−5.73)
W.Df	0.025* (0.95)	−0.351** (−2.29)	0.030 (1.14)	0.014* (0.29)	−0.652** (−2.26)	−0.037* (−0.77)
W.Ki			−0.131 (−0.06)			−1.107 (−0.49)

续表

变量	更换衡量方式			更换权重矩阵		
	Eff (1)	Ki (2)	Eff (3)	Eff (4)	Ki (5)	Eff (6)
W.Post	-21.248 (0.95)	281.344 (0.95)	-26.728 (-0.53)	82.565 (1.49)	-32.282 (-0.10)	80.736 (1.48)
W.Ed	-2.636 (0.18)	155.523* (1.80)	-4.848 (-0.33)	43.226* (1.91)	-485.596*** (3.50)	26.164 (1.11)
W.Gxrs	11.162 (0.49)	135.524 (1.00)	9.484 (0.42)	-15.265 (-0.51)	334.036* (1.88)	-2.164 (-0.07)
W.Re	1.156 (0.16)	-155.713*** (-2.63)	3.021 (0.27)	-5.507 (-0.61)	-280.621*** (-5.03)	-16.023 (-1.55)
W.Gov	-210.288** (-2.45)	-202.138 (-0.39)	-198.394** (-2.22)	-587.821*** (-5.33)	2 455.673*** (3.73)	-503.566*** (-4.56)
W.Gi	-8.570 (-1.14)	137.333*** (3.13)	-11.082 (-1.45)	19.923** (1.90)	132.030** (2.15)	24.286** (2.32)
地区固定效应	是	是	是	是	是	是
时间固定效应	是	是	是	是	是	是
观测值	261	261	261	261	261	261

七、进一步分析

本文已从理论与实证上验证了“数字普惠金融-资本错配-区域绿色创新效率”三者之间的互动影响关系，即数字普惠金融能够缓解资本错配进而促进区域绿色创新效率的提升。由于各地区基础设施建设水平、经济发展程度不同，数字普惠金融的覆盖广度、使用深度和数字化程度的发展状况也具有地区异质性，并且各维度内涵的侧重点不相同。为了进一步揭示数字普惠金融对资本错配、区域绿色创新效率的影响，本文进行降维分析，即探讨数字普惠金融覆盖广度（Coverage）、使用深度（Usage）和数字化程度（Digitization）通过资本错配对区域绿色创新效率产生的影响及差异，结果见表5。根据表5的结果，列（1）、（4）、（7）中Coverage、Usage和Digitization的系数均显著为正，这说明本地区数字普惠金融的覆盖广度、使用深度、数字化程度均对本地区绿色创新效率有着显著的促进作用，并且列（1）、（4）W.Coverage和W.Usage的系数显著为正，表明本地区数字普惠金融的覆盖广度、使用深度均能够促进邻近地区绿色创新效率提升，并且存在明显的空间溢出效应。但列（7）中W.Digitization的系数不显著，说明数字普惠金融的数字化程度不具有空间溢出效应。

本文对资本错配在数字普惠金融的各维度与区域绿色创新效率之间所发挥的中介效应进行逐步检验。由表5可知，列（2）、（5）中Coverage、Usage的系数均显著，说明本地区数字普惠金融的覆盖广度和使用深度会改善本地区资本错配现状，列（3）、（6）中Coverage、Usage的系数显著为正，并且Ki的系数分别与列（2）、（5）中Coverage、Usage系数的乘积（−0.042×（−0.047）、−0.042×（−0.008））均为正，说明本地区数字普惠金融的覆盖广度、使用深度能够缓解本地区资本错配进而促进本地区绿色创新效率的提升，即资本错配发挥中介效应。列（2）、（5）中Coverage和Usage的系数均显著为负，表明邻近地区数字普惠金融的覆盖广度和使用深度能够缓解邻近地区的资本错配现状，同时列（2）、（5）中的Coverage、Usage的系数分别和列（3）、（6）中W.Ki的系数的乘积（−0.047×（−4.303）、−0.008×（−3.587））均为正，表明本地区数字普惠金融的覆盖广度、使用深度能够缓解本地区资本错配进而促进邻近地区绿色创新效率的提升，即资本错配发挥中介的溢出效应。列（2）、（5）中W.Coverage、W.Usage的系数显著为负，表明本地区数字普惠金融的覆盖广度和使用深度均能够缓解邻近地区资本错配现状。同时列（2）、（5）中W.Coverage、W.Usage的系数分别与列（3）、（6）中Ki的系数的乘积（−0.329×（−0.042）、−0.403×（−0.042））均为正，表明本地区数字普惠金融的覆盖广度、使用深度能够缓解邻近地区资本错配进而促进邻近地区绿色创新效率的提升，即数字普惠金融的覆盖广度、使用深度对资本错配和区域绿色创新效率发挥溢出效应。

关于数字普惠金融的数字化程度对资本错配、绿色创新效率的回归结果见表5列（7）至列（9），可以看出列（8）的Digitization和W.Digitization的系数均不显著，说明数字化程度对资本错配无显著影响，即资本错配难以在数字普惠金融的数字化程度与区域绿色创新效率之间发挥中介效应。

表5 基于数字普惠金融维度的回归结果

变量	Eff (1)	Ki (2)	Eff (3)	Eff (4)	Ki (5)	Eff (6)	Eff (7)	Ki (8)	Eff (9)
Coverage	0.007^{***} (3.37)	-0.047^{***} (−3.73)	0.006^{***} (2.76)						
Usage				0.002^{***} (2.67)	-0.008^{*} (−1.74)	0.001^{**} (2.47)			
Digitization							0.001^{**} (1.98)	−0.001 (−0.23)	0.001^{*} (2.47)
Ki			-0.042^{***} (−4.00)			-0.042^{***} (−4.12)			-0.048^{***} (−4.60)
Post	0.111 (0.79)	-1.589^{*} (−1.92)	0.049 (0.36)	0.027 (0.20)	−0.990 (−1.19)	−0.022 (−0.16)	0.050 (0.73)	−1.325 (−1.56)	−0.009 (−0.06)
Ed	-0.305^{**} (−2.02)	−0.767 (−0.86)	-0.308^{**} (−2.10)	-0.297^{**} (−2.02)	−1.017 (−1.15)	−0.311** (−2.18)	-0.324^{**} (−2.10)	−0.777 (−0.84)	-0.346^{***} (−2.33)
Gxrs	−0.056 (−0.36)	0.669 (0.73)	−0.030 (−0.20)	0.186 (1.20)	−0.514 (−0.55)	0.182 (1.22)	0.156 (1.00)	−0.388 (−0.37)	0.148 (0.99)
Re	0.223^{***} (3.36)	-0.980^{**} (−2.48)	0.160^{***} (2.38)	0.252^{***} (3.91)	-1.158^{***} (−2.97)	0.187^{***} (2.87)	0.265^{***} (3.87)	-1.113^{***} (−2.71)	0.197^{***} (2.85)
Gov	0.467 (0.99)	−3.161 (−1.14)	0.349 (0.76)	0.664 (1.41)	-4.940^{*} (−1.74)	0.521 (1.13)	0.371 (0.77)	−2.203 (−0.78)	0.233 (0.50)
Gi	-0.243^{***} (−5.96)	−0.324 (−1.34)	-0.250^{***} (−6.32)	-0.227^{***} (−5.83)	-0.502^{**} (−2.14)	-0.240^{***} (−6.30)	-0.206^{***} (−5.14)	-0.610^{**} (−2.54)	-0.229^{***} (−5.81)
W.Coverage	0.074^{**} (2.31)	-0.329^{*} (−1.79)	0.065^{**} (2.09)						

续表

变量	Eff (1)	Ki (2)	Eff (3)	Eff (4)	Ki (5)	Eff (6)	Eff (7)	Ki (8)	Eff (9)
W.Usage				0.083*** (3.80)	-0.403*** (-3.61)	0.069** (3.23)			
W.Digitization							0.015 (1.17)	0.005 (0.07)	0.013 (1.04)
W.Ki			-4.303** (-2.14)			-3.587* (-1.83)			-3.121 (-1.53)
W.Post	-11.123 (-0.23)	182.034 (0.62)	-24.140 (-0.50)	-31.532 (-0.67)	354.433 (1.24)	-34.770 (-0.74)	-10.537 (-0.21)	177.938 (0.59)	-13.469 (-0.28)
W.Ed	-24.092 (-1.51)	167.107* (1.85)	-20.943 (-1.36)	-42.186*** (-2.77)	170.571** (2.08)	-35.986** (-2.43)	-29.592* (-1.91)	185.005** (2.17)	-25.066* (-1.67)
W.Gxrs	-20.385 (-0.85)	109.230 (0.77)	-13.030 (-0.56)	-6.144 (-0.32)	69.601 (0.61)	-1.038 (-0.06)	1.843 (0.09)	-81.400 (-0.64)	4.559 (0.22)
W.Re	8.428 (0.90)	-131.034** (-2.28)	-6.271 (-0.60)	10.198 (1.12)	-152.318*** (-2.68)	-3.024 (-0.30)	7.969 (0.80)	-110.205* (-1.79)	-4.119 (-0.37)
W.Gov	-173.720* (-1.95)	-254.440 (-0.50)	-181.676*** (-2.06)	-159.427* (-1.81)	-657.754 (-1.29)	-166.566* (-1.91)	-214.931** (-2.14)	-361.560 (-0.63)	-288.786** (-2.28)
W.Gi	-12.961* (-0.75)	142.555*** (3.26)	-9.066 (-1.25)	-18.975** (-2.46)	174.312*** (3.99)	-13.503* (-1.77)	-0.788 (-0.13)	76.870** (2.05)	2.389 (0.39)
地区固定效应	是	是	是	是	是	是	是	是	是
时间固定效应	是	是	是	是	是	是	是	是	是
观测值	261	261	261	261	261	261	261	261	261

八、结论与建议

在当前强调绿色发展的背景下，数字普惠金融在区域绿色创新发展中扮演着重要的角色，其能够通过缓解资本错配进而促进区域绿色创新效率的提升，对中国打赢污染防治攻坚战、推动高质量发展具有重要意义。本文基于2011—2019年省级面板数据，运用空间杜宾面板模型，实证检验了数字普惠金融对区域绿色创新的促进作用以及资本错配在两者之间的中介效应。从“整体”视角发现数字普惠金融能够促进区域绿色创新效率的提升，也能通过溢出效应促进邻近地区绿色创新效率的提升，并且本地区数字普惠金融能够通过缓解本地区资本错配进而促进本地区绿色创新效率的提升，即资本错配发挥中介效应；从“空间”视角发现本地区数字普惠金融能够通过缓解本地区资本错配进而促进邻近地区绿色创新效率的提升，即资本错配发挥中介的溢出效应。同时发现本地区数字普惠金融能够缓解邻近地区资本错配进而促进邻近地区绿色创新效率的提升，即数字普惠金融对资本错配和区域绿色创新效率发挥溢出效应。进一步从“局部”视角分析数字普惠金融的三个维度（覆盖广度、使用深度、数字化程度）对资本错配、区域绿色创新效率的影响。结果表明：第一，本地区的覆盖广度和使用深度均能够促进本地区绿色创新效率的提升，并且能够通过溢出效应促进邻近地区绿色创新效率的提升，而本地区的数字化程度能够促进本地区绿色创新效率的提升，但不能通过溢出效应影响邻近地区的绿色创新效率。第二，本地区数字普惠金融的覆盖广度、使用深度能够通过缓解本地区的资本错配进而促进本地区绿色创新效率的提升，即资本错配发挥中介效应。第三，本地区数字普惠金融的覆盖广度、使用深度能够通过缓解本地区的资本错配进而促进邻近地区绿色创新效率的提升，即资本错配发挥中介的溢出效应；本地区数字普惠金融的覆盖广度、使用深度能够通过缓解邻近地区资本错配进而促进邻近地区绿色创新效率的提升，即数字普惠金融的覆盖广度、使用深度对资本错配和区域绿色创新效率发挥溢出效应。第四，资本错配在数字普惠金融的数字化程度与区域绿色创新效率之间难以发挥中介效应。

基于上述结论，提出如下政策建议：

第一，积极鼓励并发展数字普惠金融，促进区域绿色创新效率的提升。首先，现实中金融机构发放绿色信贷、绿色债券等需承担较大的成本，导致了绿色金融的供给不足。而为了实现“碳达峰、碳中和”的目标，未来要推广以绿色信贷和绿色债券为主的金融产品降低环境污染程度，减少金融资源对重污染企业的供给，尤其要加大对绿色创新的融资力度，放宽对绿色创新的融资需求。其次，构建互联互通的数字普惠金融生态圈，促进相邻地区数字普惠金融的发展，从而推动各区域协同发展。最后，根据地区发展状况的不同，推进数字普惠金融各维度的协同发展，以更有针对性地发挥数字普惠金融各维度的优势，从而促进绿色创新效率的提升。

第二，完善地区信息共享机制和信息交流平台，优化资本配置。通过考察地区投融资需求、科技项目与研发能力等因素，从而形成资源共享、协同发展的信息共享机制和信息交流平台。目前，金融机构和企业之间信息不对称程度较为严重，信息是否准确、及时地传递就成为资本合理配置的关键，因此金融机构应借助信息共享机制和信息交流平台加强与本地区其他机构的合作，实现资本等资源的整合。

第三，制定支持区域绿色创新发展的政策，加快实现“碳达峰、碳中和”的目标。当前中国面临着资源错配、环境污染等问题，国家及地方政府应该重视并积极实施节能减排，推进绿色环保。一方面，鼓励环保产业的发展。政府可以通过政策引导为环保行业吸引更多的资金、人才，推动环保行业健康发展，从而缓解经济增长和生态环境之间的矛盾。另一方面，减少对重污染产业的资源供给。银行要在政府指引下通过调整重污染产业的贷款利率、贷款金额等，逐步让重污染企业退出市场，促进区域绿色创新。

参考文献

[1] 白俊红，卞元超．要素市场扭曲与中国创新生产的效率损失［J］．中国工业经济，2016（11）：39-55.

[2] 白俊红，刘宇英．对外直接投资能否改善中国的资源错配［J］．中国工业经济，2018（1）：60-78.

[3] 陈海龙，陈小昆．“涓滴”还是“极化”：数字普惠金融对农村相对贫困的改善效应［J］．云南财经大学学报，2021，37（7）：15-26.

[4] 陈啸，陈鑫．普惠金融数字化对缩小城乡收入差距的空间溢出效应［J］．商业研究，2018（8）：167-176.

[5] 陈旭，邱斌．数字金融、金融监管与出口扩张——来自中国工业企业的证据［J］．国际经贸探索，2020（9）：1-16.

[6] 戴魁早．要素市场扭曲如何影响出口技术复杂度？——中国高技术产业的经验证据［J］．经济学（季刊），2019（1）：337-366.

[7] 翟华云，刘易斯．数字金融发展、融资约束与企业绿色创新关系研究［J］．科技进步与对策，2021，38（17）：116-124.

[8] 翟婧彤，张军涛．城市规模、创新能力与空间溢出效应——以长江三角洲城市群为例［J］．当代经济管理，2020，42（12）：30-37.

[9] 董旭，杨亚丽，赵晓梦．空间效应作用下资源错配与中国工业全要素生产率及其地区差异研究［J］．学习与实践，2021（4）：45-56.

[10] 高星，向海凌，吴非．金融发展、空间关联与区域创新异质性——基于空间杜宾模型（SDM）的经验证据［J］．宏观质量研究，2018，6（4）：59-74.

[11] 龚红，江俊霖．绿色与非绿色技术对后续创新影响的比较——"厚此薄彼"还是"双赢策略"［J］．科技进步与对策，2022，39（2）：1-10.

[12] 韩先锋，宋文飞，李勃昕．互联网能成为中国区域创新效率提升的新动能吗［J］．中国工业经济，2019（7）：119-136.

[13] 韩燕，李衡，王巍．高铁发展对城市雾霾污染的影响研究［J］．软科学，2021，35（12）：50-55.

[14] 江红莉，蒋鹏程．财政分权、技术创新与经济增长质量［J］．财政研究，2019（12）.

[15] 金刚，沈坤荣．以邻为壑还是以邻为伴？——环境规制执行互动与城市生产率增长［J］．管理世界，2018，34（12）.

[16] 李晓龙，冉光和，郑威．金融发展、空间关联与区域创新产出［J］．研究与发展管理，2017，29（1）：55-64.

[17] 李晓阳，赵宏磊，林恬竹．中国工业的绿色创新效率［J］．首都经济贸易大学学报，2018，20（3c）：41-49.

[18] 刘佳鑫，李莎．"双循环"背景下数字金融发展与区域创新水平提升［J］．经济问题，2021（6）：24-32.

[19] 吕岩威，谢雁翔，楼贤骏．中国区域绿色创新效率时空跃迁及收敛趋势研究［J］．数量经济技术经济研究，2020，37（5）：78-97.

[20] 马骏，孟海波，邵丹青，等．绿色金融、普惠金融与绿色农业发展［J］．金融论坛，2021，26（3）：3-8；20.

[21] 聂秀华，江萍，郑晓佳，等．数字金融与区域技术创新水平研究［J］．金融研究，2021（3）：132-150.

[22] 牛欢，严成樑．环境税收、资源配置与经济高质量发展［J］．世界经济，2021，44（9）：28-50.

[23] 任碧云，李柳颖．数字普惠金融是否促进农村包容性增长——基于京津冀2114位农村居民调查数据的研究［J］．现代财经（天津财经大学学报），2019，39（4）：3-14.

[24] 沙依甫加玛丽·肉孜，邓峰．资本市场扭曲与绿色经济效率——基于空间杜宾模型的实证分析［J］．南京审计大学学报，2020，17（1）：93-102.

[25] 邵帅，张可，豆建民．经济集聚的节能减排效应：理论与中国经验［J］．管理世界，2019，35（1）：36-60.

[26] 宋马林，金培振．地方保护、资源错配与环境福利绩效［J］．经济研究，2016（12）：47-61.

[27] 孙博，刘善仕，姜军辉，等．企业融资约束与创新绩效：人力资本社会网络的视角［J］．中国管理科学，2019，27（4）：179-189.

[28] 谭劲松，何铮．集群研究文献综述及发展趋势［J］．管理世界，2007（12）：140-147.

[29] 唐松，赖晓冰，黄锐．金融科技创新如何影响全要素生产率：促进还是抑制？——理论分析框架与区域实践［J］．中国软科学，2019（7）：134-144.

[30] 滕磊，马德功．数字金融能够促进高质量发展吗？［J］．统计研究，2020，37（11）：80-92.

[31] 万佳彧，周勤，肖义．数字金融、融资约束与企业创新［J］．经济评论，2020，41（1）：71-83.

[32] 汪辉平，王增涛．财政支出、空间溢出与区域创新［J］．经济问题探索，2017（9）：78-85.

[33] 王永钦，李蔚，戴芸．僵尸企业如何影响了企业创新？——来自中国工业企业的证据［J］．经济研究，2018（11）：99-114.

[34] 温珺，阎志军，程愚．数字经济驱动创新效应研究——基于省际面板数据的回归［J］．经济体制改革，2020（3）：31-38.

[35] 肖仁桥，沈路，钱丽．"一带一路"沿线省份工业企业绿色创新效率及其影响因素研究［J］．软科学，2020，34（8）：37-43.

[36] 谢平，邹传伟，刘海二．互联网金融的基础理论［J］．金融研究，2015，（8）：1-12.

[37] 徐章星．数字普惠金融发展促进了城市创新吗？——基于空间溢出和门槛特征的实证分析［J］．南方金融，2021（2）：53-66.

[38] 严若谷．金融业协同集聚的空间分异研究——基于深圳金融企业选址的观察［J］．广东社会科学，2021（5）：26-35.

[39] 余泳泽，宣烨，沈扬扬．金融集聚对工业效率提升的空间外溢效应［J］．世界经济，2013，36（2）：93-116.

[40] 原毅军，赵蒙．绿色技术对技术创新的挤出效应［J］．工业技术经济，2014，33（3）：97-104.

[41] 张东，王豪杰．金融集聚、空间溢出与地区工业绿色创新效率［J］．经济经纬，2021，38（1）：134-142.

[42] 张梁，相广平，马永凡．数字金融对区域创新差距的影响机理分析［J］．改革，2021（5）：88-101.

[43] 张伟，芦雨婷．绿色金融助推工业绿色化转型探讨［J］．环境保护，2018，46（22）：13-17.

[44] 张勋，万广华，张佳佳，等．数字经济、普惠金融与包容性增长［J］．经济研究，2019，54（8）：71-86.

[45] 张亚斌，李英杰，金培振．要素市场扭曲影响中国城市环境质量的空间效应研究［J］．财经论丛，2016（7）：3-10.

[46] 邹新月，王旺．中国数字金融与科技创新耦合协调发展的时空演变及其交互影响［J］．广东财经大学学报，2021，36（3）：4-17.

[47] CONVERSE N.Uncertainty，capital flows，and maturity mismatch［J］．Journal of International Money and Finance，2018，（88）：260-275.

[48] CURRAN D. Risk，innovation，and democracy in the digital economy［J］．European Jour-

nal of Social Theory, 2018, 21 (2): 207-226.

[49] DERRYL SILV, ZUZANA F. The design of digital financial infrastructure: lessons from India [J]. Monetary and Economic Department, 2019, 106 (12).

[50] GOMBER P, KOCH J, SIERING M. Digital finance and fintech: current research and future research directions [J]. Journal of Business Economics, 2017, 87 (5): 537-580.

[51] HSIEH C T, KLENOW P J. Misallocation and manufacturing TFP in China and India [J]. The Quarterly Journal of Economics, 2007, 124 (4): 1403-1448.

[52] MALLAD C K, RUPESH K, SRINIVASAN S. Digital financial inclusion: next frontiers—challenges and opportunities [J]. CSI Transactions on ICT, 2021, 9 (2): 127-134.

[53] MANSO G. Motivating innovation [J]. Journal of Finance, 2011, 66 (5): 1823-1860.

[54] OZILI K. Impact of digital finance on financial inclusion and stability [J]. Borsa Istanbul Review, 2018, 18 (4): 329-340.

[55] PRESS S, ALONER G. Economics and electronic commerce [J]. Journal of Economic Perspectives, 2001, 15 (1): 3-12.

[56] SONG X, JING Y, AKEBA K. Spatial econometric analysis of digital financial inclusion in China [J]. International Journal of Development Issues, 2021, 20 (2): 210-225.

Digital Inclusive Finance, Capital Misallocation and Regional Green Innovation Efficiency

Xuefeng Zhou, Daying Wang, Lu Han

Abstract Based on the spatial Durbin panel model and taking 29 provincial-level administrative regions in China as sample, this paper studies the influence of digital inclusive finance on regional green innovation efficiency, as well as the mediating and spillover effect of capital misallocation between them. The paper further discusses the differences in various dimensions of digital inclusive finance and its economic outcomes. The results show that: first, digital financial inclusion can promote local green innovation efficiency, and improve the green innovation efficiency in neighboring regions through spillover effect. Second, regional digital inclusive finance can improve innovation efficiency through alleviating capital misallocation in the region. That is to say, capital misallocation can play a mediating effect between digital inclusive finance and green innovation efficiency. Third, regional digital inclusive finance can improve green innovation efficiency in the neighboring region through alleviating capital misallocation in the same region as digital inclusive finance taken place. Therefore, regional capital misallocation could exert a spillover mediating effect between regional digital inclusive finance and green innovation efficiency in neighboring regions. Fourthly, digital inclusive finance could improve green innovation efficiency in neighboring regions through alleviating capital misallocation in neighboring regions. That is to say, digital inclusive finance plays a spillover effect on capital misallocation and green innovation efficiency in neighboring regions. Further research based on the three dimensions of digital inclusive finance shows that, capital misallocation plays a spillover mediating effect between both the coverage breadth, depth of use of digital inclusive finance and regional green innovation efficiency. But regional capital allocation could not play a mediating effect between the degree of digitalization and regional green innovation efficiency. This paper provides theoretical guidance and empirical support for improving the development of digital inclusive finance, optimizing capital allocation and improving regional green innovation efficiency.

Key Words digital inclusive finance; capital misallocation; regional green innovation efficiency; spatial durbin panel model; spillover mediating effect

环境信息披露对企业可持续发展能力的影响研究

——来自于重污染行业的经验数据①

宋淑琴　刘玉萍

（东北财经大学　中国内部控制研究中心　大连　116025）

摘　要　本文选取2012—2021年A股上市公司重污染行业的企业作为研究对象，对环境信息披露质量对于企业可持续发展能力的作用关系进行实证分析。研究发现：环境信息披露对企业可持续发展能力具有显著的正向影响，高质量的环境信息披露会促进企业可持续发展。市场竞争程度可以降低环境信息披露对企业可持续发展能力的促进作用，企业所处的市场环境竞争程度越大，环境信息披露对企业可持续发展能力的影响越小。重污染企业环境信息披露对企业可持续发展能力的提升效应在非国有企业和高竞争度的市场环境中更为明显。本文的研究结论有助于深入理解环境信息披露和企业可持续发展能力之间的关系，为如何提升企业可持续发展能力提出了新的角度与思路。

关键词　环境信息披露　可持续发展能力　市场竞争度

①　资助项目：辽宁省教育厅项目“环境管制、环保投资与债务融资：债权人参与环境治理的经验证据”（LN2020J26），科研平台建设专项“地方政府债务增量是否会引起企业资本结构调整？”（PT202133）。

一、引 言

自党的十八大以来，绿水青山就是金山银山的理念深入人心，绿色逐渐成为高质量发展的底色。党的十九届四中全会也明确指出全面落实生态环境保护制度，推动生态环境损害终身责任追究制的建立。以“保护优先，节约资源”为基本原则的自然资源节约与循环利用政策体系已经被纳入国家战略中，政府努力促进绿色发展，促进人与自然的和谐相处。维护自然，尊重自然，顺应自然，已经成为全面建设社会主义现代化国家的内在要求之一。

2015年1月1日，《中华人民共和国环境保护法》正式实施，在环保税收上进行严格约束，第一次将重污染企业需要公开的基础信息、排污信息等通过立法的方式加以规定，对于信息披露方式、渠道等方面做出明确规范，提高违法成本和执法效率。2015年6月至7月《中华人民共和国环境保护税法（征求意见稿）》公开征求意见，对重点行业企业实行差别化收费政策，并建立监测预警机制。同年，国家发布的《关于加强企业环境信息体系建设的指导意见》明确指出，重污染上市企业应当按照相关法律法规，公开其环境信息，满足了外部信息使用者的使用要求。有关环保的法规正在完善，强制披露环境信息已是大势所趋。

随着大众环保意识的逐渐增强，企业是否履行相应社会责任，也越来越受到人们的重视。重污染企业在能源消耗和环境污染中扮演着重要的角色，因此破坏环境的同时也应当承担起保护环境的责任。企业面对来自政府、消费者、投资者和其他利益相关者的诸多压力，政策环境与市场环境共同推动了企业环境信息披露的实践，迫使其越来越注重环境的治理，进一步公开环境信息。如何在环境和经济发展之间寻求一个最佳平衡点以实现两者的可持续发展成为企业探索的问题之一。

基于此，本文选取中国上市公司重污染行业2012—2021年财务数据作为研究样本，对我国上市公司重污染行业中众多企业环境信息披露的现状进行了调查和研究，同时对企业可持续发展现状进行了探索，进而对环境信息披露质量对于企业可持续发展能力的作用关系进行实证分析。本文的研究结论表明：（1）环境信息披露对企业可持续发展能力具有显著的正向影响，高质量的环境信息披露会促进企业可持续发展。（2）市场竞争程度可以降低环境信息披露对企业可持续发展能力的促进作用，企业所处的市场环境竞争程度越大，环境信息披露对企业可持续发展能力的影响越小。（3）重污染企业环境信息披露对企业可持续发展能力的提升效应在非国有企业和高竞争度的市场环境中更为明显。本文的研究结论有助于深入理解环境信息披露和企业可持续发展能力之间的关系，为如何提升企业可持续发展能力提出了新的角度与思路。

本文研究的创新之处在于以下两方面：(1) 文章创新性地把企业环境信息披露质量与其可持续发展能力直接联系在一起。之前的大多数研究都围绕环境信息披露与企业价值、环境绩效等方面，企业可持续发展能力的相关文献会围绕其影响因素、企业周期理论或者相关财务指标等。本文采用实证分析的方法，结合企业内部环境信息披露现状与外部所处市场环境竞争度对企业可持续发展能力展开讨论，分析企业环境信息披露质量对企业的可持续发展能力将产生怎样的影响。(2) 本文引入了市场竞争度这一因素作为调节变量，企业所处的市场环境的竞争度会对企业的环境信息披露产生影响，基于市场资源是有限的，企业为争取更多的市场资源发生竞争，为获取竞争优势会进行选择性信息披露进而影响企业核心竞争力，致使企业可持续发展能力发生变化。借助数据分析技术，从宏观层面上评估企业的可持续发展水平和环境信息披露状况，挖掘企业环境数据中的潜在价值，提高数据的利用效率和质量。

二、文献综述

（一）环境信息披露

环境信息披露问题的研究起源于国外，最早由Narver于1971年提出。近年来，国内外学者围绕环境信息披露的标准、实践、影响因素和评价方法等方面进行了大量的研究，取得了一系列重要成果。

在环境信息披露标准和指南的制定与应用上：国际上主要有GRI、CDP等国际机构发布的环境信息披露指南，以及各国政府和监管机构颁布的环境信息披露标准，例如欧盟的非金融信息披露指令和英国的环境信息披露法规等；国内则有《中国企业社会责任报告编写指南》《上市公司环境信息披露指南》《企业环境信息依法披露管理办法》等标准。对比国外学者关于环境信息披露与企业其余相关指标的探索，国内学者则是更多地从环境信息披露本身出发，提出了规范环境信息披露的诸多研究。赵砚（2022）根据上海证券交易所发布的《上市公司环境信息披露指南》，总结了10个有关环境信息披露的评价指标，探索环境信息披露、高管特征和企业财务绩效之间的关系。

在环境信息披露实践方面，研究者们主要关注企业环境信息披露的内容、格式、频率和可信度等方面，分析企业的环境信息披露行为和实践策略。同时，研究者们也探讨了环境信息披露对企业绩效的影响，包括经济绩效、社会绩效和环境绩效等方面。

环境信息披露和环境绩效之间的关系最早是由美国学者Ingram（1980）提出

的，到现在依旧是很多学者的研究对象。Wiseman（1982）构建的Wiseman指数可以用于大量探索环境信息披露的研究中以对企业环境信息披露程度进行评价。Wiseman本人的研究结果显示，环境信息披露对环境绩效无显著相关性。经济优先顺序委员会（CEP）对外公布的环境绩效排名也是众多学者常用于衡量环境绩效的方法之一，Ingram等（1980）就采用事件分析方法，采用CEP公布的环境绩效排名为环境绩效变量，提出环境信息披露和环境绩效二者之间没有明显的相关性。而Hughes等（2001）则综合上述两者的做法，用Wiseman指数来衡量企业的环境信息披露程度，以CEP的环境绩效公开结果为替代变量对环境业绩进行评价，指出环境业绩越差的公司，其环境信息披露越频繁。

环境信息披露和经济绩效中企业价值两者的相关性是环境信息披露实践方面的主要研究对象，通常被众多学者用于实证研究。成琼文和刘凤（2022）基于2015—2019年重污染上市公司的面板数据，探索环境信息披露与企业价值的关系，研究结果表明：重污染企业环境信息披露与企业价值呈“U”形关系，创新产出在环境信息披露与企业价值的关系中具有部分中介作用。唐勇军等（2021）采用2010—2016年重污染行业上市公司的非平衡面板数据，实证检验了环境信息披露质量对企业价值的影响，实证结果表明，环境信息披露质量的提升对企业价值具有显著的促进作用，同时随着内控水平的提高，环境信息披露质量对企业价值的提升作用逐渐被抑制。

在环境信息披露影响因素方面，研究者们主要关注企业特征、行业特征、地区特征和制度环境等因素对企业环境信息披露的影响，分析这些因素的作用机制和影响程度，多种影响因素可能来自外部、内部，也可能是综合作用的结果。刘穷志等（2020）认为制度约束政策与鼓励激励政策从强制性与自愿性两个角度刺激企业积极披露环境信息，行政处罚和物质补助能激励企业提高环境信息披露水平和质量。陈开军等（2020）采用事件研究法，研究结果显示环境信息披露当日市场对企业做出了惩罚性反应，但惩罚性反应并不持久。

在环境信息披露评价方法方面，研究者们主要探讨如何评价企业环境信息披露的质量和效果。相关研究主要从信息质量、披露效果、社会影响等多个角度出发，借鉴了信息披露和质量管理等领域的相关方法和工具，提出了新的实践和评价方法，为企业环境信息披露的改进和提高提供了新思路。总之，国内外的环境信息披露研究呈现多样化、综合化和实践化的趋势，反映了社会对企业环境责任的日益重视和对可持续发展的需求。这一领域的研究将继续深入挖掘环境信息披露的内在机制和价值，推动环境信息披露的规范化和国际化进程。

（二）企业可持续发展能力

伴随着可持续领域的发展，企业可持续发展能力逐步成为国内外企业社会责任探究的重要内容之一，对企业可持续发展能力进行研究和评估，是企业可持续发展理论研究不可或缺的环节，国内外学者围绕企业可持续发展能力的构成、评价、影响因素和提升策略等方面进行了大量的研究。

在企业可持续发展能力构成方面，研究者们对企业可持续发展能力的理论框架和概念进行了深入探讨。尹子民（2003）制定了企业可持续发展度这个指标，用以评价一个企业的可持续发展能力。在探索过程中，以时间为维度，以企业效益能力、经营能力与成长能力三个要点为衡量企业竞争力因子的综合得分进行全面评价，根据企业各竞争力因子得分的动态变化规律设置指标。综合评价的过程，既是从静态角度对企业发展能力进行评判的过程，又是对企业发展能力进行动态描述的过程。他根据可持续发展度，将企业可持续发展能力加以分类。在企业可持续发展度呈正（负）的情况下，企业可持续发展能力较强（弱）。于庆东、王晓灵等学者（2007）则提出基于时间、空间与要素三个维度，对企业可持续发展能力的内涵与概念进行概括总结，并从这三个角度入手分析企业可持续发展能力的影响因素。

在企业可持续发展能力评价方面，研究者们主要关注如何评价企业的可持续发展能力和绩效。他们从定性和定量两个方面出发，建立了不同的评价指标体系和模型，如SASB、GRI等标准。同时，研究者们也对企业可持续发展能力评价的方法进行了探讨，如层次分析法、主成分分析等方法，提高了企业可持续发展能力评价的科学性与客观性。权锡鉴、祁勇（2006）从企业能力资源、能力状态与能力环境三个方面进行企业可持续发展能力评估，他认为，企业的可持续发展能力是在现有条件下获得最大利益和实现最高目标的综合能力，是对企业未来长期竞争优势的一种衡量指标，也是企业生存发展所必须具备的基本素质之一。

在企业可持续发展能力影响因素方面，研究者们主要关注企业特征、行业特征、地区特征和制度环境等因素对企业可持续发展能力的影响，分析这些因素的作用机制和影响程度。美国财务学家罗伯特·C.希金斯教授最先提出企业可持续增长率的概念，以公式角度探索影响企业可持续发展能力的因素，还认为存在诸多他因会对企业可持续发展能力产生影响，如企业的规模经济、企业周期、内部资源和核心竞争力等来自各个方面的要素，均可对企业的发展造成不同程度的影响。

在企业可持续发展能力提升策略方面，研究者们主要关注企业如何提高自身的可持续发展能力。他们提出了一系列提升策略，包括改善环境表现、提高社会责任、创新经营模式等方面，以促进企业可持续发展能力的提高。国内已有文献中关于企业可持续发展能力提升策略问题的研究中：刘力钢教授（2001）是研究我国企业可持续发展的先驱之一，在对国内外文献进行梳理的基础上，他从战略管理和环境学两个方面构建了以“资源–能源”为核心竞争力的中国企业可持续发展评价指标体系，并利用层次分析法确定指标权重，通过实证分析验证该体系，对于评价企业可持续发展水平具有较高的科学性和实用性；同时他在国内率先提出了“循环经济理论”，针对目前我国企业面临的环境问题和资源短缺等现实困境，构建了一个以市场为导向、政府调控为主线、企业自主创新为辅的企业可持续发展模式，该理论不仅为政府决策提供重要参考依据和理论依据，也对中国企业开展可持续经营起到了积极作用。

（三）环境信息披露影响企业可持续发展能力

近年来，越来越多的研究关注企业环境信息披露与可持续发展能力之间的关系。国内外的研究表明，高质量环境信息披露对企业可持续发展能力具有积极影响。在国外，许多研究关注环境信息披露与企业的社会责任形象之间的关系，发现环境信息披露有助于提高企业在公众心目中的形象和声誉。在国内，越来越多的研究者开始探讨环境信息披露对企业可持续发展能力的影响。研究表明，环境信息披露可以帮助企业提高资源利用效率、降低环境污染和环境风险，并提高企业的社会责任感和公众形象。此外，环境信息披露还可以促进企业与利益相关者之间的沟通与合作，提高企业的社会信任度和形象进而获取更多资源，提升企业核心竞争力，实现可持续发展。

目前，有关环境信息披露和企业可持续发展能力的研究文献，多数止于社会、经济、环境三个视角，以这三个维度构造形成公司可持续发展能力评价指标。王爱华等（2001）就使用了这样的指标体系进行探究发现：传统的企业发展模式并未将环境因素考虑进企业发展中去，而仅仅追求高速高利润，这样不合理的发展模式带来了环境危机进而严重威胁了社会经济的可持续发展，甚至会影响人们未来长久稳定的生存环境；为了消除这种潜在的威胁，企业必须正视自身问题，试图构建环境和谐的发展格局，因此，测度企业可持续发展能力的指标体系应至少涵盖社会、经济、环境三个维度。

除了用包含环境因素的维度衡量企业可持续发展能力外，还可以从企业可持续发展能力的影响因素出发，吴应宇等（2003）就进行了相关探究：他对企业可持续发展能力可能的影响因素进行了剖析，认为市场类、财务类、技术类、信息类、管理类和环境类等指标可以构建形成企业可持续发展能力评价指标体系，同时还必须从量性和质性两个方面来考虑。研究过程中，通过构建基于层次分析法（AHP）和模糊综合评判法（FAHP）相结合的指标体系，运用因子得分法及熵权法确定评价指标权重，并以某公司为例，采用专家打分法对该企业环境风险状况进行分析评价，得出我国各行业的总体环境风险管理质量不高且存在，环境风险管理质量会对企业可持续发展能力产生影响的结论。

冼迪曦（2021）则认为积极开展环境信息披露的主要动因表现在企业的外部和内部两个方面，企业为平衡各方面需求，在践行社会责任的同时，确保环境信息得以充分披露，才能推动企业的可持续发展。高晓芳和王颖驰（2021）则是探索钢铁行业中，为了平衡生态环境和经济发展之间的关系引入环境会计，发现环境会计信息披露方面仍存在着较多的问题，迫切需要相关措施来提高环境会计信息披露的质量，实现可持续发展。

不同于上述针对企业可持续发展能力与环境因素的探究，张亚连（2007）的研究以环境为主展开：他对我国公司绩效评价体系演变过程进行了梳理，并提出了建立能够评价企业环境的指标体系的必要性；同时尝试探讨环境绩效评价体系结构框架与构建的问题，并对企业可持续发展提出了参考性建议。尽管已有众多研究表明环境信息披露对企业可持续发展能力具有积极影响，但是仍然存在一些问题需要解决。例如，企业在环境信息披露过程中存在的信息不透明、信息不准确、信息不完整等问题，需要加强监管和规范。此外，企业在环境信息披露方面存在的制度障碍、文化差异等问题，也需要进一步研究和探讨。

（四）文献评述

本文从企业可持续发展能力、环境信息披露以及环境信息披露影响企业可持续发展能力三方面进行了文献梳理，通过对上述研究成果的综述，对上述研究成果进行评述。

（1）在可持续发展方面，近些年来，企业可持续发展能力已成为国内外企业社会责任的重要内容之一，引起了学术界和实践界的广泛关注。对于企业可持续发展能力的研究大多集中于企业可持续发展能力构成、企业可持续发展能力评价、企业可持续发展能力影响因素、企业可持续发展能力提升策略等，取得了一系列重要成果，企业可持续发展能力影响因素占其中的很大一部分。相关研究结果表明，企业规模、行业性质、创新能力等因素与企业可持续发展能力存在显著相关性，而政策法规、市场需求、社会压力等外部因素也对企业可持续发展能力产生影响。

（2）在环境信息披露方面，环境信息披露问题的研究起源于国外，当前我国与世界发达国家无论在信息披露数量还是质量方面均存在很大差距，不同行业披露的水平也有所差异，尽管近些年国家出台了众多相关政策，民众的社会环保意识也在逐步增强，其状况已经大有进步，但是依旧存有较大的提升空间。国内外众多学者们已经找到多种可以用于环境信息披露的研究方法，形成较为成熟的理论基础，与之匹配的各种评价指标体系也已经构建形成。当前，对环境信息披露的研究大多集中于环境信息披露标准和指南的制定与应用、环境信息披露实践、环境信息披露影响因素、环境信息披露评价方法等方面，其中探讨其影响因素的文献较多，大多关注企业特征、行业特征、地区特征和制度环境等因素，分析这些因素的作用机制和影响程度。国内对环境信息披露的研究主要集中于“十一五”至“十三五”规划期间，即2010—2021年间已经取得了重大突破；研究对象中重污染行业多于非重污染行业，制造业多于非制造业。

（3）企业可持续发展与环境信息披露的相关研究在我国起步较晚，综合有关环境信息披露和企业可持续发展方面的文献进行研究发现：此前，尽管已有学者就环境信息披露和企业可持续发展的关系展开了研究，但比较片面，且实证研究欠缺。仅存在少量文献去评价环境因素对企业可持续发展能力的影响，且大部分作为控制变量存在。当前企业所要承担的环境责任不断增加，且可持续增长率作为综合指标，能够更加全面地衡量企业的综合能力，所以，讨论环境信息披露质量对企业可持续发展能力的影响是十分必要的。因此，本文以可持续增长率作为衡量企业可持续发展能力的指标，研究环境信息披露质量对企业可持续发展能力的影响。

三、理论分析与假设

（一）环境信息披露与企业可持续发展能力

首先，根据合法性理论与社会合同理论，也就是一系列的社会契约，把企业和社会联系在一起，企业需要符合社会期望，才能获得合法性地位。当企业日常的生产经营和其他活动不能得到社会公众承认的时候，即可认为此时企业失去合法性地位，面临一定的生存威胁。企业实现良好运营，就无法承受由于自身行为与社会主流价值体系不一致而产生的合法性威胁，因此企业会主动采取行动以满足社会公众的期待。在目前环境保护观念根深蒂固的大环境中，重污染企业自愿披露环境信息的动机强烈且意愿明显，如采用更环保的方式重新设计包装和产品、开发环境友好型新产品、利用广告宣传资源节约型特征等，可以以此提升企业绿色环保形象，从而获得在公众心中的合法性地位，规避市场消极反应。当企业试图寻求环境合法性时，改善自身环境表现、减少环境污染、积极保护环境成为企业的必然选择。Andrew O.A.等（2021）的研究表明，企业环境表现越好，对外披露的环境信息内容越丰富，质量越高。因此，企业可以通过披露高质量的环境信息对外传递利好信号，提升企业形象，进而推动企业持续发展。

其次，依据自愿性信息披露理论与信号传递理论，市场存在信息不对称，环境绩效较好的公司倾向于主动披露较多环境信息，为了便于和业绩较劣的公司区别开来，传达其良好环境管理与绩效信息等，对外塑造了绿色环保积极形象，利于获取声誉资源、增强市场竞争力，继而达到可持续发展的目的。企业要以实现价值创造为前提，就必须要有价值沟通，环境信息披露是与外界交流的方式之一，它能够减轻投资者和企业间的信息不对称程度，增加企业经营与环境透明度，让利益相关者及公众了解企业在环境保护方面所做的工作及取得的成果，同时有利于打造卓越的企业声誉，借此来达到外部了解、认可和支持企业的目的，提高投资者对企业的信任和认同，有利于实现企业可持续发展。吴玉香等（2016）表示随着环保法律日趋完善，社会公众对环境关注度提升，为了吸引债权人和投资者的注意、降低融资成本、获得资金支持，企业环境信息披露程度对于外部利益相关者来说具有重要的信号传递意义。

再次，根据利益相关者理论，环境信息披露是一种环境规制手段。信息披露，就是对利益相关者进行信息公开，而环境信息披露，就是对与企业有关的环境事务进行公开，以某种载体对外发步。目前，各国对环境披露内容还没有形成统一标准，环境披露内容与方式建立在企业自发性披露基础之上，因此，其衡量方式是有区别的，当前，大多是定性披露占主导地位，定量披露与定性定量相结合兼顾的披露方式。在强制性披露规制视角下，企业披露环境信息，尽管产生了环境遵循成本与披露成本，但能够增强企业竞争优势，从而为企业的可持续发展做出贡献。

最后，环境信息披露所能产生的经济收益，有利于企业可持续发展。企业所披露的环境信息，一方面，表现了企业环境社会责任的履行状况，表明企业关注环境问题，致力于节能减排，它体现着企业对社会责任的一种态度，可以塑造积极的环保形象，树立良好的口碑。企业披露高质量的环境信息有利于提高消费者和政府对企业的信任度，使得企业在竞争中取得一定优势。另一方面，企业通过环境信息披露主动与监管当局进行沟通，表达了自己的环保意愿，从而降低政治与环境的风险，避免面对环保行政处罚、在环境损害赔偿或者环境公益诉讼中发生损失。因而综合来说，高质量的环境信息披露有利于企业可持续发展能力的提升。综上，本文提出假设1：

H1：提高环境信息披露质量，可以提升企业可持续发展能力。

（二）环境信息披露、市场竞争度与企业可持续发展能力

多数学者在研究中广泛认同企业的环境信息具有一定的研究价值。唐国平等（2011）指出环境信息披露的作用体现在一方面可以展示企业社会责任的履行情况，另一方面为投资者进行投资决策提供参考。环境信息披露的质量直接影响着企业形象、信誉与绩效，进而影响企业核心竞争力与企业可持续发展能力。企业的核心竞争力对企业的可持续发展十分重要，当前市场环境属于卖方市场，经济过剩，激烈的市场竞争环境使得企业努力寻求支撑企业生存的竞争优势，低成本战略和差异化战略就是当前企业广泛使用的获取竞争优势的战略。

根据冗余资源理论，在市场环境处于激烈竞争状态时，企业管理层对成本管理可能更为严格，用于环保投资的资源可能会被压制，在环境信息披露方面的表现可能会差强人意，因此，在管理层进行管理经营决策时势必会考虑市场在其中的作用及其竞争的不确定性。但结合当下的时代背景，生态文明建设已然成为全社会的共同追求，我国企业面临着资源枯竭、政府监管、强制披露等诸多压力，企业需要通

过高质量的环境信息披露向市场传递利好信号，表明企业的社会责任与环境责任已履行，满足公众与客户绿色消费的需求，从而获取竞争优势，进而进一步实现企业的可持续发展。

根据自愿信息披露理论，企业自愿披露更多的信息可以提高其市场透明度和信任度，从而降低融资成本、提高股价和增加投资者的信任。有学者研究表明行业竞争越激烈，企业自愿进行环境信息披露的主观能动性越高。也有学者从融资约束的角度进行分析，认为市场竞争度会对企业内部融资产生影响进而使得企业产生融资需求，企业要想以较低成本获取外部资金就必须尽可能降低双方的信息不对称，因此产品的市场竞争度会影响企业信息披露质量。李强等（2017）研究发现，在产品市场竞争激烈的行业中，当企业环境信息披露质量较高时，企业的经营水平对企业核心竞争力存在显著的正面效应，研究还发现处在产品市场竞争激烈的行业中的企业，是否承担社会责任是加强市场对经营业绩的影响的重要杠杆。

当企业所处行业竞争程度较低时，行业现有竞争者与潜在进入者数目较低，产品可替代性不高，企业竞争压力较小，此时竞争度对企业决策的影响较弱；但在垄断行业中，竞争压力较大，企业缺乏足够的经济动机又背负较大的经济压力，这会使企业的社会责任履行水平较低，披露的环境信息质量不高；考虑到极限的情况，处于绝对垄断情况下的企业，进行环境信息披露的目的不再是获取竞争优势而是顺应法律法规的要求。企业之间的竞争实则为对有限资源的竞争，但由于信息不对称，企业可能会采用信息披露的方式将自己与竞争对手区分开来，从而更好地吸引投资者。在较为激烈的市场环境中，高质量环境信息披露的重要性更会凸显出来，此时企业若想继续使用低成本战略压缩环保投资降低环境信息披露质量，可能会影响企业竞争优势进而对企业的可持续发展造成破坏。基于此，本文提出假设2。

H2：市场竞争程度能够降低环境信息披露对企业可持续发展能力的促进作用。

四、研究设计

（一）数据来源与样本选择

由于我国企业中对环境造成较大影响的主要是重污染行业企业，重污染企业在生产运行的过程中，不仅资源消耗量大，而且废弃物排放量大，破坏环境较深。所以，为了使研究更具有针对性，本文所选研究样本为重污染行业上市公司。逐步健全环境信息披露制度，增加了企业的经营风险，重污染企业环境行为事关其生存和发展问题。另外，当前我国重污染企业所披露环境信息也比较丰富。所以选择重污染行业的上市公司作为本文的研究对象更具实际意义。

本文按照中国证券监督管理委员会环境保护部2008年制定的《上市公司环保核查行业分类管理名录》、2010年《上市公司环境信息披露指南》(征求意见稿)以及2012年修订的《上市公司行业分类指引》界定重污染行业，指南把火电业，钢铁业和化工业、煤炭业以及制革业等16类行业确定为重污染行业，并且规定，这类重污染行业上市公司须确保环保信息的经常性披露，包括环境治理、污染排放情况及其他。基于以上政策背景，文章选取了2012—2021年间中国A股重污染行业的上市公司作为调研样本，并对资料进行筛选和整理。

在整理资料时，首先排除2012—2021年间上市公司ST、*ST的样本，其次排除关键指标数据不完整的样本企业，最终获得了1 218家重污染上市公司的7 149个的观测样本。本文所采用的企业环境信息披露质量数据、企业可持续发展能力数据、市场竞争度与控制变量数据均来自国泰安数据库。为了排除异常极端值对研究结果的潜在影响，将选用的所有连续变量缩尾处理。数据处理软件以Stata与Excel为主。

(二) 变量定义

1.被解释变量

本文以企业可持续发展能力(SDA)为被解释变量。对于企业可持续发展，当下还没有明确的定义，不同学者从多个角度对其进行解释与度量。从财务视角来看，希金斯(1977)提出“可持续增长率”的概念，衡量在不需要耗尽财务资源的情况下公司销售所能增长的最大比率，指标设计考虑了通货膨胀率的影响。范霍恩(1988)以根据经营比率、负债比率和股利支付比率目标值确定的公司销售最大年增长率表示可持续增长率，并讨论了经营状况与财务政策发生变化时的计算。这两种可持续增长率的计算方法为较多学者所用。

从投资角度来看，1999年颁布的道琼斯可持续发展指数主要从经济、社会及环境三个方面，以投资角度评价企业可持续发展的能力。该评价体系分为通用标准和与特定产业相关的标准两类，通用标准适用于所有产业，标准选定基于对产业可持续发展所面临的一般性挑战的判断；而与特定产业相关指标的选择主要考虑特定行业所面临的挑战和未来发展趋势，两类指标权重各占总权重的50%。道琼斯可持续发展指数一方面更为全面地综合考量了企业内外部各种因素，另一方面因这是一个相对的数，便于不同企业的横向比较，更为重要的是可持续发展指数根据不同行业在指标选择上进行了调整，具有更大的灵活性，对不同行业的评价也更为准确。道琼斯可持续发展指数被认为是全球最重要的公司可持续发展能力评价指标体系之一。

平衡计分卡也可用于衡量企业可持续发展能力。1992年卡普兰和诺顿提出了平衡计分卡，以客户为导向，关注企业成功的关键因素，提高甚至突破现有竞争能力，并能防止经理人的短期行为。平衡计分卡在很大程度上改善了过去单从财务角度评价企业成长性的问题，是一个较为综合的评价系统。但是平衡计分卡不适于不同企业尤其是不同行业的企业之间的横向比较，且它没有把其他重要的利益相关者和行业情况、环境因素、消费者偏好的改变等外部因素考虑进去，而这些都与企业能否保持可持续发展息息相关。本文选取CSMAR数据库发展能力中的可持续增长率作为企业可持续发展能力的度量值。

已有文献关于企业可持续发展能力衡量方式大多是可持续增长率。多数学者认为，企业的可持续发展体现为销售收入不断增加，在不改变企业管理效率和市场条件的情况下，收入增长主要是通过企业资产上升来实现的，而且资产也是负债和权益之和，所以，企业若维持内部的经营效率和外部的市场条件，没有增发新股就不会改变公司既有财务政策，收入增长率即股东权益增长率，本文选取CSMAR数据库发展能力中的可持续增长率作为企业可持续发展能力的度量值，其标准公式为：

$$可持续增长率 = \frac{净资产收益率 \times 收益留存率}{1 - 净资产收益率 \times 收益留存率}$$

2.解释变量

本文以环境信息披露质量（EDI）为被解释变量进行实证研究。目前，环境信息主要从宏观与微观两个维度展开。政府及环保领域相关权威组织对外公布的环境信息等属于宏观层次，这部分信息以为政府及环保监管机构制定方针政策提供决策依据为主旨；而基于企事业单位等组织的则归属于微观层次，企事业单位以对外公布的报告为载体，如年报、社会责任报告与环境报告等，向外界公开其对环境产生的影响信息。本文基于重污染行业上市公司进行探究，属于微观层次。

环境信息作为企业对外公开信息的一种，可以提升利益相关者对企业环境表现、环保成效的了解，向外界传达利好信号，便于利益相关者做出有利决策。2021年5月24日，国务院生态环境办公厅印发的《环境信息依法披露制度改革方案》明确指出，要逐步建立健全企业强制性披露环境信息的要求，有关上市公司依法披露环境信息的制度设计在逐步完善、企业环境治理主体的法定义务在逐步落实，上市公司强制性环境信息披露已是大势所趋。

过去就环境信息披露探索的相关文献中，环境信息披露的测度指标是探究的热点之一，不同学者选用不同的指标对企业环境信息披露质量进行衡量。在目前已有的研究文献中，多数学者对该指标使用的是内容分析法，即通过手工寻找企业年报的方法，评阅社会责任报告和其他企业披露的文件，根据以往就环境信息披露与其他因素展开的实证探究中所选的指标及评分标准计分，得到各个企业得分后进行加权所得数值即代表该企业环境信息披露水平。也有部分学者以润灵国际公益事业咨询公司颁布的《A股上市公司社会责任报告蓝皮书》内容性评价分数（C值）为度量结果，不仅结合我国国情，而且借鉴国际主流的报告评价体系，国内适用度相对较高。

本文则参考毕茜等（2015）、王婉菁等（2021）的指标选择，选取CSMAR数据库中上市公司的环境负债、环境管理、环境业绩与治理情况、披露载体、所受监管认证情况等项目的评分数据，分别从公司环境信息披露质量的充分性、显著性与可靠性等披露情况进行多角度多维度的综合性测量。所有项目得满分时的总分为37分，总分越高，代表企业的环境信息披露内容越充分详细、披露方式越规范。由于不同维度的指标数据存在部分缺失，为保证测量维度的全面性，所得总分为各维度的指标皆不存在缺失值时的数据之和。

相较于简单的定性数据，量化数据因可以更为清晰、直观地展现企业的环境现状而呈现高信度，参考性更高，所以在进行计分时，有量化数据的披露一般得2分，仅仅是定性披露得1分，而未进行披露或在相关报表中并未提及的情况则得0分。具体的指标体系见表1。

表1 **环境信息披露指标表**

一级指标	二级指标	三级指标	最高得分
充分性	环境管理	环保理念	1
		环保目标	1
		环保管理制度体系	1
		环保教育和培训	1
		环保专项行动	1
		环境事件应急机制	1
		“三同时”制度	1
	环境负债	污染物排放	12
	环境业绩与治理	污染物减排治理	10
		清洁生产实施	2
显著性	披露载体	上市公司年报	1
		社会责任报告	1
		环境报告	1
可靠性	独立机构认证或外部奖励	ISO14001认证	1
		ISO9001认证	1
		环保荣誉或奖励	1
总计			37

3.调节变量

本文选取市场竞争度（HHI）为调节变量，该指标与企业规模没有直接关系，能够可靠度量行业集中度的变化。市场竞争程度是人们对企业间在目标市场中的争持的一种判断，是指行业的竞争者之间竞争的激烈程度。产品市场竞争是一种旨在提升企业经济实力，增强其核心竞争力，使企业从自身利益角度出发，排斥竞争者的行为状态。根据竞争理论，处于竞争市场中的企业迫于压力会产生资源竞争，若想长期发展生存，就需要不断完善自我，改革创新，提高企业核心竞争力，但如果企业之间的竞争超出合理竞争范围，就会影响社会资源的合理配置效益。

从经济学原理角度讲，表现竞争程度的指标可以通过产业集中度或市场供求平衡状况反映出来。上市公司竞争度衡量指标包括行业集中度、赫芬达尔-赫希曼指数、企业数量，行业集中度是决定市场结构最基本、最重要的因素，集中体现了市场的竞争和垄断程度，经常使用的集中度计量指标有市场集中率、洛仑兹曲线、基尼系数、逆指数和熵指数等。本文选取赫芬达尔-赫希曼指数作为衡量市场竞争度的指标。

本文选取CSMAR数据库赫芬达尔指数表（HHI）表示市场竞争度，其计算公式为$HHI=\sum(\frac{Xi}{X})^2$，其中$X=\sum Xi$，可以使用不同的指标X代入计算，即利用单个公司主营业务收入、所有者权益的账面价值、总资产、营业收入计算其所占行业市场份额。本文选取营业收入计算其所占行业市场份额，其中，Xi为单个公司的营业收入，X为该公司所属行业的营业收入合计，$\frac{Xi}{X}$即为该公司所占的行业市场份额，$\sum(\frac{Xi}{X})^2$为行业内的每家公司的营业收入与行业营业收入合计的比值的平方累加。HHI越小，说明行业的竞争强度越大；反之，则说明行业的竞争强度越小。

在此基础上，为进一步区分市场竞争度的强弱，以描述性统计分析的中位数为界限，大于等于中值的设置为低竞争度，小于中值则为高竞争度，将高竞争度的强市场竞争取值为1，指数越低，市场中企业越分散，行业竞争越激烈；将低竞争度的弱市场竞争取值为0，指数越大，市场集中度越高，行业越容易被部分企业操纵，行业竞争激烈程度越低。

4.控制变量

为了更好地进行分析，参考李慧云等（2017）、毕茜等（2015）对控制变量的选取，本文从企业特征、财务状况、公司治理等方面选取控制变量，具体包括公司性质SOE、地区经济发展水平GDP、股权集中度TOP1、股权制衡BALANCE、上市年限LISTAGE、企业价值TOBINQ、偿债能力LEV、风险水平DTL。各项变量定义汇总见表2。

表2 变量定义表

变量类型	变量名称	变量符号	变量说明
被解释变量	企业可持续发展能力	SDA	可持续增长率
解释变量	环境信息披露	EDI	环境信息披露质量得分
调节变量	市场竞争度	HHI	赫芬达尔-赫希曼指数
控制变量	产权性质	SOE	虚拟变量，国有企业为1，非国有企业为0
	资产负债率	LEV	总负债/总资产
	第一大股东持股比例	TOP1	第一大股东持股数占总股数比例
	地区经济发展水平	GDP	各地区生产总值
	股权制衡	BALANCE	第一大流通股股东持股数/第二大流通股股东持股数
	上市年限	LISTAGE	Ln（当前年份-上市年份+1）
	企业价值	TOBINQ	（流通股市值+非流通股股份数×每股净资产+负债账面值）/总资产
	风险水平	DTL	财务杠杆×经营杠杆
	年份	YEAR	哑变量

（三）模型设计

为了验证假设1，即环境信息披露对企业可持续发展能力的影响，本文构建回归模型一：

$$SDA=\alpha_0+\alpha_1 EDI+\alpha_2 Controls+\sum YEAR+\varepsilon \quad (1)$$

其中，SDA为企业可持续发展能力，EDI为环境信息披露质量，Controls为所有的控制变量，ε为随机干扰项。

为了验证假设2，即行业竞争度对环境信息披露与企业可持续发展能力的调节作用，在模型（1）的基础上，加入了交乘项环境信息披露质量EDI×赫芬达尔指数HHI，构建了回归模型（2）：

$$SDA=\alpha_0+\alpha_1 EDI+\alpha_2 EDI\times HHI+\alpha_3 HHI+\alpha_4 Controls+\sum YEAR+\varepsilon \quad (2)$$

其中，EDI×HHI为环境信息披露质量与赫芬达尔指数的交乘项，SDA为企业可持续发展能力，EDI为环境信息披露质量，HHI为赫芬达尔指数，Controls为所有的控制变量，ε为随机干扰项。

五、实证结果与分析

（一）统计分析与检验

1.变量的描述性统计

对所选择的数据样本进行回归分析前，本文首先通过Stata17.0对本文选取的样本数据进行描述性统计分析，初步了解各个变量的均值、中位数、标准差、最小值与最大值，表3即为各个变量的描述性统计分析结果。

表3 变量描述性统计分析表

	样本数量	均值	标准差	最小值	中位数	最大值
SDA	7 149	0.070	0.078	−0.071	0.051	0.811
EDI	7 149	9.672	7.669	0.000	8.000	32.000
HHI	7 149	0.087	0.065	0.016	0.074	0.504
SOE	7 149	0.376	0.484	0.000	0.000	1.000
GDP	7 149	47 295.187	29 820.554	1 713.300	40 249.300	124 719.500
TOP1	7 149	23.535	18.340	0.090	21.066	80.600
BALANCE	7 149	9.353	17.470	1.000	2.896	207.014
LISTAGE	7 149	2.126	0.928	0.000	2.398	3.367
TOBINQ	7 149	2.059	1.392	0.817	1.617	15.607
LEV	7 149	0.408	0.194	0.032	0.402	0.934
DTL	7 149	3.055	4.540	0.908	1.698	63.029

由表3可知，样本数据中环境信息披露质量的平均值为9.672，最大值为32，最小值为0，代表样本企业中的大多企业的环境信息披露质量较为平均，企业对环境信息披露的重视程度相当，但是都处于中等偏上水平，只有极少数企业可以做到高质量披露企业的环境信息；最大值为32，最小值为0，最值之差为32，反映了不同企业的环境信息披露质量差异较大；中位数为8，略小于均值，表明超半数的样本企业可以达到平均水平，一方面出于国家强制性的环境信息披露要求，另一方面源于企业内在的环保意识与责任意识，重污染样本企业整体的环境表现较好。

样本中企业可持续发展能力的均值为0.070，最小值为−0.071，最大值为

0.811，最值之差为0.882，差值较小的原因一方面可能是在数据处理过程中去除了经营异常的公司与极端值情况，另一方面从企业自身出发，样本企业虽然来自不同行业，但是同为重污染企业，其经营状况可能存在相似之处，企业的可持续发展能力也差异不大，存在负数的情况表明存在一定数目的企业可持续发展受阻，可能是多种因素制约了企业长久稳定的发展致使可持续增长率为负；中位数为0.051，略低于均值，表明多数样本企业都可以维持可持续发展，但是其可持续发展能力可能略低。

样本中行业市场竞争度均值为0.087，最小值为0.016，最大值为0.504，差值为0.488，表明就重污染行业而言，各行业的市场竞争度较为稳定且差异不大；中位数为0.074，略小于均值，根据前文关于市场竞争度强弱的界定可得，处于高竞争度与处于低竞争度的企业数目基本持平，表明当前市场环境中，行业竞争较为温和。

根据表3中控制变量的数值可以看出，股权集中度与股权制衡均值均大于中位数，最大值与最小值之间的差值也很大，表明不同样本企业的股权结构与分布存在差异，且大多数企业表现为股权较为集中，集权可能会对企业可持续发展产生一定影响。上市年限中位数略大于均值，最值差异较大，表明行业内存在一定数目上市已久的企业，也存在新上市的企业，对比起新加入的企业，市场原有的企业可能更知道如何规避企业经营风险使得企业实现可持续发展。风险水平均值为3.055，中位数为1.698，表明存在一定数量的企业处于风险经营中，但大多数企业可以维持低于均值的水平，少部分企业处于高风险水平，这不利于企业的可持续发展；负债能力的均值为0.408，中位数为0.402，两者相当，证明约半数企业的负债能力不足，企业的负债能力影响企业经营，也会对可持续发展产生影响。

2.相关性分析

在上述描述性统计分析的前提下，为验证上文提出的假设，本文继续进行各个变量之间的相关性分析，分析结果见表4。考虑到方差膨胀因子（VIF）整体为1.33，且单个因子的值均小于2，相关性分析结果中解释变量和控制变量之间的相关系数比较低，所以可以认为各个变量不存在严重的多重共线性问题。由表4可知，企业可持续发展能力与环境信息披露质量显著为正且在1%的水平上相关，相关系数为0.082，因此相关性分析的结果可以初步验证假设1：提高环境信息披露质量，可以提升企业可持续发展能力。

市场竞争度与企业可持续发展能力负相关且在1%的水平上显著，系数为-0.039，表明市场竞争越激烈，企业可持续发展能力越强，而环境信息披露质量与市场竞争度之间没有显著的相关关系，接下来会通过回归分析进一步探索验证假设2。

表4 相关系数分析结果表

	SDA	EDI	HHI	SOE	GDP	TOP1	BALANCE	LISTAGE	TOBINQ	LEV	DTL
SDA	1										
EDI	0.082***	1									
HHI	−0.039***	0.009	1								
SOE	0.007	0.175***	0.096***	1							
GDP	0.028**	0.028**	−0.135***	−0.363***	1						
TOP1	−0.001	0.231***	0.173***	0.405***	−0.205***	1					
BALANCE	−0.004	0.098***	0.076***	0.279***	−0.183***	0.476***	1				
LISTAGE	0.053***	0.164***	0.114***	0.514***	−0.240***	0.494***	0.228***	1			
TOBINQ	0.174***	−0.156***	0.010	−0.113***	0.015	−0.001	−0.066***	0.016	1		
LEV	0.092***	0.148***	0.061***	0.321***	−0.172***	0.250***	0.145***	0.376***	−0.223***	1	
DTL	−0.244***	0.025**	0.013	0.173***	−0.136***	0.109***	0.133***	0.156***	−0.113***	0.036***	1

注：***、**、*分别代表1%、5%和10%的显著性水平。

（二）回归结果分析

本文使用Stata17.0对样本数据进行F检验、LM检验与Hausman检验确定采用固定效应回归模型进行回归分析。针对假设1，首先基于全样本数据使用模型（1）进行固定年份的固定效应回归分析，结果见表5。

表5 回归结果表

	SDA（1）	SDA（2）	SDA（3）	SDA（4）
EDI	0.001*** （2.741）	0.001*** （4.132）	0.001*** （2.973）	0.001*** （4.226）
HHI	—	—	-0.028 （-1.465）	-0.044** （-2.446）
EDI×HHI	—	—	-0.006*** （-2.698）	-0.005** （-2.312）
SOE	—	0.001 （0.346）	—	0.002 （0.456）
GDP	—	-0.000 （-0.443）	—	-0.000 （-0.563）
TOP1	—	-0.000*** （-3.841）	—	-0.000*** （-3.316）
BALANCE	—	0.000** （2.166）	—	0.000** （2.044）
LISTAGE	—	0.001 （0.805）	—	0.001 （0.808）
TOBINQ	—	0.013*** （11.768）	—	0.013*** （11.820）
LEV	—	0.095*** （10.057）	—	0.095*** （10.068）
DTL	—	-0.005*** （-13.533）	—	-0.005*** （-13.577）

注：***、**、*分别代表1%、5%和10%的显著性水平。

针对假设1，首先基于全样本数据使用模型（1）进行了回归分析，表5中列（1）与列（2）即为环境信息披露质量与企业可持续发展能力之间相关系数的回归结果。结果显示：在加入控制变量前，两者之间的系数为0.001，在1%的水平上显著正相关，添加控制变量后，两者之间的系数仍为0.001，在1%的水平上显著正相关，证明较高的环境信息披露质量会促进企业可持续发展能力的提升，进而使得企业实现可持续发展，假设1得到验证。

对于重污染企业而言，因其会对环境产生不可逆的破坏而备受关注，根据国家的要求进行环境信息披露势必会影响利益相关者对企业的看法。当前国家对于重污染企业强制披露的制度较之前多有进步，但仍然有一些规则漏洞，存在一定数目的企业试图通过规则漏洞披露质量较差的环境信息以向外界展示企业良好的经营状况与环保意识。与此同时，也存在一定数目的企业在维持自身生产经营的前提下披露较多的环境信息，旨在向利益相关者与公众展示企业最真实的情况，利益为先的市场中，这部分企业可以因其环保意识与责任意识受到青睐，进而促进企业可持续发展。从本文的研究可以看出，披露高质量环境信息可以对企业可持续发展能力起积极促进的作用。

针对假设2，用模型（2）验证市场竞争度对环境信息披露质量对企业可持续发展能力的影响的调节作用，表5中的列（3）与列（4）即为引入环境信息披露质量与市场竞争度交乘项作为调节作用的回归结果。结果表明，环境信息披露质量与企业可持续发展能力依旧在1%的水平上显著正相关，而环境信息披露质量与市场竞争度的交乘项的系数分别在1%与5%的水平上显著为负，证明市场竞争程度能够降低环境信息披露质量对企业可持续发展能力的促进作用，假设2初步得以验证。

（三）稳健性检验

为了进一步增加研究结论的可靠性，本节进一步对样本数据进行稳健性检验，包含缩减样本区间、滞后一期解释变量和增减控制变量。

1.缩减样本区间

考虑到2015年1月1日颁布了新环保法，政策的变更可能会对企业的环境信息披露质量造成一定的影响，本文针对样本中2015—2021年的数据进行稳健性检验，探究在政策更新的情况下环境信息披露质量与企业可持续发展能力之间的关系，结果见表6。企业可持续发展能力（SDA）和环境信息披露质量（EDI）的回归系数仍然为正且在1%的水平上显著；企业可持续发展能力（SDA）和环境信息披露质量（EDI）×市场竞争度（HHI）的回归系数仍然为负且在1%的水平上显著。这表明在缩减了样本区间后，所得到的回归结果仍然与假设相符，进一步说明本文的研究结论是较为稳健的。

表6 稳健性检验结果表（缩减样本区间）

	SDA（1）系数	SDA（1）T值	SDA（2）系数	SDA（2）T值
EDI	0.001***	（4.893）	0.001***	（5.548）
EDI×HHI	—	—	-0.008***	（-3.325）
HHI	—	—	0.023	（0.743）
SOE	0.000	（0.067）	0.001	（0.290）
GDP	-0.000	（-0.475）	-0.000	（-0.649）
TOP1	-0.000***	（5.665）	-0.000***	（-4.900）
BALANCE	0.001***	（6.421）	0.001***	（6.155）
LISTAGE	0.001	（0.659）	0.001	（0.680）
TOBINQ	0.012***	（16.552）	0.012***	（16.500）
LEV	0.123***	（19.336）	0.124***	（19.440）
DTL	-0.008***	（-23.025）	-0.008***	（-23.128）
Cons	0.016***	（3.549）	0.013**	（2.488）
Year	Yes		Yes	
N	5 371		5 371	
adj.R^2	0.174		0.178	

注：***、**、*分别代表1%、5%和10%的显著性水平。

2.增减控制变量

本文在进行控制变量的选择过程中阅读大量文献，结合毕吉等（2015）的研究选择公司性质、地区经济发展水平、股权集中度、股权制衡、上市年限、企业价值、偿债能力、风险水平为控制变量，为了检验结果的稳健性，对控制变量进行增减，在原有控制变量的基础上删减股权制衡或增添企业规模，企业规模变量用企业总资产的自然对数来表示，公司的规模可能也会对企业可持续发展产生影响，因而补充企业规模继续进行归回分析，结果见表7。结果表明，增减控制变量后，企业可持续发展能力与环境信息披露质量的回归系数仍然显著为正；市场竞争度这一调节变量依旧有同样的调节作用，进一步验证了结果的稳健性。

表7 稳健性检验结果表（增减控制变量）

	SDA（5）系数	SDA（5）T值	SDA（6）系数	SDA（6）T值	SDA（7）系数	SDA（7）T值	SDA（8）系数	SDA（8）T值
EDI	0.001***	（2.882）	0.001***	（2.961）	0.001***	（2.020）	0.001**	（2.032）
EDI×HHI	—		-0.007**	（-1.974）	—		-0.008**	（-2.189）
HHI	—		0.000	（0.004）	—		-0.008	（-0.250）
SOE	0.001	（0.137）	0.002	（0.199）	-0.001	（-0.086）	-0.000	（-0.041）
GDP	0.000	（0.382）	0.000	（0.377）	0.000	（0.462）	0.000	（0.454）
TOP1	-0.000**	（-2.328）	-0.000**	（-2.244）	-0.001***	（-3.835）	-0.001***	（-3.635）
LISTAGE	0.005	（1.145）	0.005	（1.413）	0.004	（1.121）	0.004	（1.037）
TOBINQ	0.006**	（2.203）	0.006**	（2.208）	0.007**	（2.499）	0.007**	（2.537）
LEV	0.003	（0.945）	0.033	（0.944）	0.021	（0.475）	0.019	（0.440）
DTL	-0.000	（-1.499）	-0.000	（-1.496）	-0.000	（-1.508）	-0.000	（-1.508）
BALANCE	—		—		0.000	（1.565）	0.000	（1.520）
SIZE	—		—		0.005	（1.006）	0.006	（1.134）
Cons	0.019	（0.928）	0.018	（0.929）	-0.091	（-0.922）	-0.104	（-1.054）
Year	Yes		Yes		Yes		Yes	
N	7 149		7 149		7 149		7 149	
adj.R^2	0.008		0.008		0.008		0.009	

注：***、**、*分别代表1%、5%和10%的显著性水平。

3.滞后一期解释变量

为了进一步进行稳健性检验，本文将环境信息披露质量滞后一期后进行回归分析，企业的环境信息对企业产生的影响是持续的，可能带来一定的滞后效应，将环境信息披露质量滞后一期继续进行回归，结果见表8。企业可持续发展能力与滞后一期的环境信息披露质量的回归系数依旧为正且在1%水平上显著；企业可持续发展能力与滞后一期的环境信息披露质量与市场竞争度的交乘项的回归系数依旧为负且在1%的水平上显著，这表明滞后一期解释变量与调节变量后回归结果依旧与假设相符，进一步证明了结论的稳健性。

表8 稳健性检验结果表（滞后一期解释变量）

	SDA（3）系数	SDA（3）T值	SDA（4）系数	SDA（4）T值
LEDI	0.001***	（5.432）	0.001***	（4.812）
LEDI×HHI	—	—	-0.004***	（-1.977）
HHI	—	—	-0.017	（-0.670）
SOE	-0.002	（-0.897）	-0.002	（-0.752）
GDP	-0.000	（-0.615）	-0.000	（-0.796）
TOP1	-0.000***	（-4.369）	-0.000***	（-3.564）
BALANCE	0.000***	（4.547）	0.000***	（4.265）
LISTAGE	0.004**	（2.425）	0.004**	（2.495）
TOBINQ	0.012***	（16.093）	0.012***	（16.062）
LEV	0.097***	（16.875）	0.097**	（16.901）
DTL	-0.007***	（-24.053）	-0.007***	（-24.100）
Cons	0.016***	（3.289）	0.016***	（3.092）
Year	Yes		Yes	
N	5 396		5 396	
adj.R^2	0.173		0.176	

注：***、**、*分别代表1%、5%和10%的显著性水平。

六、进一步分析

（一）产权性质异质性分析

重污染行业上市公司依据公司属性可以分为国有或国有控股、私营、中外合资等，将国有或国有控股企业设定为国有企业、其余均设为非国有企业进行分组回归分析，结果见表9。结果表明，非国有企业环境信息披露质量与企业可持续发展能力正相关，再次验证了假设1，而国有企业的环境信息披露质量与企业可持续发展能力之间并未呈现显著的相关关系。非国有企业环境信息披露的自由度较大，企业可以选择性地进行高质量环境信息披露，以反馈企业真实的环境信息，向外界传递利好信号以吸引更多利益相关者的投资，同时也有利于企业获取信誉，赢得公众的信任，获取更多资源，增强其核心竞争力，进而实现企业长久稳定持续的发展。而国有企业因为企业性质的问题，受国家政策和宏观调控的影响更大，进行环境信息披露的自由度相对较低，同时考虑到国有企业占比较低，行业内可利用的资源有限，环境信息披露质量与企业可持续发展能力之间无显著关系。

表9　**产权性质异质性回归结果表**

	SDA（国有）系数	SDA（国有）T值	SDA（非国有）系数	SDA（非国有）T值
EDI	0.000	（0.524）	0.001***	（4.674）
GDP	0.000*	（1.771）	−0.000*	（−1.831）
TOP1	−0.000	（−0.427）	−0.000***	（−4.392）
BALANCE	0.000*	（1.829）	0.000	（0.876）
LISTAGE	0.005	（1.354）	0.002	（0.770）
TOBINQ	0.013***	（6.506）	0.013***	（9.580）
LEV	0.098***	（5.402）	0.098***	（9.228）
DTL	−0.004***	（−10.853）	−0.006***	（−8.021）
_CONS	−0.008	（−0.452）	0.017***	（3.291）
Year	Yes		Yes	
N	2 690		4 459	
adj.R^2	0.154		0.173	
F	15.323		16.967	

注：***、**、*分别代表1%、5%和10%的显著性水平。

（二）市场竞争度异质性分析

根据前文设置的高竞争度与低竞争度进行分组回归进一步验证假设2的猜想，表10中列示了高竞争度与低竞争度下各项数据的回归结果。结果显示，不管市场竞争强度如何变化，环境信息披露质量与企业可持续发展能力均显著正相关，环境信息披露质量与市场竞争度的交乘项在高竞争市场环境中与企业可持续发展能力在1%水平上显著负相关，即可以说明市场竞争度调节着环境信息披露质量对企业可持续发展能力的影响：在市场环境较为激烈的情况下，企业会通过降低环境信息披露质量进而影响企业可持续发展能力。

表10 市场竞争度异质性回归结果表

	SDA（高竞争度）系数	SDA（高竞争度）T值	SDA（低竞争度）系数	SDA（低竞争度）T值
EDI	0.002***	(4.103)	0.001**	(2.083)
HHI	0.040	(0.300)	-0.027	(-0.770)
EDI×HHI	-0.031***	(-2.939)	-0.004	(-1.340)
SOE	0.004	(0.885)	-0.001	(-0.169)
GDP	-0.000	(-0.574)	-0.000	(-0.346)
TOP1	-0.000***	(-2.970)	-0.000*	(-1.924)
BALANCE	0.000	(1.529)	0.000	(1.631)
LISTAGE	0.001	(0.286)	0.003	(1.041)
TOBINQ	0.013***	(7.868)	0.012***	(8.922)
LEV	0.087***	(6.670)	0.107***	(8.006)
DTL	-0.004***	(-9.600)	-0.006***	(-9.560)
_CONS	0.010	(1.213)	0.014	(1.396)
Year	Yes		Yes	
N	3 594		3 555	
adj.R^2	0.165		0.158	
F	13.972		15.056	

注：***、**、*分别代表1%、5%和10%的显著性水平。

因重污染企业对环境的影响，外界对其披露的环境信息更为关注，这些企业存在巨大的环境风险，随时可能因各种环境污染因素产生额外的成本费用，对于利益相关者而言，获取更多的真实可靠的信息是十分必要的，因此，披露更多高质量环境信息的重污染企业会有更高的认可度和公众信誉。有研究表明，环境信息披露质量与投资者信息正相关，那么对于高质量披露环境信息的企业而言，获取竞争优势提高企业价值的可能性就更高，其可持续发展能力就越强。同时，企业受到所处行业竞争度的影响，在竞争激烈的市场环境中，受到低成本与差异化基本战略的驱动，企业会进行选择性信息披露，试图通过减少对外披露消减环境问题带给企业的负面效应，进而造成信息披露不透明、完整度不足等问题，这样做不仅不会消减企业的负面影响，还会给利益相关者试图遮掩的印象，影响企业信誉与公众说服力，这种机会主义显然会使企业陷入信誉危机，对企业的可持续发展产生负面影响。

七、研究结论与启示

伴随着经济的高速发展，人们越来越重视环境保护与生态建设，人们的思想意识在转变，国家的政策规则在改革，环保已然成为大众生活的底色之一。企业作为当下社会生产的最大主体，企业的发展带来了经济效益，同时伴随着环境污染，这引起了人们的关注。重污染企业环境信息披露质量的高低、披露内容的完整性在一定程度上反映了该企业的环保意识与环境污染程度，以社会责任报告或年报的形式呈递给公众予以监督反馈，有助于提升企业核心竞争力，实现可持续发展。基于此，本文以2012—2021年重污染行业上市公司为研究对象，运用Stata17.0统计软件进行实证分析，研究环境信息披露质量对企业可持续发展能力的影响，市场竞争度对环境信息披露质量与企业可持续发展能力关系的调节作用，得到的结论如下：

（1）环境信息披露与企业可持续发展能力正相关。数据分析的结果表明，当前我国重污染企业环境信息披露质量较为均衡，不同企业的环境信息披露质量差异较大，在国家强制性信息披露的要求下，大多数企业可以维持相对稳定的环境信息披露质量。对于高质量环境信息披露的企业，企业本身较为注意环境保护，有较好的责任意识与风险管控，会在日常进行诸如员工培训、环保知识普及等相关工作，在这样的前提下，这类企业关于环境保护的工作会更好地展开，对国家相关环保政策的响应会比较积极，得以政府奖励与扶持的可能性更大，获得群众与相关利益者信赖的可能性较高，因其稳定性在进行选择时可能会优先被选择，增强其核心竞争力进而促进企业可持续发展能力的提升。对于环境信息披露质量较低的企业，企业的环保意识、责任意识与风险管控不足，人们对这类企业的信赖感也会缺失，在进行选择时可能会规避这类企业，影响其核心竞争力，进而阻碍其可持续发展能力的提升。

（2）市场竞争度会调节环境信息披露质量对企业可持续发展能力的正面影响，具体表现为：市场竞争程度能够降低环境信息披露质量对企业可持续发展能力的促进作用，在市场竞争较为激烈的情况下，企业降低环境信息披露质量会损害企业可持续发展能力。本文通过加入环境信息披露质量与市场竞争度的交乘项来探索市场竞争程度是否会对环境信息披露质量与企业可持续发展能力的关系产生影响。在竞争较为激烈的市场环境中，企业管理层对成本管理可能更为严格，用于环保投资的资源可能会被压制，在环境信息披露方面的表现可能会差强人意，因此，在管理层进行管理经营决策时势必会考虑市场在其中的作用及其竞争的不确定性。但结合当下的时代背景，生态文明建设已然成为全社会的共同追求，我国企业面临着资源枯竭、政府监管、强制披露等诸多压力，企业需要通过高质量的环境信息披露向市场传递利好信号，表明企业对社会责任与环境责任已履行，满足公众与客户绿色消费的需求，从而获取竞争优势，进而进一步实现企业的可持续发展。

参考文献

[1] 毕茜，顾立盟，张济建．传统文化、环境制度与企业环境信息披露［J］．会计研究，2015（3）：12-19.

[2] 陈开军，杨倜龙，李鋆．上市公司信息披露对公司股价影响的实证研究——以环境信息披露为例［J］．金融监管研究，2020（5）：48-65.

[3] 成琼文，刘凤．环境信息披露对企业价值的影响研究——基于重污染行业上市公司的经验数据［J］．科技管理研究，2022，42（1）：177-185.

[4] 高晓芳，王颖驰．可持续发展理念下钢铁企业环境会计信息披露研究［J］．中国管理信息化，2021，24（23）：40-42.

[5] 刘力钢．企业持续发展论［M］．北京：经济管理出版社，2001.

[6] 刘穷志，白云．政府债务增加降低了企业杠杆吗？［J］．财政研究，2020（3）：71-84.

[7] 李慧云，符少燕，王任飞．碳信息披露评价体系的构建［J］．统计与决策，2015（13）：40-42.

[8] 李强，李恬．产品市场竞争、环境信息披露与企业价值［J］．经济与管理，2017，31（4）：68-76.

[9] 权锡鉴，祁勇．论企业可持续发展能力［J］．中国海洋大学学报，2006（5）：23-27.

[10] 唐勇军，马文超，夏丽．环境信息披露质量、内控“水平”与企业价值——来自重污染行业上市公司的经验证据［J］．会计研究，2021（7）：69-84.

[11] 王婉菁，朱红兵，张兵．资本市场开放与环境信息披露质量［J］．管理科学，2021，34（6）：29-42.

[12] 温素彬，周鎏鎏．企业碳信息披露对财务绩效的影响机理——媒体治理的“倒U型”调节作用［J］．管理评论，2017，29（11）：183-195.

[13] 王爱华，李艳．浅谈企业最佳的资本结构［J］．黑龙江财会，2001（9）：19-21.

[14] 吴语香．社会责任信息披露与融资成本——来自我国上市公司的经验证据［J］．长沙大学学报，2016，30（1）：20-23.

[15] 吴应宇．企业可持续竞争能力系统评价指标体系研究［J］．会计研究，2003（7）：55-56.

[16] 冼迪曦．企业社会责任视角下环境信息披露的动因探析［J］．经济研究导刊，2021（19）：74-76.

［17］尹子民，余佳群，初明畅．企业竞争力与可持续发展评价方法的研究［J］．北京工业大学学报，2003，29（1）：122-125．

［18］于庆东，王晓灵，赵烈．企业可持续发展能力及其提升［J］．沈阳师范大学学报（社会科学版），2007，31（5）：52-55．

［19］赵砚．环境信息披露、高管特征和企业财务绩效——来自573家污染企业的经验证据［J］．企业科技与发展，2022（1）：155-159．

［20］张亚连．基于可持续发展的企业环境业绩评价探析［J］．会计之友（上旬刊），2007（1）：41-42．

［21］ANDREW O A，KONG Y，et al. Trend and relationship between environmental accounting disclosure and environmental performance for mining companies listed in China［J］．Environment，Development and Sustainability，2021，1-25．

［22］HUGHES S B，ANDERSON A，GOLDEN S. Corporate environmental disclosures：are they useful in determining environmental performance？［J］．Journal of Accounting and Public Policy，2001，20（3）：217-240．

［23］INGRAM R W，FRAZIER K B. Environmental performance and corporate disclosure［J］．Journal of Accounting Research，1980，18（2）：614-622．

［24］WISEMAN J. An evaluation of environmental disclosures madein corporate annual reports［J］．Accounting，Organizations and Society，1982，7（1）：553-566．

Research on the Impact of Environmental Information Disclosure on Corporate Sustainable Development: Empirical Data from Heavily Polluting Industries

Shuqin Song, Yuping Liu

Abstract This paper selects enterprises in heavy polluting industries of A-share listed companies from 2012 to 2021 as research objects，and empirically analyzes the relationship between the quality of environmental information disclosure and the sustainable development of enterprises.It is found that environmental information disclosure has a significant positive impact on the sustainable development of enterprises，and high-quality environmental information disclosure will promote sustainable development of enterprises. The degree of market competition can reduce the role of environmental information disclosure on the sustainable development of enterprises，and the greater the degree of competition in the market environment in which enterprises are located，the smaller the impact of environmental information disclosure on the sustainable development of enterprises.The effect of environmental information disclosure on the sustainable development of enterprises is more obvious in the market environment of non-state-owned enterprises and high competition.The research conclusions of this paper help to deeply understand the relationship between environmental information disclosure and corporate sustainable development, and put forward new perspectives and ideas on how to improve corporate sustainable development.

Key Words environmental information disclosure; sustainable development; market competition

第15辑，2023年
No.15，2023
会计与控制评论
Review of Accounting and Control

高管自恋对企业并购的影响研究①

张婷婷　段家琪

（东北财经大学会计学院　中国内部控制研究中心　大连　116025）

摘　要　并购被认为是企业谋求发展的重要途径，已经成为现代企业扩张、发展、整合和提高竞争力的重要手段。本文基于2017—2021年A股非金融上市公司，采用曝光度、新闻凸显度和相对现金薪酬三个指标来构建高管的自恋指数，实证检验了高管自恋对于企业并购事件全过程的影响。研究发现：高管自恋程度与企业发生并购的可能性显著正相关，与企业的并购规模显著正相关；高管自恋程度与企业支付的并购溢价显著正相关；高管自恋程度与企业并购绩效呈显著负相关关系。相比非国有企业，国有企业高管的自恋程度对企业并购决策的影响更加明显。本文丰富和拓展了高管心理特征的经济后果以及企业并购影响因素的研究视角，同时也为企业选聘人才、实施并购战略提供了决策参考。

关键词　高管自恋　企业并购　产权性质

①　本文受辽宁省教育厅青年科技人才“育苗”项目“中国情境下领导风格对企业并购过程及绩效影响研究——基于高管自恋人格的视角”（LN2020Q36）的资助。

一、引 言

并购在当今社会被视为企业发展的关键，它不仅可以帮助企业提升竞争力，还能够有效优化资源配置，已经成为现代企业扩张、发展、整合和提高竞争力的重要手段。1984年，中国首次出现了近现代经济意义上的成功并购，掀起了改革开放以来中国的并购浪潮。随着经济转型的不断深入，为了推动资本市场的健康发展，企业并购行为的相关法规和制度也在不断完善，以满足当前发展中国家的需求。投中研究院发布的《2021年中国企业并购市场数据报告》显示，2017年至2020年，中国企业并购交易数量和金额整体呈现下降趋势。2021年披露了并购交易预案共7 493笔，相较于2020年披露的并购交易预案上升12.36%；其中披露金额的有5 545笔，交易总金额为4 153.23亿美元，同比上升1.19%。这表明2021年中国企业并购市场的交易活跃度有所上升，交易规模有所上升，但上升的幅度比较小。2017—2021年中国企业并购市场如图1所示：

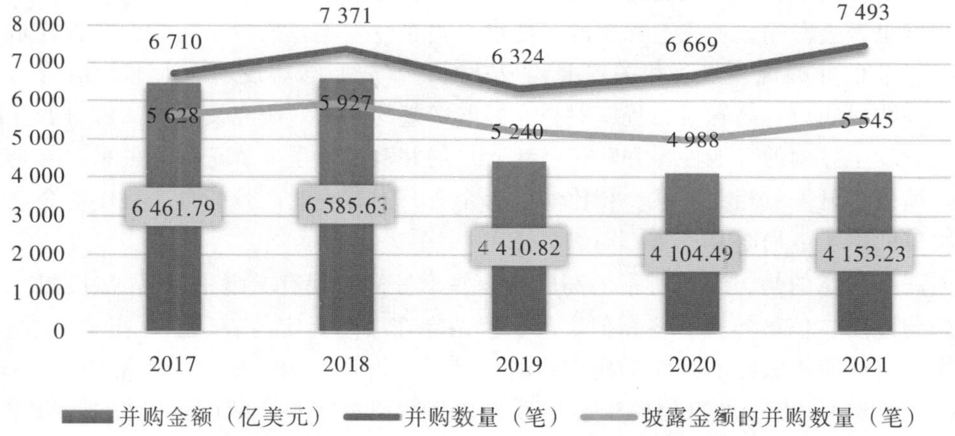

图1 2017—2021中国企业并购信息

数据来源：投中研究院.

并购的影响因素一直是企业和学者们关注的重点，高管作为企业主要决策者，其特质决定了他们的行为和战略选择，从而影响公司的目标、行为和结果（Hambrick and Mason，1984；Hambrick，2007）。已有文献研究了高管的经济人属性、人口统计学特征以及非理性因素对企业并购的影响。基于委托代理理论，高管可能出于个人动机实施并购，而非为了使股东利益最大化，因此公司可能会支付高于其股东预期的并购对价（Morck et al.，1990）。人口统计学特征则包括高管性别（李卫民和黄旭，2014）、海外经历（周中胜等，2020；Giannetti et al.，2015）、从军经历（赖黎等，2017）、金融背景（李善民和周珏廷，2022）、文化差异（李善民等，2019）等。高管的非理性因素包括过度自信（潘爱玲等，2018；Malmendier and Tate，2005）、锚定效应（陈仕华和李维安，2016）等。自恋作为一种更基础、更深层次的人格特征，近年来逐渐引起了学术界的关注。已有研究表明，高管自恋会影响企业战略和会计政策的选择（Cragun et al.，2020）。自恋的高管渴望成就、权力和地位，不断追求自我提升，这促使他们偏爱风险，会进行冒险和具有攻击性的行为（Campbell et al.，2011）。一方面，自恋型高管会进行更多的研发投入（安素霞和赵德志，2020），在面临危机和环境不确定时能够有效鼓舞人心，增强企业的凝聚力和风险应变能力（Wallace et al.，2002），促使企业承担社会责任（靳小翠和郑宝红，2020）；另一方面，自恋型高管会利用会计数字、财务报告特征和信息披露来改善公司的外观，以增强个人的自我形象（Olsen and Stekelberg，2016），更有可能从非GAAP收益中排除费用，而且排除的规模更大（Abdel-Meguid et al.，2021），非国有企业自恋型高管倾向于过度投资（李莹和曲晓辉，2021）。然而现有文献鲜有基于中国国情，将高管自恋对企业并购全过程的影响进行系统性研究。

基于上述分析，本文研究了高管自恋对企业并购事件全过程的影响。即高管自恋程度是否会影响企业发起并购的可能性；当企业发起并购时，高管自恋程度是否又与企业的并购规模显著相关；并购成功时，高管自恋程度对企业并购溢价的影响；并购成功后，高管自恋程度对企业并购绩效的影响。研究发现，高管自恋程度与企业发生并购的可能性、并购规模、支付的并购溢价呈显著正相关关系，与企业并购绩效呈显著负相关关系。相比非国有企业，国有企业高管的自恋程度对企业并购决策的影响更加明显。

需要注意的是，本文所指的高管自恋并不等同于现有文献中的高管过度自信。自恋与过度自信虽然有一些相似之处，但两者在概念界定与表现上存在本质差异。首先，自恋属于人格心理学的研究范畴，是一种潜意识的、稳定的人格特质（Emmons，1987），而过度自信属于会导致主观判断偏离客观实际的认知偏差。其次，自恋更为稳定，通常不会受到环境的影响（Campbell et al.，2011），而过度自信由外部环境和个体内在性格共同决定。最后，自恋既有认知因素也有动机因素，即自恋者需要不断去证明自己（Wallace and Baumeister，2002），而过度自信并不具有动机因素。

本文可能的贡献有以下三点：（1）丰富和拓展了高管心理特征的经济后果以及企业并购影响因素的研究视角；（2）具有较好的实践意义，为企业选拔任命高管提供了新的思路和标准，即不仅要考察专业能力，还要考虑其人格特质与企业发展阶段以及战略布局是否契合；（3）有助于全面了解转轨时期我国资本市场并购，深化对转型时期企业并购的理解，同时为国内学术界在心理学与并购重组领域交叉学科的研究积累新的经验。

二、理论分析与研究假设

高管自恋对企业决策的影响主要取决于制度环境与高管性格特征的互动关系。在企业内部决策体系中，高管自由裁量权越高，决策过程越集权，高管的特征对企业产生的影响就越大，当高管决策受到外部制度环境制约时，高管特质对企业决策的影响将被削弱（Hambrick，2007）。与欧美国家相比，中国公司股权集中度更高，公司“内部人”问题严重，经理人市场还不够成熟，高管行为受到约束较少。在这种内外部环境下，自恋型高管的性格特质对企业经营发展的影响更明显，也更直接。

在企业高管的界定上，通过查阅文献，结合中国企业的实际情况，本文将高管界定为公司的董事长。一方面，我国的现代企业治理体系还在发展阶段，中国尚未形成专业化的职业经理人市场。对很多上市公司而言，家族式企业特征明显。许多企业的董事长对企业拥有着绝对管控权力，更像是欧美发达国家上市公司的CEO（姜付秀等，2009；赵民伟和晏艳阳，2015）。在非职业化的企业内部环境中，对一把手的追随和崇拜与自恋型董事长很容易形成“正反馈”，这种正反馈在较为封闭的企业内部环境中会进一步助长董事长的自恋型人格。此外，对于国有企业而言，国资委印发的《中央企业董事会工作规则（试行）》明确了“董事长作为董事会规范运行的第一责任人。”另一方面，上市公司的董事长作为公众人物，其相关信息也更易得和规范，因此本文选择上市公司的董事长作为研究对象。

（一）董事长自恋与并购倾向

权利（Entitlement）、优越感（Superiority）、极为自负（Self-sufficiency）、剥削性（Exploitativeness）和炫耀性（exhibitionism）是自恋的五个分项（Raskin and Terry，1988）。因此，自恋型的董事长会基于个人目的或自利动机利用手中的权力（权利），希望自己能使公司业绩变好，不断寻求他人敬仰（优越感），被认为比别人更具有优越性和更有能力（优越感和自负），想要成为注意力中心（炫耀性）、缺乏同理心（剥削性）。

首先，董事长内在的事业成功心和对受人崇拜的渴望会驱使他们展开更多的并购活动。自恋的董事长会更青睐一些可以提供更高曝光度和自我提升的投资，借此来向外界表现自己，获得人们的尊敬与崇拜。相比内部积累，并购是企业迅速扩张的首选方式。作为一种突破性举动，并购会大大影响公司的短期股价与长远发展前景，关乎着市场上利益相关者的投资决策，这会引起相当多的业内和媒体关注（Liu and Connell，2013），甚至造成轰动。相对而言，质量的渐进式提高、成本的下降并不会引起过多关注或喝彩。因此并购对于自恋型高管极具诱惑力（Chatterjee and Hambrick，2011）。自恋的董事长可以通过并购这种方式吸引别人的关注，成为注意力的中心，满足其炫耀的心理。

其次，自恋程度越高的董事长，越有可能获得与并购机会相关的信息。董事长越自恋，就越热衷于寻求发展机会（Gorman et al.，2012），寻求塑造未来的方法，而不仅仅是根据当前情况分析和预测未来的情况。自恋作为一种人格特质，具备良好的洞察力和远见，这使得他们愿意去构造事业发展的前景和蓝图。

最后，自恋型董事长往往具有冒险精神和较高的风险偏好，而并购决策体现了董事长的高风险偏好。Graham et al.（2013）对高管进行心理测试，发现偏好高风险的高管并购倾向更高。部分学者将自恋人格与风险偏好联系起来，Foster et al.（2009）的研究表明自恋型领导者偏好风险性投资。自恋型高管会持续不断地追求外界的认可与荣誉，偏好做出一些高风险决策。类似的，Buyl et al.（2019）发现高管自恋与企业风险承担之间呈现正相关关系。基于上述分析，本文提出假设H1和假设H2

H1：在其他条件保持不变的情况下，董事长自恋程度越高，企业发起并购的可能性越大。

H2：在其他条件保持不变的情况下，董事长自恋程度越高，企业的并购金额越大。

（二）董事长自恋与并购溢价

通常来说，并购溢价是指买方支付的价值超过被收购企业资产价值的那部分价值。并购溢价的产生有其必然性与客观性。根据传统并购效率观，并购溢价反映了并购后可实现的协同价值。当企业预期通过并购重组能够改善生产状况、提升竞争力时，即企业对于协同效应有着良好预期时，企业愿意支付并购溢价。此外，由于并购存在较大的不确定性，并购溢价也可能受自恋等非理性因素的影响（潘爱玲等，2018）。根据高层梯队理论和行为金融学理论，董事长作为企业的主要领导者，其自恋程度会影响企业并购过程中关于并购溢价决策的制定。

首先，自恋程度越高的董事长对并购结果的预期越乐观，即使面临着未来环境较大的不确定性，他们仍然对其持开放态度，乐观评估并购之后企业之间的协同效应（Chatterjee and Hambrick，2007）。过于乐观的董事长还往往会忽视或者低估并购过程中的潜在风险，或者认为自身的能力完全能够应对支付过高溢价之后所面临的风险。自恋型董事长往往过于高估自身应对风险的才能，表现出过度自信，认为自己已经把握了具有足够参考价值的信息而忽略了对并购不利的负面消息。这类董事长会觉得市场低估了被并购企业的价值，从而愿意支付更高的并购溢价。他们充分认可并购之后产生的协同效应，低估并购产生的风险，高估企业在面临风险时的应对能力，为此支付高额的并购溢价。

其次，自恋型董事长会更偏好风险，有着较好的风险承受能力。自恋程度较高的董事长在进行决策时，更倾向于做出大胆和冒险的决定。并购溢价来源于并购定价环节，这一环节充满着极大的风险与不确定性。因此从整体上看，相比风险规避者，风险偏爱者会对并购活动抱有更大的激情，其并购行为更加激进（Gerstner et al.，2013），愿意将大量资金投入并购活动当中以确保企业并购的顺利完成，支付更多的并购溢价。当并购交易存在多位竞购者时，高度自恋的董事长出于“冒险精神”也会促使其在确定的价格基础上报出更高的价格以成为有力的竞购者，从而支付更高的并购溢价。

最后，董事长对自恋供给的追求驱使其更容易采取大胆的行动（Rijsenbilt and Commandeur，2011）。高度自恋的董事长强烈渴望个人荣誉和兴奋状态，因此对扩张商业帝国的版图情有独钟，而忽视企业实际情况的不恰当扩张不利于企业价值的稳定增长。激进的、冒险的并购交易通过新闻媒体的披露，使企业获得更多的关注，董事长作为企业的领导者也获得了大量的关注，这满足了自恋型董事长所要求的关注感，增加了优越感的供给。Gerstner et al.（2013）的研究发现，自恋的高管为了博取更多的关注和赞赏会积极制订战略计划来支持企业跨越式技术创新。自恋的高管有着强烈的被关注欲望更偏向制订突出的战略计划。因此高度自恋的高管更有可能为促使并购活动的成功完成而支付更加高额的并购溢价。

基于以上分析，本文提出假设H3。

H3：在其他条件保持不变的情况下，董事长自恋程度越高，企业并购溢价越高。

（三）董事长自恋、产权性质与并购决策

产权差异是中国市场经济的一个重要特征，且国有企业与非国有企业在公司治理等许多方面存在显著差异，因此本文研究了产权性质对董事长自恋与企业并购决策的影响。

首先，国有与非国有企业高管考评制度存在较大差异（李焰等，2011）。国有企业高管的奖惩机制具有非对称性，而在非国有企业中，高管需要为重要的决策承担更大的责任。实际工作中，企业高管如果投资成功，会获得相应的奖赏、良好的声誉以及晋升的机会。但如果高管经营不善，相比于非国有企业，国有企业的高管较少出现被辞退的情况。

其次，国有与非国有企业在融资约束方面存在较大差异。国有企业与政府、银行具有天然联系，有着更软的预算约束，更广泛的融资渠道，更容易得到政府的支

持（江伟和李斌，2006），与非国有企业相比，融资优势为国有企业对外扩张提供条件（李培功和肖珉，2012）。因此，国有企业的董事长在做出并购决策时，并购资金的来源受到的限制较少。相比较于国企通常有政府信用作为担保、融资约束相对较小，非国有企业在融资约束和社会资源等方面将会遇到更多的困难。

最后，由于国有企业和非国有企业在治理结构上存在本质区别，二者在高管决策空间上有着较大的差异（孙光国和赵健宇，2014）。国有企业的运营模式和股权结构，以及其日常决策机制，决定了国有企业面临着完全不同于非国有企业的外部监督环境和内部权力制衡关系，这也决定了国有企业的高管拥有更大的决策空间。基于以上分析，本文提出假设H4。

H4：相比于非国有企业，国有企业董事长的自恋程度对企业并购决策的影响更加明显。

三、实证分析

（一）样本选择与数据来源

本文以2017—2021年我国A股上市公司为初始研究样本。本文使用的企业并购数据来源于CSMAR并购重组数据库，董事长信息和薪酬数据来自WIND数据库，董事长曝光度、新闻凸显度数据来自公司官方公众号以及公司官网，其余数据来自CSMAR数据库和WIND数据库。本文在研究过程中使用的数据处理软件主要有：Excel和Stata17.0。对初始样本作如下处理：

1.剔除行业为金融类的企业；

2.剔除ST、*ST类样本企业；

3.选取交易地位为买方、重组类型为资产收购的并购交易样本；

4.剔除并购支出价值缺失的样本；

5.合并同一企业在同一年份进行多次并购且并购标的相同的样本；

6.剔除董事长信息缺失、企业财务数据等关键变量指标不完整的样本。

对所有连续变量在1%和99%的水平进行Winsorize缩尾处理以消除极端值影响。

（二）变量定义

1.被解释变量

（1）并购倾向

本文的第一个被解释变量为并购决策变量，借鉴赖黎等（2017）的做法，本文选择是否并购（M&AD）。是否并购（M&AD）是一个虚拟变量，如果公司当年进行了并购，取值为1，否则为0。本文的第二个解释变量为并购规模变量（M&AA），是公司本年度所有并购支付金额之和，以亿元为单位。

（2）并购溢价

本文的第三个被解释变量为企业并购溢价（Premium）。关于并购溢价的衡量方法，国外的研究通常使用标的企业的股票价格，即主并公司每股收购价超过被并购方每股市值的部分占被并购方每股市值的比率。但目前我国资本市场还处于发展阶段，企业、市场、股民以及监管机构尚未形成市场化的良性机制，因此企业股价所反映的信息是复杂且不真实的，包含了非理性的预期及非市场化的因素影响。同时考虑到目标企业多为非上市公司，无法取得其公允价值。因此，国外的主流方法在我国行不通。考虑到我国企业发生并购时往往以被并购方的净资产作为交易双方定价谈判的基准，本文借鉴陈仕华（2015）的研究，通过使用企业支付的并购对价总价值超过交易标的净资产账面价值的比例来衡量企业并购溢价，即并购溢价=（交易总价－交易标的净资产）/交易标的净资产。

2.解释变量

如何有效衡量董事长的自恋程度是本文的难点。自恋人格量表（NPI）具有权威性，但董事长大多没有时间也没有耐心亲自填写调查问卷。此外，NPI中的一些敏感性问题，可能得不到真实有效的信息。Chatterjee and Hambrick （2011）通过以下指标来构建自恋指数：（1）CEO与仅次于CEO的第二大高管的相对现金薪酬比；（2）CEO与仅次于CEO的第二大高管的相对非现金薪酬比；（3）年度报告中CEO照片的尺寸大小；（4）在公司新闻稿中提到的CEO的数量。本文借鉴靳小翠和郑宝红（2020）的做法，使用客观数据来衡量董事长的自恋程度。最终采用董事长曝光度、新闻凸显度和相对现金薪酬三个指标来构建董事长的自恋指数。

（1）董事长曝光度

董事长曝光度是指董事长在公司官网或官方微信公众号中的曝光程度，对其进行0-1的打分，有介绍度和照片两个打分标准。若公司的官网或者公众号单独介绍董事长，介绍度打0.5分，如果还有其他高管的介绍，打0.25分；同理，公司的官网或者公众号推文中有董事长独照，打0.5分，有董事长和其他高管的合照，打0.25分，没有照片打分为0。具体而言，首先，看公司官网中是否有董事长的有关介绍，例如董事长致辞、领导致辞或领导团队等相关栏目。如果领导致辞中，署名不止董事长一个人，例如署名为董事长和总经理，这一项得0.25分。其次，当公司官网中没有董事长的任何介绍或者该样本期间的董事长目前已经不担任该公司董事长时，看当年企业官方公众号或者公司官网中是否有董事长致辞、新春寄语、致全体股东（员工）一封信、董事长出席活动的发言稿等董事长原创并署名的内容，或者是否有媒体对董事长进行了专访。如果新闻内容是董事长原创内容（致辞、寄语、演讲等）或者媒体采访，这一项得0.5分；如果内容是董事长和其他人一起完成，这一项得0.25分；新闻中除了原创和采访内容，还附加了董事长和其他人的合照，这一项得0.75分；原创或采访内容附加董事长独照时，这一项得1分。最后，对比官网打分情况与公众号中新闻的打分情况，选择较高的分数作为董事长的曝光程度。

（2）董事长新闻凸显度

董事长新闻凸显度，是指其在公司新闻报道中的突出地位。公司新闻报道董事长的频率越高，董事长的自恋程度越高。通常，董事长有权掌控上市公司在其官网或微信公众号中发布的新闻。这些新闻给予了董事长向外界展示自身能力的机会，使得董事长凭借此机会向外界展示出是谁在管理公司。同时，高度自恋的董事长也会通过新闻尽可能的使自己被提及，不仅是出于虚荣，也是出于展示其权威的愿望。对于这一指标，本文统计了公司官网或样本公司官方微信公众号中，董事长的报道新闻所占公司年度所有新闻报道的数据比例。由于大多数公司的微信公众号更新的频率高于公司官网，因此本文在计算这一指标时以微信公众号的数据优先。但当该公司当年微信公众号未发布新闻或未开通微信公众号时，则选择公司官网的数据作为补充。

（3）董事长相对现金薪酬

自恋型董事长的优越感特征会让其感到自己在公司中比其他人都更有价值，这一事实将会反映在董事长的薪酬比其他人都高。所以，董事长的相对现金薪酬可以作为一个反映自恋倾向的指标。本文利用了董事长薪酬与公司前三位高管的平均薪酬的比例来计算董事长的相对现金薪酬。

将董事长曝光度、董事长新闻凸显度、董事长相对现金薪酬三个指标进行标准化后取算术平均值就得到了该公司该年度董事长的自恋指数（Nar），董事长自恋指数越大，代表董事长自恋程度越高。

3.控制变量

本文选取了以下控制变量：企业规模（Size）、资产负债率（Lev）、总资产周转率（ATO）、企业年龄（ListAge）、成长性（Growth）、所有权性质（SOE）、两职合一（Dual）、董事会规模（Board）、独立董事比例（Indep）、股权集中度（Top1）、董事长性别（Gender）、董事长年龄（Age）。在对并购溢价的回归中增加了交易特征的控制变量，包括是否现金支付（CashPay）、是否关联交易（Relevance）和是否重大资产重组（MajorRestr）。上述所有变量的定义见表1。

表1 变量定义表

类型	名称	符号	定义
被解释变量	是否并购	M&AD	虚拟变量，企业当年进行并购取值为1，否则取值为0
	并购金额	M&AA	企业当年所有并购支付金额之和，以亿元为单位
	并购溢价	Premium	（交易总价-交易标的净资产）/交易标的净资产
解释变量	董事长自恋指数	Nar	董事长自恋的三个衡量指标进行标准化后取算术平均数
控制变量	公司规模	Size	公司总资产的自然对数
	资产负债率	Lev	总负债/总资产
	总资产周转率	ATO	营业收入/平均资产总额
	企业年龄	ListAge	Ln（当年年份—上市年份+1）
	成长性	Growth	（本年营业收入—上年营业收入）/上年营业收入
	所有权性质	SOE	虚拟变量，国有控股企业取值为1，否则取值为0
	两职合一	Dual	虚拟变量，董事长与总经理是同一人取值为1，否则取值为0
	董事会规模	Board	董事会人数取自然对数
	独立董事比例	Indep	独立董事人数/董事人数
	董事长年龄	Age	董事长的年龄
	董事长性别	Gender	虚拟变量，董事长性别为男时取值为1，否则取值为0
	股权集中度	Top1	第一大股东持股比例
	是否现金支付	CashPay	虚拟变量，现金支付取值为1，否则取值为0
	是否关联交易	Relevance	虚拟变量，并购为关联交易取值为1，否则取值为0
	是否重大重组	MajorRestr	虚拟变量，并购为重大重组取值为1，否则取值为0
	行业控制变量	Industry	根据行业分类标准生成行业虚拟变量
	年度控制变量	Year	年度虚拟变量

（三）模型设计

本文首先从是否并购、并购规模、并购溢价三个角度全面刻画董事长自恋对企业并购的影响。为了验证假设H1，建立了Logit模型（1）来估计董事长自恋与企业并购倾向之间的关系。

$$M\&AD_{i,t}=\beta_0+\beta_1 Nar_{i,t}+\beta Controls+\sum Industry+\sum Year+\varepsilon_{i,t} \quad (1)$$

若β_1显著大于0，则说明董事长自恋与企业并购决策显著正相关，假设H1成立；反之，假设H1不成立。

为了验证假设H2，建立模型（2）来估计董事长自恋与企业并购规模之间的关系。

$$M\&AA_{i,t}=\beta_0+\beta_1Nar_{i,t}+\beta Controls+\sum Industry+\sum Year+\varepsilon_{i,t} \quad (2)$$

若β_1显著大于0，则说明董事长自恋与企业并购规模显著正相关，假设H2成立；反之，假设H2不成立。

为了验证假设H3，借鉴潘爱玲等（2018）的研究，对初始样本进行进一步筛选：剔除样本中并购失败的样本；剔除没有交易标的净资产的样本；剔除交易金额小于100万元的样本；为了剔除并购经验的影响，对于同一企业在样本选择期间内进行多次并购的样本，仅选取第一次并购事件的样本作为替代。构建OLS模型来估计董事长自恋与企业并购溢价之间的关系。

$$Premuim_{i,t}=\beta_0+\beta_1Nar_{i,t}+\beta Controls+\sum Industry+\sum Year+\varepsilon_{i,t} \quad (3)$$

若β_1显著大于0，则说明董事长自恋程度越高，企业支付的并购溢价越高，假设H3成立；反之，假设H3不成立。

为了验证假设H4，分别在上述模型（1）、模型（2）和模型（3）中加入董事长自恋指数（Nar）与产权性质（SOE）的交乘项Nar×SOE来构建模型（4）。

$$M\&AD_{i,t}=\beta_0+\beta_1Nar_{i,t}+\beta_2Nar_{i,t}\times SOE_{i,t}+\beta Controls+\sum Industry+\sum Year+\varepsilon_{i,t}$$

$$M\&AA_{i,t}=\beta_0+\beta_1Nar_{i,t}+\beta_2Nar_{i,t}\times SOE_{i,t}+\beta Controls+\sum Industry+\sum Year+\varepsilon_{i,t}$$

$$Premium_{i,t}=\beta_0+\beta_1Nar_{i,t}+\beta_2Nar_{i,t}\times SOE_{i,t}+\beta Controls+\sum Industry+\sum Year+\varepsilon_{i,t} \quad (4)$$

四、实证分析与结果

（一）描述性统计与相关性分析

上述模型变量的描述性统计见表2。在样本期内，董事长的自恋指数（Nar）最小值为-1.239，最大值为1.797，均值为-0.002，中位数为-0.131，标准差为0.645，这表明自恋是我国董事长普遍存在的人格特质，而且自恋程度因人而异，不同公司的董事长自恋程度有很大差异。是否发起并购（M&AD）的均值为0.262，表明有26.2%的公司在样本期间发起过并购。并购规模（M&AA）最小值为0，最大值为85.66，均值为4.412，标准差为11.53，由标准差可知，企业发起并购的规模差异非常大。类似的，并购溢价（Premium）的标准差为17.49，溢价最小值为-18.78，最大值为148.50，表明企业在并购过程中支付的溢价同样存在较大差异，其中并购溢价（Premium）的均值为4.742，可见近五年来，高溢价在我国企业并购中是普遍存在的现象。

控制变量方面，公司规模（Size）的均值为22.19，中位数为22，样本分布比较均匀。独立董事比例（Indep）均值为37.9%，该比例略高于政策规定的最低比例。

产权性质（SOE）的均值为0.174，说明17.4%的样本公司为国有企业。两职合一（Dual）的均值为0.394，说明有39.4%样本公司的董事长和总经理是同一人。董事长性别（Gender）的均值为0.944，这表明样本公司的董事长有94.4%为男性，可见上市公司董事长绝大多数是男性。董事长年龄（Age）最小值为24，最大值为84，董事长的年龄跨度较大，中位数为54，均值为54.15，较为接近。其余控制变量的描述性统计结果与已有研究基本相符。

表2 变量的描述性统计

变量名称	样本量	最小值	均值	中位数	最大值	标准差
M&AD	10 035	0	0.262	0	1	0.440
M&AA	2 630	0	4.412	1.026	85.660	11.530
Premium	1 734	−18.780	4.742	1.067	148.500	17.490
Nar	10 035	−1.239	−0.002	−0.131	1.797	0.645
Size	10 035	19.890	22.190	22	26.430	1.222
Lev	10 035	0.054	0.397	0.389	0.906	0.191
ATO	10 035	0.059	0.655	0.565	2.891	0.412
Growth	10 035	−0.660	0.188	0.139	3.390	0.345
Board	10 035	1.609	2.092	2.197	2.708	0.194
Indep	10 035	0.286	0.379	0.364	0.571	0.053
Top1	10 035	0.081	0.318	0.298	0.740	0.139
Dual	10 035	0	0.394	0	1	0.489
SOE	10 035	0	0.174	0	1	0.379
ListAge	10 035	0	1.870	2.079	3.367	0.948
Gender	10 035	0	0.944	1	1	0.230
Age	10 035	24	54.150	54	84	7.723
Relevance	2 630	0	0.311	0	1	0.463
MajorRestr	2 630	0	0.065	0	1	0.246
CashPay	2 630	0	0.910	1	1	0.287

表3为各变量之间的相关系数矩阵。企业是否发起并购（M&AD）与董事长自恋程度（Nar）、企业规模（Size）、资产负债率（Lev）、成长性（Growth）、上市年限（ListAge）、董事长年龄（Age）显著相关。结果表明，本文选取的各变量之间不存在严重的多重共线性问题。

表3 相关性分析

	M&AD	M&AA	Pre	Nar	Size	Lev	ATO	Growth	Board	Indep	Top1	Dual	SOE	ListAge	Occupy	Gender	Age
M&AD	1																
M&AA		1															
Pre		0.040*	1														
Nar	0.154***	0.179***	0.004	1													
Size	0.032***	0.397***	-0.042*	0.165***	1												
Lev	0.066***	0.219***	-0.040*	0.104***	0.534***	1											
ATO	-0.010	-0.028	0.003	0.007	0.061***	-0.178***	1										
Growth	0.049***	0.075***	0.020	0.028***	0.047***	0.016	0.196***	1									
Board	0.014	0.108***	0.004	0.028***	0.251***	0.098***	-0.008	0.009	1								
Indep	0.001	-0.029	-0.015	0.030***	-0.029***	0.011	-0.011	-0.010	-0.598***	1							
Top1	-0.005	0.072***	-0.017	-0.006	0.064***	0.003	0.085***	-0.002	-0.027***	0.052***	1						
Dual	-0.003	-0.049**	0.028	0.116***	-0.165***	-0.124***	-0.024**	0.018*	-0.139***	0.093***	0.021**	1					
SOE	0.002	0.191***	-0.051**	0.063***	0.328***	0.233***	0.010	-0.044***	0.193***	-0.019*	0.158***	-0.224***	1				
ListAge	0.037***	0.165***	-0.031	0.045***	0.494***	0.360***	-0.045***	-0.103***	0.118***	0.004	-0.145***	-0.216***	0.362***	1			
Occupy	0.015	0.094***	-0.007	-0.005	0.140***	0.269***	-0.052***	-0.078***	-0.002	0.012	-0.056***	-0.063***	0.050***	0.178***	1		
Gender	0.011	0.017	0.005	0.024**	0.031***	0.032***	0.016	0.002	0.048***	-0.036***	-0.025**	0.011	0.068***	-0.002	-0.022**	1	
Age	-0.037***	0.008	0.005	0.040***	0.061***	-0.046***	-0.022**	-0.020**	0.085***	-0.052***	0.016	-0.160***	0.0100	0.041***	-0.069***	0.042***	1

注：***、**、*分别代表在1%、5%、10%的水平上显著。

（二）实证回归结果

1.董事长自恋与企业并购倾向实证结果

表4给出了董事长自恋与企业并购倾向的实证分析结果。第（1）列报告了董事长自恋程度（Nar）对企业是否发起并购（M&AD）的回归结果。Nar的系数为0.543，t值为14.814，在1%的水平上显著，表明董事长自恋程度越高，其所在的企业更有可能发生并购事件，验证了假设H1。表4的第（2）列报告了当企业发生并购时，董事长自恋程度（Nar）与企业并购规模（M&AA）的回归结果。Nar的系数为1.682，t值为5.204，在1%的水平上显著，表明当企业发起并购时，董事长自恋程度与企业并购规模呈显著正相关关系，该结果验证了假设H2。

表4　　董事长自恋与企业并购倾向回归分析结果

变量名称	M&AD（1）	M&AA（2）
Nar	0.543*** （14.814）	1.682*** （5.204）
Size	0.057** （2.132）	3.449*** （14.148）
Lev	0.986*** （5.661）	-1.942 （-1.220）
ATO	-0.153** （-2.283）	-1.376** （-2.344）
Growth	0.235*** （3.279）	2.496*** （3.884）
Board	0.044 （0.277）	0.050 （0.035）
Indep	0.091 （0.165）	-1.196 （-0.242）
Dual	-0.119** （-2.337）	0.417 （0.945）
Top1	-0.053 （-0.292）	4.151** （2.489）
SOE	-0.142** （-2.019）	1.232** （1.970）

续表

变量名称	M&AD（1）	M&AA（2）
ListAge	0.126*** （3.942）	−0.858*** （−2.787）
Gender	0.085 （0.810）	−0.091 （−0.098）
Age	−0.011*** （−3.535）	−0.003 （−0.086）
_cons	0.277 （0.377）	−72.002*** （−10.658）
Year	Yes	Yes
Industry	Yes	Yes
r^2_a/ r^2_p	0.039	0.187
N	10 035	2 630

注：***、**、*分别代表在1%、5%、10%的水平上显著，括号中数值为t值。

从控制变量的回归结果来看，第（1）列和第（2）列中，公司规模（Size）的系数均显著为正，表明规模较大的公司更容易发起并购，并购的规模更大。公司成长性（Growth）的系数均在1%的水平上显著为正，这表明公司成长性好时，并购倾向较高，公司发起并购的概率大，并购的规模也较大。

2.董事长自恋与企业并购溢价实证结果

表5给出了董事长自恋对于企业并购溢价影响的实证结果。Nar的系数为3.280，在5%的水平上显著，表明董事长自恋程度（Nar）与企业并购溢价（Premium）呈显著正相关关系，这与我们之前的预测一致，假设H3得到验证。

表5 **董事长自恋与企业并购溢价回归分析结果**

变量名称	Premium
Nar	3.280** （2.248）
Size	−1.480 （−0.472）
Lev	2.443 （0.216）

续表

变量名称	Premium
ATO	19.818 (1.346)
Growth	−3.673 (−1.525)
Board	−0.799 (−0.078)
Indep	−1.352 (−0.045)
Dual	−1.650 (−0.636)
Top1	34.517* (1.873)
SOE	−20.987*** (−2.849)
ListAge	−3.499 (−0.8)
Gender	0.950 (0.092)
Age	0.067 (0.285)
Relevance	−4.184** (−2.503)
MajorRestr	−5.235 (−1.437)
CashPay	−8.587*** (−2.997)
_cons	34.838 (0.471)
Year	Yes
Industry	Yes
N	1 734
r^2_a	0.147

注：***、**、*分别代表在1%、5%、10%的水平上显著，括号中数值为t值。

3.董事长自恋、产权性质与企业并购实证结果

为了验证假设H4，本文采取在模型中加入交乘项Nar×SOE来检验企业产权性质对董事长自恋与企业并购的作用。表6报告了加入交乘项Nar×SOE后的回归结果。其中第（1）列为产权性质对董事长自恋程度与企业是否并购的影响，第（2）列为产权性质对董事长自恋程度与企业并购规模的影响，第（3）列为产权性质对董事长自恋程度与企业并购溢价的影响。第（1）列中，Nar×SOE的系数为0.165，在10%的水平上显著，第（2）列和第（3）列的Nar×SOE系数分别为1.945和8.127，均在5%的水平上显著为正，这表明相比于非国有企业，董事长自恋程度对企业并购的影响在国有企业中更加明显。具体来说，相比于非国有企业，国有企业董事长自恋程度更高，更容易发起并购、并购规模更大，并购成功后支付的并购溢价也更大，验证了假设H4。

表6 董事长自恋、产权性质与企业并购多元回归分析结果

	M&AD（1）	M&AA（2）	Premium（3）
Nar	0.512*** （12.680）	1.389*** （3.963）	1.918 （1.199）
Nar×SOE	0.165* （1.832）	1.945** （2.424）	8.127** （2.045）
Size	0.080*** （2.910）	3.633*** （14.267）	0.874 （0.262）
Lev	0.770*** （4.836）	−0.562 （−0.379）	1.111 （0.099）
ATO	−0.103 （−1.578）	−1.710*** （−2.969）	2.408 （0.421）
Growth	0.300*** （4.328）	1.963*** （3.166）	−4.545* （−1.676）
Board	0.012 （0.073）	0.113 （0.078）	−1.692 （−0.163）
Indep	−0.070 （−0.127）	−0.743 （−0.150）	5.666 （0.188）
Dual	−0.072 （−1.415）	0.240 （0.546）	−1.154 （−0.439）

续表

	M&AD (1)	M&AA (2)	Premium (3)
Top1	0.090 (0.480)	2.668 (1.558)	24.756 (1.298)
ListAge	0.098*** (3.066)	−0.750** (−2.463)	−5.171 (−1.125)
Gender	0.072 (0.694)	−0.015 (−0.016)	0.352 (0.034)
Age	−0.011*** (−3.375)	−0.006 (−0.202)	0.133 (0.556)
Relevance			−3.640** (−2.163)
MajorRestr			−4.483 (−1.224)
CashPay			−8.829*** (−3.055)
_cons	0.689 (0.945)	−74.579*** (−11.008)	−11.802 (−0.155)
Year	Yes	Yes	Yes
Industry	Yes	Yes	Yes
N	10 035	2 630	1 734
r2_a/r2_p	0.039	0.188	0.138

注：***、**、*分别代表在1%、5%、10%的水平上显著，括号中数值为t值。

（三）稳健性检验

本文研究董事长自恋对企业并购的影响，即董事长的自恋程度会影响企业如何做出并购决策，包括是否发起并购、并购的规模，以及并购成功后支付的并购溢价。但也存在企业出于要并购的原因而选择自恋程度更高的董事长来领导并购过程的情况，这表明本文可能存在反向因果的情况。另外，企业在选择董事长时，并不是随机的，会根据企业自身的特征，例如企业所属行业、企业规模、企业文化等，所以本文也可能存在样本自选择的问题。此外，不可避免，本文也存在遗漏变量的问题。为了缓解上述提到的内生性问题，本文采用替换变量法、倾向得分匹配法和加入过度自信控制变量等方法进行了稳健性测试。

1.替换变量法

为了使本文结论更加稳健，改变对解释变量董事长自恋指数（Nar）的度量方式重新进行多元回归。具体来说，构建董事长自恋指数（Nar）的方法由将董事长曝光度、新闻凸显度和相对现金薪酬这三个指标分别标准化后取算术平均值改为因子分析法。

回归结果见表7，第（1）~（3）列分别列示采用因子分析法构建董事长自恋指数（Nar）后，Nar对于企业是否并购、并购规模以及并购溢价影响的回归结果。第（1）列和第（2）列Nar的系数在1%的水平上显著为正，这表明董事长自恋程度与发起并购的可能性和并购规模呈显著正相关关系，结论与前文一致。第（3）列Nar的系数在5%的水平上显著为正，结论与前文一致，说明本文结论较为稳健。

表7 **替换变量法**

	M&AD（1）	M&AA（2）	Premium（3）
Nar	0.408*** （17.533）	1.237*** （6.134）	2.074** （1.998）
Size	-0.099*** （-3.620）	3.676*** （14.615）	0.842 （0.246）
Lev	0.930*** （5.301）	-2.045 （-1.290）	-4.673 （-0.380）
ATO	-0.132* （-1.956）	-1.467** （-2.507）	6.230 （1.086）
Growth	0.253*** （3.502）	2.433*** （3.798）	-3.997 （-1.498）
Board	-0.004 （-0.025）	-0.254 （-0.175）	-4.860 （-0.478）
Indep	0.090 （0.161）	-1.227 （-0.249）	-5.397 （-0.182）
Dual	-0.081 （-1.573）	0.217 （0.490）	-1.410 （-0.541）
Top1	0.198 （1.083）	2.839* （1.735）	5.961*** （3.455）

续表

	M&AD (1)	M&AA (2)	Premium (3)
SOE	−0.185** (−2.567)	1.723*** (2.697)	−22.970*** (−3.099)
ListAge	0.139*** (4.245)	−0.971*** (−3.120)	−0.848 (−0.190)
Gender	0.094 (0.898)	−0.097 (−0.105)	1.178 (0.115)
Age	−0.012*** (−3.755)	−0.006 (−0.199)	0.084 (0.355)
Relevance			−3.356** (−2.014)
MajorRestr			−4.486 (−1.226)
CashPay			−8.155*** (−2.849)
_cons	0.976 (1.344)	−74.126*** (−11.150)	−21.755 (−0.280)
Year	Yes	Yes	Yes
Industry	Yes	Yes	Yes
r^2_a/ r^2_p	0.048	0.193	0.158
N	10 035	2 630	1 734

注：***、**、*分别代表在1%、5%、10%的水平上显著，括号中数值为对应系数的t值。

2.倾向得分匹配法

为了缓解样本自选择和遗漏变量等此类内生性问题，本文采用倾向得分匹配的方法进行稳健性检验。具体来说，加入变量Nar_dummy，当Nar的值大于全样本均值时，Nar_dummy取值为1；当Nar的值小于全样本均值时，Nar_dummy取值为0。根据可能影响董事长自恋程度的变量将董事长自恋程度较高的企业与董事长自恋程度较低的企业按照最近邻匹配方法，进行1∶1匹配，并对匹配后的样本进行回归分析。

倾向得分匹配后的结果见表8，可以看出，匹配之后的样本特征差异已经并不显著，偏差率都在可接受的范围。对匹配后的样本进行回归的结果见表9。由回归结果可知，虽然样本量有所下降，但董事长自恋程度与企业是否发起并购、发起并购的规模仍然在1%的水平上显著为正。再次验证了假设H1、H2。由表9第（3）列可知，并购成功后支付的并购溢价在5%的水平上显著为正，表明董事长自恋程度与企业并购溢价有显著正相关关系，验证了假设H3。

表8 均衡性检验结果

变量	匹配前	均值		偏差变化		T检验	
	匹配后	实验组	控制组	偏差（%）	缩减率（%）	t值	p值
Size	U	22.390	22.029	29.6		14.81	0.000
	M	22.382	22.397	-1.2	95.8	-0.54	0.586
Lev	U	0.41704	0.38250	18.1		9.00	0.000
	M	0.41626	0.41883	-1.3	92.6	-0.62	0.535
ATO	U	0.66549	0.64632	4.6		2.31	0.021
	M	0.66554	0.66417	0.3	92.9	0.15	0.882
Growth	U	0.19632	0.18131	4.4		2.16	0.031
	M	0.19624	0.19453	0.5	88.6	0.23	0.817
Board	U	2.09770	2.08840	4.8		2.37	0.018
	M	2.09770	2.09930	-0.8	82.6	-0.38	0.704
Indep	U	0.37998	0.37789	3.9		1.96	0.050
	M	0.37995	0.37874	2.3	42.1	1.04	0.299
Top1	U	0.31628	0.31861	-1.7		-0.83	0.406
	M	0.31651	0.31917	-1.9	-14.3	-0.88	0.380
Dual	U	0.44919	0.35107	20.1		10.02	0.000
	M	0.44802	0.45055	-0.5	97.4	-0.24	0.813
SOE	U	0.19729	0.1566	10.7		5.33	0.000
	M	0.19664	0.2017	-1.3	87.6	-0.59	0.555
ListAge	U	1.9269	1.8282	10.4		5.18	0.000
	M	1.9246	1.9069	1.9	82.1	0.86	0.391
Gender	U	0.95114	0.93852	5.5		2.72	0.006
	M	0.95193	0.95032	0.7	87.2	0.35	0.728
Age	U	54.418	53.946	6.1		3.03	0.002
	M	54.399	54.174	2.9	52.1	1.38	0.168

表9　　倾向得分匹配法回归结果

	M&AD（1）	M&AA（2）	Premium（3）
Nar	0.526*** （10.476）	1.672*** （3.793）	5.811** （2.048）
Size	-0.055 （-1.310）	2.915*** （7.699）	9.053 （1.392）
Lev	1.071*** （4.645）	-3.587* （-1.679）	10.561 （0.503）
ATO	-0.224** （-2.432）	-1.654** （-2.118）	13.350 （1.054）
Growth	0.312*** （3.231）	1.174 （1.415）	-3.295 （-0.600）
Board	0.316 （1.396）	0.391 （0.191）	2.867 （0.155）
Indep	0.474 （0.612）	0.174 （0.025）	-25.588 （-0.530）
Dual	-0.033 （-0.460）	0.082 （0.137）	5.485 （1.168）
Top1	-0.546** （-2.222）	3.297 （1.507）	5.120*** （3.778）
SOE	-0.151 （-1.534）	-0.044 （-0.051）	-7.753*** （-3.439）
ListAge	0.068* （1.863）	-0.281 （-0.816）	-1.251 （-0.261）
Gender	0.059 （0.397）	-0.024 （-0.019）	9.505 （0.401）
Age	-0.016*** （-3.658）	-0.002 （-0.050）	0.606 （1.365）
Relevance			-8.548*** （-2.680）
MajorRestr			-5.940 （-0.980）

续表

	M&AD（1）	M&AA（2）	Premium（3）
CashPay			-8.909^{*} （-1.849）
_cons	0.285 （0.255）	-59.673^{***} （-6.037）	-290.023^{*} （-1.828）
Year	Yes	Yes	Yes
Industry	Yes	Yes	Yes
r^2_a/r^2_p	0.046	0.132	0.210
N	51 84	1 368	927

注：***、**、*分别代表在1%、5%、10%的水平上显著，括号中数值为对应系数的t值。

3.与过度自信区分

自恋与过度自信有一定相似之处（Campbell et al.，2004），因此本文通过加入过度自信这一控制变量来区分其与自恋特征对企业并购的影响，以使本文的研究结论更为稳健。参照饶育蕾和王建新（2010）的做法，当高管在公司的股价涨幅低于市场涨幅时仍然增持公司股票或维持原状时，则认为高管存在过度自信（OC）。即当OC取值为1，高管过度自信时，需要同时满足两个条件：$Hyear_i-Hyear_{i-1}\geq 0$且$\frac{P_{Yeari}}{P_{Yeari}-1}<\frac{Index_{Yeari}}{Index_{Yeari}-1}$。回归结果见表10。第（1）列和第（2）列中，Nar的系数均在1%的水平上显著为正，第（3）列Nar的系数在10%的水平上显著为正，表明在控制高管过度自信的影响之后，本文结论依然成立。

表10　　加入过度自信控制变量后的回归结果

	M&AD（1）	M&AA（2）	Premium（3）
Nar	0.573^{***} （13.272）	1.727^{***} （5.076）	3.280^{*} （1.737）
OC	0.147^{*} （1.851）	-0.241 （-0.398）	0.539^{*} （1.828）
Size	-0.028 （-0.882）	3.770^{***} （14.311）	-1.262 （-0.286）
Lev	0.748^{***} （4.073）	-0.488 （-0.318）	24.200 （1.649）
ATO	-0.119 （-1.533）	-1.904^{***} （-3.080）	5.672 （0.678）

续表

	M&AD (1)	M&AA (2)	Premium (3)
Growth	0.367*** (4.346)	1.112* (1.709)	-4.555 (-1.334)
Board	0.114 (0.617)	-1.148 (-0.768)	-3.847 (-0.265)
Indep	-0.290 (-0.447)	-4.372 (-0.841)	-17.700 (-0.456)
Dual	-0.136** (-2.299)	0.530 (1.153)	-1.663 (-0.369)
Top1	0.196 (0.925)	1.771 (1.039)	10.440 (0.423)
SOE	-0.087 (-0.991)	1.694** (2.423)	-2.120 (-0.196)
ListAge	-0.080* (-1.760)	-1.112*** (-3.010)	-7.645 (-1.021)
Gender	0.199 (1.633)	-0.615 (-0.629)	1.276 (0.815)
Age	-0.012*** (-3.176)	-0.040 (-1.293)	0.114 (0.319)
Relevance			-4.322* (-1.950)
MajorRestr			-6.061 (-1.300)
CashPay			-10.350*** (-2.879)
_cons	-0.340 (-0.401)	-71.070*** (-9.987)	52.185 (0.517)
Year	Yes	Yes	Yes
Industry	Yes	Yes	Yes
r^2_a/r^2_p	0.046	0.203	0.087
N	7 313	2 014	1 329

注：***、**、*分别代表在1%、5%、10%的水平上显著，括号中数值为对应系数的t值。

（四）进一步研究

董事长自恋会影响企业的并购绩效吗？一方面，高度自恋的董事长可能导致企业更差的并购绩效。自恋者凭借着天然的傲慢感和优越感使得其过度自信、乐观，低估风险和不利因素，对自己做出的决策存在积极认知偏见。前文研究表明，董事长的自恋程度与企业支付的并购溢价显著正相关。当企业支付过高的并购溢价时，其并购后的整合是一个巨大的挑战，短期内并购产生的协同效应不足以弥补企业支付的高溢价，因此企业的并购绩效较差。此外，自恋型高管在制定和实施企业决策时，更倾向于依赖自身的知识和经验，而忽视董事会的意见，使得决策的有效性与价值创造受到极大的影响（Zhu and Chen，2015）。自恋程度高的个体是典型的高趋近动机和低回避动机的结合体（Foster and Brennan，2011），自恋程度较高的高管在乎的更多是自身的成功，而不是企业的股东价值最大化。

另一方面，高度自恋的董事长也可能导致企业更好的并购绩效。自恋型董事长往往自信且富有个人魅力，这有助于他们吸引投资者和激励员工，有利于企业并购后整合。Wallace et al.（2002）指出，自恋型CEO在面临危机和不确定环境时所展现出的坚定和自信，可以激励员工，提升公司的风险承受能力，增加公司的凝聚力。同时，自恋型董事长具有冒险精神，冒险是企业家精神的精髓。高管的自恋程度越高，他们就会越积极地寻求增长机会。由于高风险偏好，他们会将资源投入到不确定的计划当中，去寻找新的市场机遇，从而创造出新的利润增长点（Gorman et al.，2012）。而风险规避型高管很可能在快速变化的市场中胆怯，很难抓住新的机遇来创造价值（Gormley and Matsa，2016）。

基于上述分析，借鉴王艳、李善民（2017）的研究，构建模型（5）来检验董事长自恋对企业并购绩效的影响。

$$Performance_{i,t}=\beta_0+\beta_1 Nar_{i,t}+\beta Controls+\sum Industry+\sum Year+\varepsilon_{i,t} \tag{5}$$

1.董事长自恋对企业短期并购绩效的影响

本文使用累计超额收益率（CAR）来衡量企业并购的短期绩效。借鉴已有文献的普遍做法，采用事件研究法来计算CAR。选择并购首次公告日前150个交易日至前30个交易日作为估计窗口期，分别选择首次公告日前后1天、5天和10天为窗口期。$R_{i,t}=\alpha_i+\beta_i R_{m,t}+\varepsilon_{i,t}$，其中$R_{i,t}$和$R_{m,t}$分别为t日的个股日收益率与市场日收益率。其中，综合市场选取沪深A股。$\hat{\alpha}_i$和$\hat{\beta}_i$是对估计窗口期内样本公司的个股日收益率和市场日收益率进行回归后得到的系数。$\hat{R}_{m,t}=\hat{\alpha}_i+\hat{\beta}_i R_{m,t}$表示根据回归系数$\hat{\alpha}_i$、$\hat{\beta}_i$估计的样本公司在窗口期不发生并购时的预期收益率。$AR_{i,t}=R_{i,t}-\hat{R}_{i,t}$，$CAR_{i,t}=\sum AR_{i,t}$。其中$AR_{i,t}$是股票超额回报率，$CAR_{i,t}$为并购事件窗口期内各天股票超额收益率的累计总和。

回归结果见表11。第（1）～（3）列分别表示董事长自恋程度（Nar）与以[-1，1]、[-5，5]、[-10，10]为窗口期计算累计超额收益率（CAR）的回归结果。第（1）列和第（2）列中，Nar的系数并不显著，但在第（3）列中，Nar的系数在5%的水平上显著为负，这表明董事长自恋程度与企业短期并购绩效呈显著负相关关系。

表11　　董事长自恋与企业短期绩效回归分析结果

	CAR1（1）	CAR5（2）	CAR10（3）
Nar	0.001 （0.535）	-0.004 （-0.977）	-0.013** （-2.072）
Size	0.001 （0.538）	-0.001 （-0.393）	-0.009 （-1.599）
Lev	0.000 （0.024）	0.006 （0.240）	-0.009 （-0.275）
ATO	0.045 （1.604）	0.039 （0.787）	0.026 （0.374）
Growth	-0.001 （-0.178）	0.006 （0.684）	0.014 （1.158）
Board	-0.021* （-1.802）	-0.042** （-2.056）	-0.063** （-2.180）
Indep	-0.063 （-1.632）	-0.139** （-2.047）	-0.211** （-2.202）
Top1	-0.005 （-0.367）	0.005 （0.206）	0.077** （2.357）
Dual	0.003 （0.909）	0.004 （0.629）	0.002 （0.205）
SOE	0.010** （2.025）	0.008 （0.932）	0.000 （0.021）
ListAge	0.002 （0.937）	0.018*** （3.869）	0.041*** （5.792）
Gender	-0.002 （-0.210）	0.001 （0.056）	-0.004 （-0.230）

续表

	CAR1（1）	CAR5（2）	CAR10（3）
Age	0.000* （1.820）	0.001 （1.356）	0.001** （2.302）
Relevance	-0.006* （-1.721）	-0.008 （-1.293）	-0.021** （-2.347）
MajorRestr	0.012 （1.605）	0.030** （2.228）	0.034* （1.780）
CashPay	-0.004 （-0.618）	0.005 （0.447）	-0.013 （-0.821）
_cons	-0.031 （-0.550）	-0.024 （-0.244）	0.090 （0.641）
Year	Yes	Yes	Yes
Industry	Yes	Yes	Yes
r^2_a	0.007	0.012	0.029
N	1 535	1 535	1 535

注：***、**、*分别代表在1%、5%、10%的水平上显著，括号中数值为对应系数的t值。

2.董事长自恋对企业长期并购绩效的影响

本文借鉴陈仕华等（2013）的做法，分别使用企业发生并购年份前后一年、前后两年的资产收益变化量来衡量企业并购长期绩效。即$\Delta ROA_1=ROA_{t+1}-ROA_{t-1}$、$\Delta ROA_2=ROA_{t+2}-ROA_{t-2}$。回归结果见表12。第（1）列与第（2）列分别表示Nar与ΔROA_1、ΔROA_2的回归结果。第（1）列中，Nar的系数为-1.068，在10%的水平上显著为负，第（2）列中，Nar的系数为-1.231，同样在10%的水平上显著为负，这表明董事长自恋程度（Nar）与企业并购长期绩效（ΔROA）呈显著负相关关系。

表12　**董事长自恋与企业长期绩效回归分析结果**

	ΔROA_1（1）	ΔROA_2（2）
Nar	-1.068* （-1.761）	-1.231* （-1.904）
Size	-8.203*** （-5.949）	-7.410*** （-4.080）

续表

	ΔROA_1 (1)	ΔROA_2 (2)
Lev	18.566*** (3.979)	13.864*** (2.891)
Growth	5.572*** (5.568)	-2.666** (-2.556)
Board	-5.298 (-1.249)	5.561 (1.099)
Indep	-9.718 (-0.785)	-11.833 (-0.807)
Top1	-10.963 (-1.643)	3.495 (0.419)
Dual	-1.172 (-1.090)	2.898** (2.301)
SOE	-1.510 (-0.500)	-2.405 (-0.728)
BM	-0.403 (-0.585)	0.125 (0.173)
ListAge	-6.640*** (-3.556)	4.556** (2.357)
Occupy	27.516 (1.191)	-28.768 (-1.157)
Gender	1.261 (0.298)	10.095* (1.689)
Age	-0.093 (-0.960)	-0.087 (-0.679)
Relevance	0.193 (0.275)	-0.464 (-0.637)
MajorRestr	-2.155 (-1.425)	-3.209** (-2.096)
CashPay	-0.090 (-0.077)	-3.716*** (-3.030)

续表

	ΔROA_1（1）	ΔROA_2（2）
_cons	211.773*** （6.811）	137.421*** （3.271）
Year	Yes	Yes
Industry	Yes	Yes
r^2_a	0.396	0.311
N	1 682	1 136

注：***、**、*分别代表在1%、5%、10%的水平上显著，括号中数值为对应系数的t值。

五、研究结论与启示

高管的个人特质对于公司治理和经营决策有着重大的影响。作为公司的领导人和决策人，董事长的决策和领导能力对于企业的战略布局和未来发展有着至关重要的作用。本文以2017—2021年我国A股上市公司为研究样本，实证检验了高管自恋对企业并购行为全过程的影响。研究发现：自恋程度高的董事长更倾向发起并购，并购规模更大，成功并购时，企业支付的并购溢价更高。相比于非国有企业，董事长的自恋程度对国有企业并购事件的影响更加显著。董事长自恋程度与企业的并购绩效呈现显著负相关关系。在缓解内生性问题后，本文基本结论不变。

根据本文研究结论，提出以下两点建议：

（1）自恋是高管普遍存在的心理特征且具有稳定性。不管是个人还是企业，都应该正视它的存在，并理性对待高管自恋所带来的经济后果，这样才能更好地发挥自恋的作用，避免其带来的负面影响。因此企业在选拔任命高管时不仅要考察候选人的专业技能和管理能力，还要考虑其人格特质与企业发展阶段以及战略布局是否契合。例如，处在快速成长期和扩张阶段的企业可以考虑选择任命自恋程度较高的高管。这类高管更倾向于发起并购，在谈判交易中对并购溢价持开放态度，尽管会给企业带来较大的风险，但也更有可能把握住最新的投资机遇，利用先发优势抢占资源，建立起领导地位。

（2）由于目前我国的法制建设落后于经济发展，对企业的监管也没有起到很好的约束作用，政府部门应尽快建立及完善相关的制度体系。此外，我国的市场经济机制需要进一步完善，充分发挥市场对上市公司并购事件的引导和监督作用。

参考文献

[1] 安素霞，赵德志．CEO签名特征与企业创新投入：基于管理者自恋视角 [J]．外国经济与管理，2020 (9)：121-135.

[2] 陈传明，孙俊华．企业家人口背景特征与多元化战略选择——基于中国上市公司面板数据的实证研究 [J]．管理世界，2008 (5)：124-133；187-188.

[3] 陈仕华，姜广省，卢昌崇．董事联结、目标公司选择与并购绩效——基于并购双方之间信息不对称的研究视角 [J]．管理世界．2013 (12)：117-132；187-188.

[4] 陈仕华，李维安．并购溢价决策中的锚定效应研究 [J]．经济研究，2016 (6)：114-127.

[5] 江伟，李斌．制度环境、国有产权与银行差别贷款 [J]．金融研究，2006 (11)：116-126.

[6] 姜付秀，伊志宏，苏飞，等．管理者背景特征与企业过度投资行为 [J]．管理世界，2009 (1)：130-139.

[7] 靳小翠，郑宝红．国有企业董事长的自恋性与企业社会责任研究 [J]．管理评论，2020 (10)：16.

[8] 赖黎，巩亚林，夏晓兰，等．管理者从军经历与企业并购 [J]．世界经济，2017 (12)：141-164.

[9] 李丹蒙，叶建芳，卢思绮，等．管理层过度自信、产权性质与并购商誉 [J]．会计研究，2018 (10)：50-57.

[10] 李培功，肖珉．CEO任期与企业资本投资 [J]．金融研究，2012 (2)：127-141.

[11] 李善民，公淑玉，杨继彬．CEO文化背景对并购绩效的影响研究——基于南北文化差异视角 [J]．中山大学学报（社会科学版），2019 (5)：195-207.

[12] 李善民，周珏廷．金融背景高管能助力实体企业高质量并购吗？[J]．中山大学学报（社会科学版），2022 (5)：194-206.

[13] 李卫民，黄旭．我国上市公司女性高管对企业并购绩效的影响研究 [J]．管理工程学报，2014 (3)：18-25；73.

[14] 李焰，秦义虎，张肖飞．企业产权、管理者背景特征与投资效率 [J]．管理世界，2011 (1)：135-144.

[15] 李莹，曲晓辉．高管自恋与公司过度投资——基于产权异质性视角 [J]．税务与经济，2021 (5)：1-99.

[16] 潘爱玲，刘文楷，王雪．管理者过度自信、债务容量与并购溢价 [J]．南开管理评论，2018 (3)：35-45.

[17] 潘爱玲，吴倩，李京伟．高管薪酬外部公平性、机构投资者与并购溢价 [J]．南开管理评论，2021 (1)：39-49；59-60.

[18] 饶育蕾，王建新．CEO过度自信、董事会结构与公司业绩的实证研究 [J]．管理科学，2010 (5)：2-13.

[19] 孙光国，赵健宇．产权性质差异、管理层过度自信与会计稳健性 [J]．会计研究，

2014（5）：52-58；95.

［20］文东华，童卫华，彭希．CEO自恋、所有权性质和组织后果——来自中国上市公司的证据［J］．经济管理，2015（8）：65-75.

［21］应千伟，何思怡．CEO的财会教育经历有价值吗——基于并购绩效视角的证据［J］．会计研究，2021（6）：42-58.

［22］于洪鉴，陈艳，陈邑早．CEO自恋与并购非公开环节行为决策的实验研究［J］．管理科学，2019（5）：102-112.

［23］赵民伟，晏艳阳．管理者早年大饥荒经历与公司财务政策［J］．南方经济，2015，313（10）：49-63.

［24］周中胜，贺超，韩燕兰．高管海外经历与企业并购绩效：基于“海归”高管跨文化整合优势的视角［J］．会计研究，2020（8）：64-76.

［25］ABDEL-MEGUID A，JENNINGS J N，OLSEN K J，et al. The impact of the CEO's personal narcissism on non-GAAP earnings［J］．The Accounting Review，2021，96（3）：1-25.

［26］BUYL T，BOONE C，WADE J B. CEO narcissism，risk-taking，and resilience：an empirical analysis in US commercial banks［J］．Journal of Management，2019，45（4）：1372-1400.

［27］CAMPBELL W K，GOODIE A S，FOSTER J D. Narcissism，confidence，and risk attitude［J］．Journal of Behavioral Decision Making，2004，17（4）：297-311.

［28］CAMPBELL W K，HOFFMAN B J，CAMPBELL S M，et al. Narcissism in organizational contexts［J］．Human Resource Management Review，2011，21（4）：268-284.

［29］CHATTERJEE A，HAMBRICK D C. Executive personality，capability cues，and risk taking：how narcissistic CEOs react to their successes and stumbles［J］．Administrative Science Quarterly，2011，56（2）：202-237.

［30］CHATTERJEE A，HAMBRICK D C. It's all about me：narcissistic chief executive officers and their effects on company strategy and performance［J］．Administrative science quarterly，2007，52（3）：351-386.

［31］CRAGUN O R，OLSEN K J，WRIGHT P M. Making CEO narcissism research great：a review and meta-analysis of CEO narcissism［J］．Journal of Management，2020，46（6）：908-936.

［32］EMMONS R A.Narcissism：theory and measurement［J］．Journal of Personality and Social Psychology，1987，52（1）：11.

［33］FOSTER J D，SHENESEY J W，GOFF J S. Why do narcissists take more risks？Testing the roles of perceived risks and benefits of risky behaviors［J］．Personality and Individual Differences，2009，47（8）：885-889.

［34］GERSTNER W C，KÖNIG A，ENDERS A，et al. CEO narcissism，audience engagement，and organizational adoption of technological discontinuities［J］．Administrative Science Quarterly，2013，58（2）：257-291.

［35］GIANNETTI M，LIAO G，YU X.The brain gain of corporate boards：evidence from China［J］．the Journal of Finance，2015，70（4）：1629-1682.

［36］GRAHAM J R，NARASIMHAN K.Corporate survival and managerial experiences during the great depression [C] // AFA 2005 Philadelphia Meetings, 2004.

[37] GORMLEY T A, MATSA D A. Playing it safe? Managerial preferences, risk, and agency conflicts [J]. Journal of Financial Economics, 2016, 122 (3): 431-455.

[38] HAMBRICK D C, MASON P A. Upper echelons: the organization as a reflection of its top managers [J]. Academy of Management Review, 1984, 9 (2): 193-206.

[39] HAMBRICK D C. Upper echelons theory: an update [J]. Academy of Management Review, 2007, 32 (2): 334-343.

[40] JOHN O P, ROBINS R W. Accuracy and bias in self-perception: individual differences in self-enhancement and the role of narcissism [J]. Journal of Personality and Social Psychology, 1994, 66 (1): 206.

[41] MALMENDIER U, TATE G. CEO overconfidence and corporate investment [J]. The Journal of Finance, 2005, 60 (6): 2661-2700.

[42] MORCK R, SHLEIFER A, VISHNY R W. Do managerial objectives drive bad acquisitions? [J]. The Journal of Finance, 1990, 45 (1): 31-48.

[43] OLSEN K J, STEKELBERG J. CEO narcissism and corporate tax sheltering [J]. The Journal of the American Taxation Association, 2016, 38 (1): 1-22.

[44] RASKIN R, TERRY H.A principal-components analysis of the Narcissistic Personality Inventory and further evidence of its construct validity [J]. Journal of Personality and Social Psychology, 1988, 54 (5): 890.

[45] RIJSENBILT A, COMMANDEUR H. Narcissus enters the courtroom: CEO narcissism and fraud [J]. Journal of Business Ethics, 2013, 117 : 413-429.

[46] WALLACE H M, BAUMEISTER R F. The performance of narcissists rises and falls with perceived opportunity for glory [J]. Journal of Personality and Social Psychology, 2002, 82 (5): 819.

[47] ZHU D H, CHEN G. Narcissism, director selection, and risk-taking spending [J]. Strategic Management Journal, 2015, 36 (13): 2075-2098.

The Impact of Executive Narcissism on Corporate M&A

Tingting Zhang, Jiaqi Duan

Abstract M&A is considered an important way for companies to seek development and has become a necessary means for modern companies to expand, develop, integrate, and improve their competitiveness.Based on A-share non-financial listed companies from 2017—2021, this paper empirically examines executive narcissism's impact on corporate M&A events by using three indicators: exposure, news prominence, and relative cash compensation level to construct an executive narcissism index.The study found that: Executive narcissism is significantly and positively related to the likelihood of M&A.Executive narcissism is significantly and positively related to the size of M&A.Executive narcissism is significantly and positively related to the M&A premium paid by the firm.Executive narcissism is significantly and negatively related to the firm's M&A performance.Compared to non-SOEs, the degree of narcissism of SOE executives has a more significant impact on firms' M&A decisions. This paper enriches and expands the research perspective on the economic consequences of executive psychological traits and the influencing factors of corporate M&A, and also provides a decision reference for firms to select and hire talents and implement M&A strategies.

Key Words executive narcissism; corporate M&A; nature of ownership

第15辑，2023年
No.15，2023
会计与控制评论
Review of Accounting and Control

财会审监督协同对公司治理的影响[①]

曲　明

（东北财经大学会计学院　中国内部控制研究中心　大连　116025）

摘　要　经济越发展，经济监督越重要。经济监督不仅是国家宏观治理的重要组成部分，也是微观公司治理的重要组成部分。要做好公司治理中的经济监督，加强财务监督、会计监督和审计监督的协同是十分必要的，只有财会审监督协同一致，才能保证公司治理中的财务治理、会计治理和审计治理的效果。财务契约监督是财务治理的关键，会计信息质量监督是会计治理的基础，审计全方位监督是审计治理的保证。搞好财会审监督协同对完善公司治理有着重要的价值。

关键词　财务监督　会计监督　审计监督　公司治理

一、引　言

在新时代中国特色社会主义市场经济条件下，经济监督的地位越来越重要。经济监督包括审计监督、会计监督、财务监督、统计监督等。经济监督不仅是国家宏观治理的重要组成部分，也是微观公司治理的重要组成部分。随着审计在社会经济

① 基金项目：辽宁省教育厅项目（LN2020J25）。
作者简介：曲明，管理学博士，副教授，硕士生导师。

监督中功能的扩展、财务管理在企业管理中中心地位的确立和会计在经济发展中的作用越来越重要，财会审监督在公司治理中的监督作用也越来越重要。财务监督、会计监督与审计监督等共同构成公司治理的监督体系，对公司治理产生重要的影响，保证公司治理的有效性。

公司治理是实现公司价值创造目标的基本运行机制。公司治理涉及股东会、董事会、监事会及管理层之间的权利和责任的划分与协调，监督与制衡。为了实现价值创造的目标，公司的投资者、董事会、监事会、管理层需要协调利益关系，监督与制衡，共同努力，这正是公司治理的关键所在。可见，公司治理涉及公司从股东会、董事会、监事会、管理层到员工各个利益主体的权利和责任划分及协调问题，而各种责权利的划分与协调都离不开经济监督，财务监督、会计监督和审计监督将贯穿公司治理的全过程。

二、财会审监督的协同

财会审监督是财务监督、会计监督和审计监督的统称。关于财务、会计和审计的内涵及本质都有着基本明确的界定。关于监督，通常具有监察督导和监视督促的含义。监察督导可理解为上级对下级的监督，监视督促可理解为平级或下级对上级的监督。基于财务、会计、审计的内涵和监督的内涵，财务监督应指对财务活动及财务成果的监视督促和监察督导，会计监督则是对会计确认、计量、记录与报告的监视督促和监察督导，审计监督则是对财务活动、会计活动等全部经济活动的监视督促和监察督导。财务监督、会计监督和审计监督各有其监督的重点，同时又相互关联，只有将三者协同起来，才能保证经济监督总体目标的实现。

财务监督的目的是保证财务活动及其成果的有效性、合规性。在资本雇佣劳动的现代企业制度下，资本增值是企业的根本目标。因此以财务资源配置和使用效率为中心的财务活动及其成果也必然成为现代企业经济活动的中心和目标所在。财务监督实质上就是要对财务活动、财务关系、财务资源配置和财务效率进行监督，以保证财务活动在合法合规前提下取得更高的财务效率和更好的财务效果。

会计监督的目的是保证会计所反映的财务活动状况及经营成果的信息的相关性、可靠性及合规性。财务活动、财务关系、财务资源配置和财务效率等都可通过会计信息反映出来。因此，会计监督既是对反映的财务活动及成果经济实质的监督，也是对会计信息本身相关性、可靠性与合规性的监督。从这个角度看，会计监督是对财务监督的再监督。

审计监督的目的是保证财务活动、会计活动等全部经济活动的合规性和有效性。审计监督包括内部审计监督与外部审计监督。从公司作为监督对象的角度看，内部审计监督是指公司内部的审计机构对公司财务活动、会计活动等全部经济活动所进行的监督，外部审计监督是指注册会计师受托对公司的财务状况及经营成果和内部控制等进行的审计监督和国家审计机构对公司相关事项的审计监督。

从公司财务监督、会计监督和审计监督的关系看，三者的整体目标是一致的，即通过监督保证公司各项经济活动（包含财务活动和会计活动等）及成果的合法合规，有效率效果。因此，这是三种监督必须协同的基础。同时，三种监督的关系并非是并列的，财务监督是基于经济活动或财务活动的业务的实际状况进行的，会计监督则是通过会计信息所反映的财务活动状况及经营成果对财务监督的再监督，审计监督是对会计监督与财务监督的再监督，这种递进的监督是三种监督必然协同的保证。只有财务监督、会计监督和审计监督协同一致，才能保证公司治理的效果。

三、财会审监督与财会审治理

公司治理是一个多角度多层次的概念。从公司治理活动的视角看，公司治理可分为经济治理、法律治理、人事治理等。经济治理也可进一步分为财务治理、会计治理、审计治理等。从公司治理的层次看，公司治理可理解为股东对经营者的监督与制衡，也可理解为股东会、董事会、监事会、管理层之间的监督与制衡。可见，监督本身就是治理的内涵之意。在公司追求价值最大化的现代企业制度下，经济监督对于公司治理尤为重要。财务监督、会计监督和审计监督通过财务治理、会计治理和审计治理，会给公司治理带来积极的影响，保证公司治理目标的实现。

（一）财务监督与财务治理

财务治理是一种企业财权的安排机制。通过财务治理，可合理配置企业剩余索取权和控制权，以形成科学的自我约束机制和相互制衡机制，协调利益相关者之间的利益和权责关系，以保证企业财务决策效率及效果。在公司追求价值最大化的背景下，财务治理是公司治理的核心，公司治理的目标在很大程度上是依赖财务治理来实现。

在财务治理中，各种索取权人之间的基本关系、利益冲突、治理机制是由财务契约确定的。这些契约通常包括与股权投资人签订的股权契约、与债权投资人签订的信贷契约、与管理者签订的薪酬契约等。财务监督通过监督公司财务活动与财务关系，正是为了保证财务契约的顺利执行，实现财务治理的激励与约束机制。

股权契约监督与财务治理。股权契约是股东之间就公司相关问题签订的契约，用以协调股东内部的利益关系，在股权分散的情况下尤其要协调大股东与小股东之间的关系。股权契约监督对财务治理的影响体现在：第一，股权契约规定了股东投入股权资本后，对公司有治理权，而且是同股同权；第二，股权契约可抑制大股东或控股股东通过关联方交易等方式对小股东利益的侵占；第三，股权契约还通过规定一些附加条款，避免控制权与收益权的不对称，维护所有股东的权益。总之，通过股权契约监督，可在大股东与小股东、控股股东与非控股股东之间产生制衡机制或治理机制。

信贷契约监督与财务治理。信贷契约是债权人与股东和管理者之间就债务融资相关问题签订的契约。它一般规定债权人将资金投入企业后，有固定收益索取权(包括本金和利息)；在企业没有按期还本付息的情况下，债权人有清算担保资产，甚至迫使企业破产进而夺取企业控制权的权利。信贷契约监督的财务治理功能主要体现在：第一，通过股东与债权人在控制权与收益权上的差异，以及债权人与股东和管理者之间存在潜在的利益冲突，约束债权人与股东及管理者的行为；第二，通过信贷契约保护债权人的利益，避免股东和管理者可能采取的资产置换、策略性违约、债权稀释、财富转移等侵害债权人利益的机会主义行为；第三，信贷契约除了做出一些决定信贷关系本质特征的一般规定之外，还规定一些额外条款，以防止股东和管理者侵占债权人利益。总之，通过信贷契约监督，可在债权人与股东和管理者之间产生制衡机制或治理机制。

薪酬契约监督与财务治理。薪酬契约是股东与公司高层管理者之间签订的关于高层管理者权利和义务的契约。薪酬契约主要是为了解决股东与管理者的利益冲突，使管理者行为与所有者相一致。薪酬契约监督的财务治理功能主要表现在：第一，薪酬契约通过对管理者的奖励与惩罚，使管理者利益与股东利益保持协同，当管理者业绩好时股东给予管理者奖励，当管理者业绩很差时，将会受到股东的处罚；第二，薪酬契约通过短期激励与长期激励的协同，防范管理者的短期行为，如股票期权可以给管理者长期激励，避免短视的决策，进而增加股东价值；第三，在股权分散的情况下，管理者可能运用大股东用以侵占小股东利益的方式侵占所有股东的利益，因此，薪酬契约中除了规定不同业绩下管理者应得的报酬外，还要规定一些额外条款，限制管理者侵占股东利益的行为。总之，通过薪酬契约监督，可在股东与管理者之间产生制衡机制或治理机制。

（二）会计监督与会计治理

会计治理是指通过会计信息系统实现会计受托责任、会计决策有用目标过程中所发挥的制衡功能。会计的本质是一个信息系统。会计的受托责任观认为，会计目标就是通过提供相关、可靠的会计信息，准确反映财务状况和经营成果，有效地协调委托人和受托人的关系。会计的决策有用观认为，会计目标是为企业各利益相关者进行决策提供有用的会计信息。可见，无论是会计受托责任观，还是会计决策有用观，都是要通过会计信息系统，为利益相关者受托或委托，筹资、投资及经营决策进行服务，目的是保证各利益相关者的利益不受侵害，而这也正是通过会计治理实现公司治理目标的过程。

会计治理过程离不开会计监督。会计监督是保证会计信息系统相关性、可靠性的关键。会计信息的相关性决定了公司治理中各利益相关者能够得到自己需要的信息，并基于这些对称的信息维护各自的权益，防止其他利益方对自己权益的侵害。会计信息的可靠性决定了公司治理中各利益相关者得到的信息真实、准确，不会因虚假信息误导自己的决策。在公司提供会计信息和利益相关者使用会计信息过程中，会计监督都发挥着重要的作用。

第一，会计监督有利于发挥会计法规监督功能，加强宏观会计治理。会计监督按照国家的相关财经法规对会计工作进行控制，会计工作人员可以利用正确的会计信息对公司的经济活动进行全面的监督和控制，通过会计监督提升会计信息的质量。在现代公司制度下，管理者与员工分工明确，相互协调的工作模式成为一种必然选择。公司需要进行多方维护，公司所有者、公司投资者、公司管理者和公司员工之间为了公司的良好发展，应该齐心协力、共同努力。但是公司存在利益分配问题，使得公司各方彼此存在潜在的利益冲突，需要通过相关的法律法规进行明确的约束，从而确保公司秩序的有序运行。这离不开会计提供的财务状况数据以及有效合理计算分配，而会计行为的合理性受制于会计监督。因此，会计监督有利于加强宏观会计治理，是现代公司建立完善制度的基本要求。

第二，会计监督有利于发挥社会信息披露的舆论监督功能，促进社会会计治理。现代市场经济条件下，任何公司想要获得更好的发展，必须严格遵循市场经济的各项法律规定和要求；在市场经济的条件下，任何公司在追求利润最大化，满足自身利益需要的同时，必然要遵守市场经济的发展要求和法律规定，会计在公司经济中发挥着极其重要的作用。会计部门的健康发展、会计人员的专业性和综合性对于公司经济与公司发展不断趋向科学性和合理性有着不可替代的作用。会计监督可以有效地对会计核算信息进行监管和督导，会计监督能够有效地保障公司会计部门的健康运行，为公司做出合理的运营决策提供基础，而公司的良好发展也为市场经济的发展提供保障，所以说会计监督一定程度上促进了社会会计治理。

第三，会计监督有利于提升会计信息质量及决策水平，完善公司会计治理。现代公司制度的基本特征和要求是产权明晰、权责明确、政企分开和管理科学。完善的公司会计治理是现代公司制度真正达到这些要求的基本保障。实践证明，在现代公司治理中，公司治理的实效与会计监督的完善与否直接相关。现实中，公司的所有权与经营权分属不同的主体，公司的治理结构是由股东大会、董事会、监事会和经理形成的制衡关系。这些利益主体或者经营管理主体在公司治理中，主要通过法律、法规和制度约束下的会计信息来协调各方关系，依靠规范的会计基础工作来表述经济活动，根据会计提供的财务状况和经营成果信息来评价公司的经营管理。只有通过会计监督作用的发挥以保证会计信息的准确性，才能为公司各利益相关者做出决策提供科学的依据。

（三）审计监督与审计治理

公司治理中的审计治理，一可理解为审计职能治理，即在公司治理过程中利用审计职能完善公司各利益相关者的制衡机制，二可理解为审计机制治理，即发挥公司董事会的审计委员会及其领导下的内审机构在公司治理中的作用机制。在审计职能治理过程中，公司治理中各利益相关方，包括股东会、监事会、董事会、经营管理层等，都可运用审计的鉴证职能、监督职能和评价职能维护自身利益不受侵犯。在审计机制治理过程中，审计委员会做为董事会的专业委员会，站在股东及董事会的立场上，通过内部审计监督和评价经营管理层及其他利益相关方的行为，维护股东利益不受侵犯。

审计治理的基本职能是审计监督。审计治理中的审计监督职能，从审计主体角度看，包括国家审计对公司治理的审计监督，社会审计在公司治理中的审计监督和内部审计在审计治理中的审计监督；从审计客体角度看，包括对大股东的审计监督，对经营管理者的审计监督，也包括对董事会及监事会的审计监督；从审计内容角度看，包括经营者离任审计监督、投资审计监督、股利分配审计监督、经营者薪酬审计监督等。审计治理离不开审计监督，审计监督是审计治理的核心和关键。

第一，通过国家审计监督完善审计治理。国家审计作为一种监管机制，其财务监督职能表现为国家审计机构代表国家对国有企业负责人的履责情况及国有企业财务情况、经营成果进行监督和检查，以及对包括监事会、社会审计等在内的监督主体的再监督。国家审计可以通过发挥信息治理、市场治理和权力治理的作用，来提升国有企业价值。首先，国家审计对国有企业的审计监督是保证国有企业会计信息真实、可靠的前提，是避免国有企业管理人员通过捏造虚假会计信息来谋求自身利益进而损害国有企业价值的有效途径；其次，国家审计对资源的合理有效配置，促进市场经济行为的规范具有不可替代的作用；最后，国家审计通过向利益相关者传递高质量的会计信息和监督宏观政策的落实情况，运用政府的“有形之手”和市场的“无形之手”，推动国有企业价值的实现。国家审计是审计治理的重要组成部分，具有微观层面的公司治理效应。

第二，通过社会审计监督完善审计治理。社会审计是保证公司对其所提供的会计信息真实、完整的一种监督手段，是审计治理的重要组成部分。首先，社会审计对会计报表信息的鉴证可以在一定程度上减少信息不对称，解决公司股东与管理者之间的代理问题。社会审计通过向股东提供更为真实的会计信息作为激励和约束管理者的根据，以此减少了股东与管理者之间的道德风险和逆向选择问题。其次，社会审计可以解决大股东对中小股东的代理问题，减少控股股东对小股东的利益侵占。社会审计虽然无法绝对保证会计报表的真实性、合法性和完整性，但能够独立、客观、公正地对企业会计报表的公允性与合法性做出判断，从而起到保护中小股东利益的作用。最后，社会审计通过提供真实的会计信息给潜在投资者进行投资，以此提高资源的有效配置，促进公司治理得到改善，并对资本市场的发展产生积极作用。另外，社会审计的独立性、技术性还能帮助公司内部审计提升审计质量。

第三，通过内部审计监督完善审计治理。内部审计是指对组织内部的经济活动、内部控制、风险管理等实施独立、客观的监督、评价和建议，以促进公司完善治理、实现目标的活动。内部审计是对财务部门执行的会计监督的再监督，与外部审计相比，内部审计具有时间和业务熟悉的优势，可以持续地、深入地对公司进行监督，促进公司治理结构的完善，有助于提高公司的治理水平以及治理效率。首先，内部审计可以及时地发现错报和舞弊，并进行深入的跟踪调查，因此对员工舞弊行为和会计报表的违规行为具有预防功能；其次，内部审计可以解决公司管理层与经营层之间的信息不对称问题，使管理层获得正确的信息用于决策，帮助公司科学决策，提高绩效水平，实现公司的增值目标；最后，随着公司治理功能的发展，内部审计还增强了报告关系的独立性，通过对公司风险管理、内部控制的评价和改进，改善了组织的治理结构，协助公司实现目标，以此提升公司治理水平。

国家审计、社会审计和内部审计这三大审计主体在审计方法上差异不大，在形式上也是相互联系，如果彼此之间能够达到信息共享，相互协作，做到审计全方位监督，那么既能够保证审计治理，提升审计质量，又能够有效提升公司治理水平，促进社会经济的健康发展。

四、结语

公司治理是一整套公司利益相关者之间的监督与制衡机制，监督是制衡的基础与保障，要搞好公司治理离不开经济监督。财务监督、会计监督和审计监督是经济监督的有机组成部分，财会审之间的关系决定了财会审监督协同的必要性与可能性。基于财会审监督机制可影响和完善财务治理、会计治理和审计治理机制，在公司治理中一定要加强财会审监督的协同，充分发挥经济监督在公司治理中的功能和作用，保证企业高质量发展。

参考文献

[1] 顾奋玲. 加强财会监督服务国家治理 [N]. 中国会计报，2020-05-01.

[2] 赵兴楣，田金美. 审计监督的机制优化和协同治理研究 [J]. 财会月刊，2021 (13): 88-94.

[3] 晏维龙. 把握治理的核心要义，推进党和国家监督体系和监督能力现代化 [J]. 审计与经济，2020 (2): 1-3.

[4] 杨雄胜. 财会监督需要新的认识视角 [J]. 财务与会计，2020 (9): 8-9.

[5] 刘国常，许婷. 政府审计与社会审计协同治理问题研究 [J]. 财会通讯，2020 (15): 122-125.

[6] 汪雅萍，何召滨. 新时代财会监督的定位、要素与路径 [J]. 财务与会计，2020 (12): 15-19.

[7] 张先治. 完善财会信息披露是强化财会监督的根本 [J]. 财务与会计，2020 (14): 4-6.

[8] 叶承辉. 财会监督与审计监督：受托经济责任视角 [J]. 中国注册会计师，2021 (3): 75-77.

The Influence of Financial Audit and Supervision Coordination on Corporate Governance

Ming Qu

Abstract The more the economy develops, the more important economic supervision is. The Economic supervision is an important part of national macro governance as well as micro corporate governance. It is of necessity to strengthen the coordination of financial supervision, accounting supervision and audit supervision in order to achieve successful economic supervision of corporate governance. The coordination between financial supervision and audit guarantees the effect of corporate governance in finance, accounting and audit. Financial contract supervision is the key of finance governance; accounting information quality is the foundation of accounting governance and all-round audit supervision is the guarantee of audit governance. It is of great value for corporate governance amelioration to improve financial and accounting audit supervision.

Key Words financial supervision; accounting supervision; audit supervision; corporate governance